# 트루 포틀랜드
## TRUE PORTLAND

창조적인 사람을 위한 도시 포틀랜드 가이드

*The unofficial guide for creative people*

*edit*

**BRIDGE LAB**

# 왜 포틀랜드를 주목하는가?

"내 손으로 직접 느끼고 싶은 거죠. 내 인생이니까."

우연히 만난 한 포틀랜더(portlander, 포틀랜드에 거주하는 사람)는 자신의 삶의 방식을 이렇게 말했다. 기술혁신은 생활을 편리하게 만들었지만 '잊고 싶지 않은 감각'도 환기했다. 이 책은 창조적인 사람을 위해서 쓴 것이다. 그리고 인간답게 행동하기 위해 'EAT(먹고)' 'DRINK(마시고)' 'GET INSPIRED(감명받고)' 'LISTEN(듣고)' 'RUN(달리고)' 'MAKE(만들고)' 'DIG(탐구하고)' 'THINK(생각하고)' 'LOVE(사랑하고)' 'SLEEP(잠드는)' 일을 실천해서 자신만의 감각을 갈고 닦게 하는 것이 목적이다.

미국 북서부의 풍요로운 산과 강으로 둘러싸인 작은 도시, 오리건 주 포틀랜드. '미국에서 가장 살고 싶은 도시 리스트' 상위에 올라 국내외에서 매주 약 500명 이상이 이주해 온다고 한다. 국외에도 '커뮤니티 활동이 활발한 친환경 마을 조성'이나 '성공적인 도시 재생 사례'로 잘 알려졌다.

포틀랜드의 매력을 몇 자리 숫자나 데이터를 통해 짐작할 수도 있을 것이다. 하지만 사람들을 매료시키는 점은 과연 무엇일까? 알고 싶고 직접 보고 싶다는 지적 호기심은 자신의 영역을 넓혀준다. 상식에 갇히지 않고 자기 자신을 믿는 일은 정신적인 독립을 촉진한다. '창조성'은 이상을 찾아서 시행착오를 거치는 과정에서 태어나지 않을까? 바로 그 힌트가 포틀랜드 속에 숨어 있다.

자유로운 여행, 여행하는 자유

흔히 여행은 자유로운 발상을 할 수 있어서 인생관을 바꾼다고 하는데 정말 그럴까?

패키지여행을 떠올려보자. 정해진 장소에 가서 정해진 식사와 관광을 하고 미리 예정된 광경을 체험하는 것에 지나지 않는 행위가 '여행'이라고 불린다.

포틀랜드를 여행할 때는 가이드북대로 행동하는 기존의 패키지여행 방식은 그만두자. 어디에 가서, 누구를 만나고, 무엇을 먹고, 어떻게 행동할지가 중요하다.

일상생활 속에서 자유란 겨우 회사나 학교에서 해방되어 '자유 시간을 어떻게 사용할 것인가?' 하는 한정된 자유를 말하는 것은 아닐까? 아무것도 하지 않고 멍하니 남을 바라보는 자유부터 어정어정 마음 닿는 대로 산책하고, 발견하고, 영감을 얻는 것, 여태껏 몰랐던 광경을 보고 완전히 새로운 체험에 열린 마음으로 다가갈 수 있는 자유, 우연히 만난 사람과 이야기를 나누다 무언가 계획을 세우기도 하는 그런 자유야말로 포틀랜드와 잘 어울린다.

한 포틀랜드의 일본 연구자는 일본 전후 민주주의는 자유보다도 평등에 주력했다고 한다. '모두 다 같이'라는 가치관으로 색깔만 다를 뿐 똑같은 디자인의 가방을 들고 행동한다. 그리고 대기업에 취직하는 것을 최선으로 간주하는 사회란 포틀랜드에는 존재하지 않는다. 히피의 후예는 허리띠 없이도 세련되게 청바지를 입으며, 자전거를 타고 마음대로 여행하며 살고 있다. 맛있는 음식과 자유로운 시점, 진정한 자유를 찾아 모든 장르의 음악을 들으면서 말이다.

한편, 일본의 청년층은 진정한 의미의 자유로운 체험을 해본 적도 생각해본 적도 없으며 자유로운 상태에 놓이면 오히려 불안해진다는 사람이 많다. 여행을 떠나면 불안하고 외국에 가려면 가이드북을 제일 먼저 챙긴다. 이 책《트루 포틀랜드》는 호텔에서 이런저런 표시를 하거나, 동네의 전반적인 느낌을 이해하기 위해서만 사용하길 바란다. 그리고 책은 방에 두고 밖으로 나가길 바란다. 우연한 만남은 어쩌면 필연일지도 모르니까 말이다.

자유라는 말은 결국 운을 하늘에 맡기고 일단 움직여보겠다는 감각이므로 이 말에는 불안함을 어떻게 이겨낼 것이냐는 설렘도 포함하고 있다.

*Teruo Kurosaki* 테루오 쿠로사키
《트루 포틀랜드 : 창조적인사람을 위한 도시 포틀랜드 가이드》 발행인

## INDEX

# TRUE PORTLAND

*The unofficial guide for creative people*
창조적인 사람을 위한 도시 포틀랜드 가이드

2 왜 포틀랜드를 주목하는가?
4 자유로운 여행, 여행하는 자유

## TRAVEL PORTLAND 트래블 포틀랜드

8 포틀랜드 기본 정보·TRAVEL PORTLAND/ 10 포틀랜드까지의 여정
11 시내 산책 방법/ 14 화제의 가게가 속속 오픈! 웨스트엔드 지구를 주목하자
16 포틀랜드를 거점으로 대자연을 만끽하자

18 포틀랜드의 별명
19 포틀랜드가 35세 이하의 사람이 살기 좋은 도시 1위인 이유는?
20 가이드북 사용법
21 지역별 특징

## 22 EAT 먹기

24 FARM / 32 GROCERY / 36 BREAKFAST
44 INTERVIEW *DINA AVILA*
45 INTERVIEW *TROY MACLARTY*
46 SNACK / 52 DINNER / 64 HANG OUT
70 COLUMN *BRETT BURMEISTER*
71 LIST

## 76 DRINK 마시기

78 COFFEE / 84 TEA / 86 BEER
92 INTERVIEW *RED GILLEN*
93 COLUMN *TOSHINO MOMOKI*
94 DISTILLED SPIRITS
96 WINE / 98 BAR
99 LIST
102 COLUMN *SHUJIRO KUSUMOTO*

## 104 GET INSPIRED 감명 받기

106 GALLERY / 112 MUSEUM / 116 THEATER
118 LIST
120 INTERVIEW *JASON STURGILL*
121 COLUMN *ARIEL LEE MENKHUS*

## 122 LISTEN 듣기

124 RECORDS / 128 LABEL / 130 BAND
131 COLUMN *MANA MORIMOTO*
132 VENUE
135 LIST
137 INTERVIEW *CURTIS KNAPP*

## INDEX

### 138 RUN 달리기
140 SPOT
144 COLUMN *STUMPRUNNERS*
146 INTERVIEW *JARRETT REYNOLDS*
148 SPORTS / 152 BICYCLE
159 COLUMN *NAOHIRO KIYOTA*
160 INTERVIEW *STEPHEN GLASS*
161 LIST

### 162 MAKE 만들기
164 CRAFT / 170 PRINTING / 172 DIY
177 LIST
178 COLUMN *AKIHIRO MATSUI*

### 180 DIG 탐구하기
182 VINTAGE / 186 SELECT SHOP / 192 NATURE
195 LIST
197 COLUMN *KATSU TANAKA*

### 198 THINK 생각하기
200 COLLEGE
205 COLUMN *ETSUYO OKAJIMA*
206 PARK / 210 BOOKS
219 LIST
221 COLUMN *TOM MANLEY*

### 222 LOVE 사랑하기
224 SKATE
228 TATTOO / 231 LIST
232 BEARD
236 LGBTQ / 238 LIST
239 COLUMN *KATEY PANTS*
240 STRIP CLUB

### 242 SLEEP 잠자기
244 HOTEL / 252 LIST
253 COLUMN *AIRBNB - HITOMI WAKAMATSU*
254 AIRBNB

### 256 ITINERARY 일정
257 ALDER & CO. / 258 *JARRETT REYNOLDS*
260 *CHRIS TANG* / 262 *MICHAEL O ANDERSEN*

264 COLUMN *JOHN C JAY*

270 EVENTS IN PORTLAND BY TRAVEL PORTLANDD

### MAP 지도
274 SOUTHWEST / 276 NORTHWEST / 278 NORTH
280 NORTHEAST / 282 SOUTHEAST

284 COLUMN 포틀랜드의 다리
286 BRIDGE LAB

# Basic information

## 포틀랜드 기본 정보

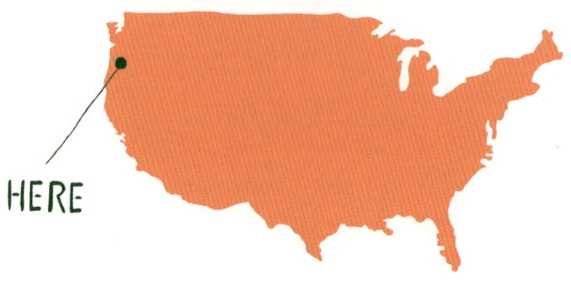

포틀랜드 시는 미국 서해안 북서부 태평양 북서부에 위치한 오리건 주에서 가장 큰 도시로 경제·문화의 중심지로 잘 알려져 있다. 오리건 주는 북쪽으로는 워싱턴 주, 남쪽으로는 캘리포니아 주와 가까운 탓에 풍부한 녹음과 웅장한 자연경관이라는 수혜를 입어 '퍼시픽 원더랜드'라는 별명도 갖고 있다. 1년 내내 스키를 탈 수 있는 만년설이 쌓인 산과 70개 이상의 폭포를 가진 장대한 계곡, 세계 최고의 피노 누와르를 생산하는 와이너리(포도주 양조장) 등이 포틀랜드와 가까운 거리에 있다.

포틀랜드에서는 미국의 도시에서 체험할 수 있는 문화, 식생활, 분위기를 전부 즐길 수 있다. 이 도시가 다른 도시와 확연히 다른 점은 숲으로 둘러싸여 맑은 물이 흐르고 배경으로는 웅장한 산이 있는 것이다. 이 도시에는 독립적이고 창조적인 정신으로 가득한 '땅'과의 연대를 중요시하는 사람들이 살고 있다. 포틀랜드에서 도시생활을 즐기고, 와이너리와 후드 산, 콜롬비아 강 계곡을 돌아다니며 자연에 푹 빠져보자. 어떤 체험을 하더라도 이 땅이 원더랜드라고 불리는 이유를 알게 될 것이다.

### 도시 구성

시내 중심을 남북으로 흐르는 윌러밋(Willamette) 강과 동서로 가르는 번사이드 스트리트(Burnside St.)를 따라서 사우스웨스트(SW, 남서), 노스웨스트(NW, 북서), 사우스이스트(SE, 남동), 노스이스트(NE, 북동)의 네 지구로 크게 나뉜다. 다섯 번째 지구인 노스포틀랜드는 윌러밋 강, 콜롬비아 강, 주 사이의 고속도로 5호선으로 둘러싸인 지구다.

---

트래블 포틀랜드(포틀랜드 관광협회)는 포틀랜드와 주변 지역의 관광 촉진을 위한 비영리단체로 파이오니어 코트하우스 스퀘어에 위치한 관광 안내소를 운영하면서 관광 정보를 제공한다.

**Visitors Information Center**
Pioneer Courthouse Square 701 SW 6th Ave.
1-877-678-5263
(503) 275-8355
월~금 8:30~17:00
토 10:00~16:00
일 10:00~14:00(5월~10월만)
www.travelportland.com

#### 인구
포틀랜드 시내 58만 3,776명(2010년 PSU 인구조사센터)
포틀랜드 도시권 220만 명(2010년 미국 통계청 인구 추계)

#### 면적
376평방km

#### 평균표고
52.5m

#### 시간대
태평양 표준시(PST)

#### 한국과의 시차
17시간(서머타임 시 16시간)
※서머타임 3월 두 번째 일요일부터 11월 첫 번째 일요일까지

#### 빙하까지의 거리
104km(후드 산의 팔머 글레이셔, Palmer Glacier)

#### 자매도시
대한민국 울산 시
일본 삿포로 시

#### 포틀랜드 출장 주재관 사무소
South Korean Consulate in Portland, OR
11626 SW Military Lane, Portland
(503) 636-0039

#### 음주
21세부터 가능하다. 바에서 음주 및 주류 구매 시에는 신분증명서가 필요하다. 알코올 판매는 오전 7시부터 새벽 2시 30분까지 가능하다. 공공장소에서의 음주는 금지다.

#### 흡연
오리건 주에서는 법률에 따라 공공건물 내부와 레스토랑 및 바를 포함해서 실내에서의 흡연은 금지하고 있다. 건물 출입구와 창문에서 10피트 이내에서의 실외 흡연도 금지다.

### 기후

#### 봄
봄이 되어도 소나기가 계속 오나 이따금 맑은 날도 있고 오랫동안 비가 내리지 않는 시기도 있다. 전형적인 봄 날씨에는 오전 중에는 비가 오고 오후부터는 개어서 파란 하늘을 볼 수 있다. 기온은 온난해서 3월 상순에는 꽃이 피기 시작한다.
복장: 겹쳐 입을 수 있는 옷과 가벼운 비옷

#### 여름
7월부터 9월로 낮에는 덥지만(평균 최고 기온 26℃) 습도가 낮아서 쾌적하다. 비는 거의 오지 않으며 6월과 7월은 오후 9시까지 해가 지지 않아 긴 저녁 시간을 즐길 수 있다.
복장: 여름옷. 밤에는 추워질 수도 있으니 가벼운 상의가 필요하다.

#### 가을
10월은 비교적 온화한 기후여서 맑은 날이 잦다. 기온이 떨어져서 단풍이 물들고 비 오는 날도 많다. 11월과 12월에는 기온이 더 떨어지고 비도 자주 내린다.

#### 겨울
엄청나게 춥지는 않지만 매년 며칠간 영하로 떨어지는 날도 있다. 눈이 내리는 일은 드물다. 포틀랜드에 비가 내릴 때 근처의 후드 산에는 눈이 내린다.
복장: 코트, 비에 젖지 않는 신발, 스키용품

|  | 1월 | 2월 | 3월 | 4월 | 5월 | 6월 | 7월 | 8월 | 9월 | 10월 | 11월 | 12월 |
| --- | --- | --- | --- | --- | --- | --- | --- | --- | --- | --- | --- | --- |
| 평균 최고 기온 | 8℃ | 10℃ | 13℃ | 16℃ | 19℃ | 23℃ | 27℃ | 27℃ | 24℃ | 18℃ | 12℃ | 8℃ |
| 평균 최저 기온 | 1℃ | 2℃ | 4℃ | 5℃ | 8℃ | 12℃ | 14℃ | 14℃ | 11℃ | 7℃ | 5℃ | 2℃ |
| 강수량(mm) | 130 | 90 | 90 | 60 | 50 | 30 | 10 | 20 | 40 | 60 | 130 | 150 |

### 트래블 포틀랜드의 애플리케이션 (영어판)

트래블 포틀랜드가 개발한 스마트폰 애플리케이션의 등장으로 포틀랜드 주변 탐방과 관광이 편리해졌다. 아이폰과 안드로이드 기반 스마트폰 모두 사용 가능하며 포틀랜드의 인기 가게와 레스토랑, 체험 활동 외에도 동네의 숨겨진 인기 장소를 알 수 있다. 카테고리에는 '먹기', '마시기', '구경하기', '체험하기', '쇼핑', '교통', '숙박'과 포틀랜드에서만 볼 수 있는 장소를 소개하는 '온리 인 포틀랜드'가 있다. 그리고 트래블 포틀랜드의 후원 기업들이 특별할인도 제공한다. 취향에 맞게 검색할 수도 있다. 게다가 애플리케이션을 켤 때마다 업데이트되므로 항상 최신판 포틀랜드 정보를 얻을 수 있다. 다운로드는 트래블 포틀랜드 웹사이트에서 할 수 있다.
travelportland.com

# Getting to Portland

## 포틀랜드까지의 여정

delta

### 우선 비행기를 타자

가장 편리한 건 델타항공편이다. 인천공항에서 매일 출발하는 시애틀 논스톱 항공편을 이용한 후 시애틀에서 약 30분 걸리는 연결항공편을 이용하여 쉽게 도착할 수 있다. 또는 일본 나리타공항에서 출발하는 델타항공 포틀랜드 논스톱 항공편도 이용 가능하다.

### 공항에서 시내로 이동

입국 조사를 마치고 소화물을 찾았다면 취향에 맞는 방법으로 시내까지 이동하자. 택시(시내까지 20~30분, 약 $40)와 셔틀버스, 호텔 마중 서비스 정류장은 소화물 인도장이 있는 층 바깥에 있다. 가장 추천하는 방법은 경전철 '맥스 라이트 레일/레드 라인(MAX Light Rail/Red Line)'이다. 이것을 타면 40분이면 시내에 도착한다. 발매기에서 2시간 권($2.50)이나 버스도 탈 수 있는 1일 권($5)을 구매하자. 자전거를 조립할 수 있는 장소가 있어 자전거를 들고 탈 수도 있다. 목적지에 도착해서 바로 자전거로 이동할 수도 있다.

### 비행기 이외의 방법으로 포틀랜드에 들어오려면

미국 국내에서 포틀랜드로 올 경우에는 아래의 교통수단을 이용할 수 있다.

- 앰트랙 AMTRAK

유니언 역(Union Station)에서 하루에도 수차례 북쪽으로는 워싱턴 주 터코마(Tacoma), 시애틀, 캐나다 밴쿠버, 남쪽으로는 오리건시티, 주도인 세일럼(Salem), 올버니(Albany), 오리건 대학이 있는 유진(Eugene) 등의 각 도시를 연결한다. 전원을 완비하고 있으며 가벼운 식사도 판매한다. 그 외에도 로스앤젤레스까지 가는 코스트 스타라이트(Coast Starlight)호가 다니고, 시카고에서 출발하는 엠파이어 빌더(Empire Builder)호의 종착역이기도 하다. 차내 방송이 재밌으며 가는 동안 멋진 경치를 즐길 수 있다.
www.amtrak.com

- 그레이하운드 Greyhound

버스 승차장은 어바인(Irvine) 스트리트를 끼고 유니언 역 옆에 있다. 인터넷으로 예약할 수 있으며 워싱턴 주 터코마, 시애틀, 오리건 주 후드 강(Hood River), 유진, 뉴포트 등을 연결한다. 밤부터 이른 아침까지는 치안에 주의를 기울일 필요가 있다.
www.greyhound.com

- 볼트버스 Bolt Bus

앰트랙의 절반 이하 가격으로 유진, 시애틀, 밴쿠버 등지로 갈 수 있는 초저가 장거리 버스다. 차량 내부에는 무선 랜과 전원 콘센트를 완비하고 있으며 인터넷으로 좌석을 지정할 수 있다. 파이오니어 코트하우스 스퀘어에서 두 블록 떨어진 곳에 정류장이 있다.
www.boltbus.com

## travel PORTLAND

# Getting Around

## 시내 산책 방법

포틀랜드를 이야기할 때 이곳의 교통수단과 그 편리함은 단연 화젯거리다. 버스, 맥스 라이트 레일, 스트리트카(Streetcar, 전차)를 완벽하게 이용한다면 차 없이도 목적지까지 편하게 이동할 수 있다. 티켓 유효기간(2시간, 1일 등 탑승권에 기재) 내면 다른 이동 수단으로 환승할 수 있다. 버스, 맥스 라이트 레일, 스트리트카로 환승할 때는 티켓과 버스에서 버스비를 낼 때 받은 '트랜스퍼 영수증'이 필요하다. 최근에는 공공 교통수단인 트라이멧(TriMet, 경전철) 티켓을 구매할 수 있는 애플리케이션(trimet.org/mobiletickets)이 개발되어 화제를 모으고 있다. 2시간, 1주일, 2주일, 30일 패스가 있는데 기간이 길수록 할인율이 높아진다.

'trimet.org' 사이트의 '트립 플래너(Trip Planner)'는 목적지를 입력하면 목적지까지의 교통수단과 환승정보, 운행 시간표를 표시해준다.

포틀랜드는 미국에서 자전거 이용자에게 가장 편리한 도시라는 사실을 잊지 말자. 통근 시 교통량이 많은 도로에는 폭넓은 자전거 도로가 마련되어 있으며, 자전거 전용 교통신호도 설정되어 있다.

용도에 맞춰 다양한 교통수단을 즐기는 건 어떨까?

### On Foot
#### 걷기

포틀랜드는 걸어서 돌아보는 것이 가장 좋다. 작은 도심은 1구역의 길이가 61m로 다른 도시의 절반 정도며 공원과 광장 등 공공장소가 매우 많아 걸어 다니기에 편리하다. 또한, 여기저기서 보이는 공공 예술은 거리 산책을 한층 더 즐겁게 만든다. 거리 산책에 도움을 줄 '걷기 지도'는 파웰 북스(⇒p.214)와 파이오니어 코트하우스 스퀘어의 관광안내소(⇒p.8)에서 얻을 수 있다.

### Riding the Bus
#### 버스 타기

트라이멧을 운영하고 있다. 탑승할 노선의 정류장에서 손을 들고 버스를 세운 다음 2시간 권($2.50) 요금을 운전사에게 선불로 낸다. 잔돈이 없으니 요금은 딱 맞게 준비하자. 1일 권($5)도 살 수 있다. 내릴 정류장을 알릴 때는 창가에 둘러쳐진 노란색 줄을 당기면 벨이 울린다. 파이오니어 코트하우스 스퀘어에 위치한 관광안내소 안에 있는 트라이멧 사무실에서 시간표와 노선도를 얻을 수 있다. 버스 노선은 80개 정도 있으며 도심의 5th 애비뉴와 6th 애비뉴를 중심으로 교외까지 버스가 다닌다.

### Pedaling in Portland
#### 자전거로 돌아보기

포틀랜드는 미국에서도 가장 진보적인 자전거 정책을 추진하고 있는 도시 중 하나다. 공공 자전거 거치대, 자전거로 건너기 편한 다리, 자전거 교통안전 프로그램 등을 시행하고 있다. 버스, 맥스 라이트 레일, 스트리트카에 자전거를 갖고 탈 수 있다. 자전거를 빌려주는 가게와 호텔이 있어서 자전거를 타고 도시를 돌아볼 수도 있다. 헬멧 착용과 라이트 장비는 법적으로 의무이며 도심 내의 보도에서는 자전거 주행이 금지. 기본적으로 차도로 달려야 하며 일방통행 등 자동차와 똑같은 교통규제가 적용된다. 자전거 지도는 관광안내소, 자전거 가게, 인터넷에서 구할 수 있다.

**자전거 빌리기**
**Waterfront Bycicles** (도심)
워터프런트 바이시클
10 SW Ash St./ (503) 227-1719/ 월·수~금 11:30~18:00, 토일 10:00~16:00/ www.waterfrontbikes.com
**Cycle Portland Bike Tours & Rentals** (도심)
사이클 포틀랜드 바이크 투어 & 렌탈
117 NW 2nd Ave./ (503) 902-5035/ 월~일 9:00~18:00
portlandbicycletours.com
**Everybody's Bike Rentals** (앨버타 지구)
에브리바디즈 바이크 렌탈
305 NE Wygant/ (503) 358-0152/ 월~일 10:00~17:00
pdxbikerentals.com

### Portland Aerial Tram
#### 포틀랜드 에어리얼 트램

맑게 갠 날, 케이블카인 포틀랜드 에어리얼 트램(gobytram.com)에서 내려다보는 조망은 장관이다. 마큄 힐(Marquam Hill)구릉 정상에 위치한 오리건 보건과학대학(OHSU)의 메인 캠퍼스와 사우스 워터프런트 지구를 시원하게 오간다. 아래쪽 터미널은 포틀랜드 스트리트카의 OHSU 커먼즈역(OHSU Commons)역과 가깝다.
왕복 $4
월~금 5:30~21:30, 토 9:00~17:00, 일요일, 공휴일 운행하지 않음

Rob Finch

Jamie Francis

### MAX Light Rail

### 맥스 라이트 레일

포틀랜드 도시권의 공공 교통기관이자 맥스(MAX)라고 불리는 라이트 레일은 트라이멧이 운영한다. 녹색, 황색, 적색, 청색의 네 가지 색깔의 노선도는 알아보기 쉽다. 상행과 하행 정차역이 다른 경우가 있으니 주의해야 한다. 티켓은 정류장의 자동발매기에서 산다. 티켓 종류는 2시간 권($2.50), 1일 권($5)이 있다.
www.trimet.org

- **I-205 MAX 그린 라인**
이 노선은 도심의 포틀랜드 주립대학에서 출발해서 앰트랙의 유니언 역을 지나 동쪽으로 향한다. 도심에서 남동쪽 24km 지점에 있는 쇼핑센터 클랙커머스(Clackamas) 타운센터에 도착한다.

- **INTERSTATE MAX 옐로우 라인**
도심의 호텔이 모여 있는 지구, 오리건 컨벤션센터와 로즈워터 지구, 인터스테이트 애비뉴를 따라 달린다. 시내 북부 EXPO 센터까지 간다.

- **AIRPORT MAX 레드 라인**
포틀랜드 국제공항까지 연장되어서 서해안에서 최초로 공항으로 연결된 라이트 레일이다. 공항 터미널에서 맥스 플랫폼까지 수트케이스를 들고 이동하기도 쉽다. 역은 공항 남쪽 수화물 인도장 바로 옆이며 비를 막기 위한 지붕도 있다.

- **WESTSIDE MAX 블루 라인**
이 노선은 도심과 관광시설이 집중된 지역을 이어준다. 워싱턴 공원 역 근처에는 포틀랜드에서 가장 많은 관광객이 찾는 시설이 몇 곳 있다. 오리건 동물원, 세계 삼림센터 디스커버리 박물관, 베트남 전쟁 전몰자 위령비, 호이트 수목원, 포틀랜드 어린이 박물관 등이다.

### Portland Streetcar

### 포틀랜드 스트리트카

유럽풍의 세련된 디자인을 자랑하는 포틀랜드 스트리트카(www.portlandstreetcar.org)는 트라이멧과 제휴해서 트라이멧과 같은 요금으로 버스와 MAX로 환승할 수 있다. 스트리트카만 탈 수 있는 표는 $1(2시간)이다. 내릴 정류장을 알릴 때는 벽면에 붙은 노란색 버튼을 누른다. 노선에는 세련된 노브힐, 스타일리시한 펄 지구 등 개성적인 동네가 가득하다. 윌러밋 강에 근접한 리버 플레이스 지구나 사우스 워터프런트 지구에 있는 에어리얼 트램 역까지도 스트리트카로 갈 수 있다. 또한, 2012년에는 센트럴 루프선이 개통해서 펄 지구부터 브로드웨이 브리지를 거쳐 로이드센터/컨벤션센터를 지나 MLK 스트리트를 따라 OMS(⇒p.114)까지 갈 수 있다.

# West End

### 화제의 가게가 속속 오픈! 웨스트엔드 지구를 주목하자

　관광명소가 된 '파웰 북스(Powell's Books)'와 도심 쇼핑가 사이의 웨스트엔드 지구는 창조성과 패션, 밤 문화의 중심지다. 포틀랜드에서 탄생한 디자인 가게와 부티크, 레스토랑, 카페와 호텔이 연이어 문을 열고 있다. 새로 이 지역에 합류한 것이 '유니언 웨이(Union Way)'다. 2013년 가을, '에이스 호텔(Ace Hotel)' 반대편에서 문을 열었다. 원래 나이트클럽이었던 건물을 수리해서 재개장했으며 웨스트 번사이드 스트리트와 스타크 스트리트를 잇는 통로는 자연채광이 들 수 있도록 고안했다. 포틀랜드의 '대너 부츠(Danner Boots)'와 일본의 청바지를 취급하는 '셀프 엣지(Self Edge)'가 주요 입주자이며, 빵집 '리틀 티 아메리칸 베이커(Little T American Baker)'와 작은 수제 캔디 숍인 '퀸(Quin)', 그리고 국수 가게 '박서 라멘(Boxer Ramen)'등도 들어왔다.

　웨스트엔드 지구는 2007년 '에이스 호텔'과 '스텀프타운 커피(Stumptown Coffee)', '클라이드 커먼(Clyde Common)'이 문을 연 후 주목받기 시작했다.

　국제적으로 유명한 모자 디자이너 데이나 핑컴(Dayna Pinkham)도 자신의 가게 '핑컴 밀리너리(Pinkham Millinery)'를 웨스트엔드로 옮겼으며 미국 최대 온라인 신발가게 '솔스트럭(Solestruck)'도 유일한 오프라인 점포를 이곳에 마련했다. '태너 굿즈(Tanner Goods)'는 포틀랜드에서 만든 벨트와 가방, 신발 등

가죽 제품, '폴러(Poler)'는 오리지널 아웃도어 제품을 판매한다. 초콜릿 셀렉트 숍 '카카오(Cacao)'의 인기 상품 '마시는 초콜릿'으로 에너지를 보충하자.

    이곳에 더욱 활기를 불어 넣은 것은 새로 생긴 가게들이다. 빈티지 웨스턴 의류와 디자이너 의류를 취급하는 '애니멀 트래픽(Animal Traffic)', 자매가 운영하는 아이스크림 가게 '루비 쥬얼(Ruby Jewel)' 2호점, 그리고 수제 아이스크림과 아이스크림 샌드 외에도 추억의 소다 파운틴(Soda Fountain)도 있다. 웨스트엔드 정보 가이드는 'WEPDX.com'에서 얻을 수 있다. 쌍방향 지도와 가게 검색, 트위터와 페이스북 링크도 있어서 이 지역 탐방에 도움이 될 것이다.

*information*

**Union Way**
유니언 웨이
1022 W Burnside St.
(503) 922-0056
영업 시간은 가게에 따라 다르다.
MAP p.274-12

Courtesy of MtHoodTerritory.com

## Near Portland
포틀랜드를 거점으로 대자연을 만끽하자

포틀랜드에서 버스나 렌터카를 이용해서 1~2시간 정도 이동하면 오리건의 대자연을 만날 수 있다. 미국에서도 드문 국립 경관 지역인 콜롬비아 계곡과 후드 산은 하이킹과 스키, 스노보드 등 사계절마다 체험할 수 있는 활동이 다양하다. 그리고 녹음이 우거진 대지와 복잡하게 뒤얽힌 오리건 코스트는 80여 곳 이상의 국립공원에서 캠핑하며 돌아볼 수도 있다.

### Mount Hood
후드 산

후드 산은 캐스케이드 산맥에 속하며 포틀랜드 남동쪽 약 100km 지점에 우뚝 솟은 표고 3,424m의 휴화산이다. 국가의 역사적 건축물로 지정된 산장 '팀버라인 롯지(Timberline Lodge, www.timberlinelodge.com)'가 위치한 곳으로 유명하다. 팀버라인 스키장은 1년 내내 스키를 탈 수 있어서 북미에서 가장 긴 스키 시즌을 자랑한다. 스키, 스노보드, 등산, 그리고 관광 목적으로도 팀버라인은 방문할 가치가 있는 곳이다. 후드 산에는 그 밖에도 마운트 후드 미도우즈(Mount Hood Meadows), 쿠퍼 스퍼 마운틴 리조트 & 스키 에이리어(Cooper Spur Mountain Resort and Ski Area), 서밋 스키 에이리어(Summit Ski Area), 북미 최대 나이트 스키장인 후드 산 스키보울(Mount Hood Skibowl) 등의 스키장이 있다.
www.mthoodterritory.com

### The Columbia River Gorge National Scenic Area
### 콜롬비아 계곡 국립 경관 지역

포틀랜드에서 22km라는 아주 가까운 거리에 총면적 약 118,000ha(헥타르)의 콜롬비아 계곡 국립 경관 지역이 펼쳐진다. 압도적인 경관을 지닌 이 지역은 아웃도어 오락에 딱 맞는 장소다. 콜롬비아 강 히스토릭 하이웨이(Historic Columbia River Highway)는 콜롬비아 계곡을 둘러볼 수 있는 인기 드라이브 코스다. 트라우트데일(Troutdale)에서 동쪽으로 가서 볼만한 곳은 크라운 포인트에 위치한 비스타 하우스(Vista House)다. 이곳에서 콜롬비아 계곡의 파노라마 전망을 즐길 수 있다. 국립 사적지이기도 한 비스타 하우스는 오리건의 초기 개척자를 기념하는 곳이자 여행자의 휴식처로 1916년에 세워졌으며 관광안내소도 겸하고 있다. 히스토릭 하이웨이 주변에는 크고 작은 폭포가 많으며 그중에서도 멀트노마 폭포는 오리건에서 가장 큰 폭포로 낙차 189m를 자랑한다. 폭포 대부분은 하이킹할 수 있는 트레일과 소풍 구역을 갖추고 있다.
www.crgva.org

골지(Gorge, 계곡)를 따라 앞으로 가다 보면 후드 강(Hood River) 마을에 도착한다. 겨울에는 스키 손님이 많고 여름에는 콜롬비아 강에서의 윈드서핑과 카이트보딩을 즐길 수 있는 아웃도어 천국이다. 개성적인 갤러리가 많고, 풀 세일 브루잉(Fool Sail Brewing, www.fullsailbrewing.com)을 비롯한 와인농장도 있다.

### The Oregon Coast
### 오리건 해안

오리건 해안의 암벽이 즐비한 해안선은 사진가에게는 꿈같은 곳이다. '피플스 코스트(People's Coast, 시민의 해안)'라고도 불리는 공공의 재산이다. 해안에서 구경할 만한 것은 로키산맥 서쪽에서 가장 오래된 정착촌인 아스토리아(Astoria), 예술과 쇼핑을 즐기는 사람들이 모이는 캐넌 비치(Cannon Beach), 매년 100만 명 이상이 견학을 위해 찾는 치즈 공장 틸라묵 치즈 팩토리(Tillamook Cheeze Factory), 고래 관찰로 인기 있는 디포 베이(Depoe Bay), 오리건 코스트 수족관이 있는 뉴포트(Newport), 사구와 강치 생식지인 '씨 라이언 케이브(Sea Lion Cave)'로 유명한 플로렌스(Florence) 등이 있다.
visittheoregoncoast.com

### Willamette Valley Wine Country
### 윌러밋 밸리 와인컨트리

최근 인기가 상승한 오리건 와인의 산지인 윌러밋 계곡은 프랑스 부르고뉴 지방과 같은 경도에 위치하여 와인 만들기에 적합한 입지조건도 갖추고 있다. 오리건 주의 와이너리 450여 곳 중 225곳이 윌러밋에 있다. 윌러밋 밸리 와인컨트리는 포틀랜드에서 약 30km 떨어진 곳에 있으며 많은 와이너리 투어와 테이스팅 룸을 마련하고 있다. 피노 누아르가 유명하며 샤르도네 피노그리 등 냉량한 기후를 선호하는 품종도 좋은 평가를 얻고 있다. 풍요로운 토양 덕분에 포도 외에도 농산물이 풍부해서 포틀랜드 지역으로 공급하며 레스토랑 식자재로 공급한다. 주요 작물은 헤이즐넛과 베리 종류이다.
www.willamettewines.com

*TRUE PORTLAND*
## INTRODUCTION

## Nickname City
포틀랜드의 별명

포틀랜드는 다양한 모습 때문인지 여러 별명을 갖고 있다. 당신이 만난 사람이 어떤 식으로 이 도시를 부르는지 물어봐도 재미있을 것이다.

### THE CITY OF ROSES
장미 도시

가장 잘 알려진 별명인 '장미 도시'는 2003년 시의 공식 별명으로 채택되었다. 길을 걷다 보면 맨홀 뚜껑에 새겨진 장미를 볼 수 있다. 매년 6월 '장미 축제'가 약 한 달에 걸쳐 열리며 '국제 장미 테스트 정원'은 미국에서도 최대 규모를 자랑한다.

### STUMPTOWN
스텀프타운

1840년대 후반부터 포틀랜드 인구는 급속히 증가했다. 도시 밖에서 찾아온 이주자들이 점점 늘어나 새로운 길을 만들기 위해 나무를 잘라야만 했다. 수많은 노동자가 나무를 베는 동안 아무도 그루터기를 치울 여유가 없었다. 그래서 노동력 대부분이 도시로 집중될 때까지 그루터기는 그대로 있었다고 한다. 어떤 사람들은 곤경을 피하기 위해 그루터기 위를 걸었고, 어떤 이들은 그루터기를 하얗게 칠해 그루터기의 존재를 잊지 않도록 했다.
1850년대 초, 사업가 존 C. 에인워스가 포틀랜드를 방문했을 때, '나무보다 그루터기가 더 많은 스텀프타운이다.'라고 말한 것에서 유래했다고 한다.

### BRIDGETOWN
브리지타운

윌러밋 강에는 다리가 많다. 현재 아홉 번째 다리를 건설 중이라고 한다. 다리의 종류와 명칭은 285쪽을 참조하자.

### PDX
피디엑스

포틀랜드 국제공항의 코드네임

### LITTLE BEIRUT
리틀 베이루트

제41대 미합중국 대통령 조지 부시가 포틀랜드를 방문했을 때 반대세력의 군중들만 마중 나갔다고 한다. 그래서 부시 대통령의 수행원들은 부시와 적대관계였던 레바논의 수도 베이루트에 빗대서 '리틀 베이루트'라고 비아냥거렸다고 한다.

### BEERVANA
비어바나

맥주 천국 포틀랜드는 50여 곳 이상의 양조장이 있으며 이는 벨기에와 독일의 각 도시를 능가한다.

### P-TOWN
피 타운

포틀랜드의 P를 줄인 P타운.

### RIP CITY
립 시티

1971년 2월 18일 포틀랜드 농구팀 '트레일블레이저스'는 팀 설립 첫 시즌 시합에서 로스앤젤레스 레이커스에게 선제 당해 승리를 장담할 수 없었지만 가드 포지션의 짐 바넷이 백코트에서 슛을 날려 보기 좋게 역전했다! 블레이저스의 실황중계를 맡았던 해설자 빌 손리가 "이거지, 립 시티!"라고 소리쳤다. 왜 그랬는지는 소리친 본인도 모르겠다고 한다. 끝까지 포기하지 않고 공격해 승리를 거둔 열의가 담긴 별명이다.

**참고문헌**
This is Portland
13 Essays About the City You've Heard You Should Like
Alexander Barrett 저($5)
2012년 봄, 파웰 북스에 설치된 베스트셀러 순위에서 당당하게 순위권에 들어간 잡지다. 포틀랜드로 이사한 지 8개월 된 저자가 13편의 수필과 함께 포틀랜드를 소개하는 내용이다.

TRUE PORTLAND
## INTRODUCTION

## *Facts*

### 포틀랜드가 35세 이하의 사람이
### 살기 좋은 도시 1위인 이유는?

미국 인터넷뉴스 매체인 'Vocativ'가 발표한 〈미국에서 가장 살기 좋은 도시 가이드〉에서 포틀랜드가 1위를 차지했다. 2010년 국세조사를 토대로 미국에서 가장 인구가 많은 50개 도시부터 인터넷에 게재된 정보를 이용해 좁혀나갔다고 한다. 18~35세의 사람이 살기 좋은 곳을 선택할 때의 중요한 지표인 평균 수입과 취업률, 집세, 통근 시 자전거 전용도로와 저렴한 광대역, 맛있고 싼 테이크아웃 음식 등이 있는지를 고려해 검토했다고 한다. 또한 'Vocativ'가 중요한 생활방식 지표로 삼고 있는 맥주 1파인트(약 570ml)와 고품질 마리화나의 가격, 라이브 음악과 커피숍의 접근성 등도 고려했다고 한다. 덧붙이자면 2위는 오스틴, 3위 샌프란시스코, 4위는 시애틀로 로스앤젤레스는 순위권 밖이었으며 뉴욕은 23위였다.

포틀랜드가 1위를 획득한 이유는 취업 시장과 저렴한 공공요금, 활기찬 음악 시장 때문이다. 태평양안 북서부에서 세 번째로 큰 이 도시는 창조적이고, 커뮤니티 의식을 지닌 것으로 알려져 젊은 기업가에게는 사업을 시작하기에 적당한 장소라고 한다. 기네스 맥주 1파인트는 약 $6이고, 이곳보다 마리화나가 싼 곳은 없다.

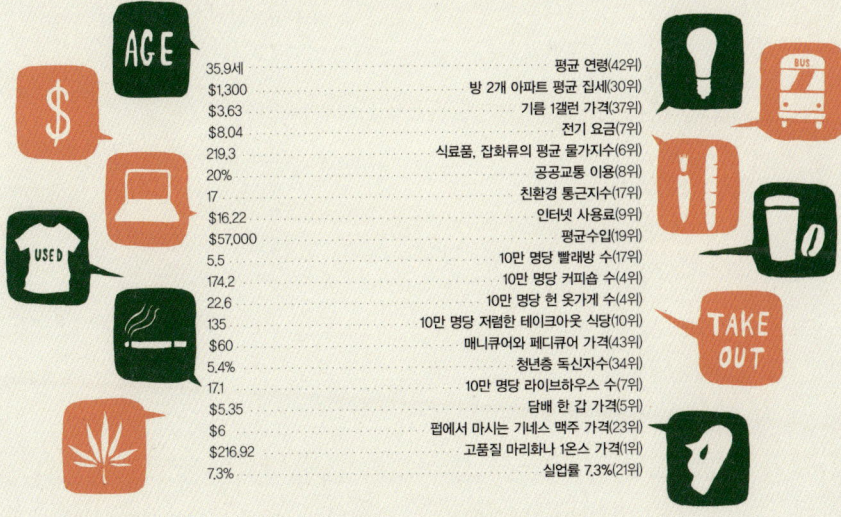

| | |
|---|---|
| 35.9세 | 평균 연령(42위) |
| $1,300 | 방 2개 아파트 평균 집세(30위) |
| $3.63 | 기름 1갤런 가격(37위) |
| $8.04 | 전기 요금(7위) |
| 219.3 | 식료품, 잡화류의 평균 물가지수(6위) |
| 20% | 공공교통 이용(8위) |
| 17 | 친환경 통근지수(17위) |
| $16.22 | 인터넷 사용료(9위) |
| $57,000 | 평균수입(19위) |
| 5.5 | 10만 명당 빨래방 수(17위) |
| 174.2 | 10만 명당 커피숍 수(4위) |
| 22.6 | 10만 명당 헌 옷가게 수(4위) |
| 135 | 10만 명당 저렴한 테이크아웃 식당(10위) |
| $60 | 매니큐어와 페디큐어 가격(43위) |
| 5.4% | 청년층 독신자수(34위) |
| 17.1 | 10만 명당 라이브하우스 수(7위) |
| $5.35 | 담배 한 갑 가격(5위) |
| $6 | 펍에서 마시는 기네스 맥주 가격(23위) |
| $216.92 | 고품질 마리화나 1온스 가격(1위) |
| 7.3% | 실업률 7.3%(21위) |

(출처: The Livability Index: The 35 Best U.S. Cities For People 35 and under    www.vocativ.com/11-2013/livability/#Portland)

TRUE PORTLAND

# INTRODUCTION

## How to Use This Book
### 가이드북 사용법

이 책에 게재한 정보는 2013년 6월부터 11월까지 취재한 것을 토대로 구성하였다. 도움을 준 현지인에게 경의를 표한다. 가능한 한 정확한 정보를 실으려 노력했지만, 시간이 지남에 따라 영업 시간이 변경되거나 가게가 이전했을 가능성도 있다. 그럴 때는 함께 안내책자를 만드는 동료라고 생각하고 info@truepdx.com으로 연락 바란다. truepdx.com에서 정보를 갱신할 예정이다.

### 표기 규정
표기 중에 기재되지 않은 사항은 해당사항이 없기 때문이다.

### ※2 주소 표기에 관하여
Ave.→Avenue/ Blvd.→Boulevard/ Rd.→Road/ St.→Street/ Hwy.→Highway/ Ct.→Court

### ※3 예상 요금
대체로 적당하다고 느껴지는 가격을 표시했다. 가게 대부분은 카드 사용이 가능하나 'BUY LOCAL'이라고 계산대에 써있다면 현금을 선호한다는 뜻이다. 호텔은 패키지나 캠페인을 잘 이용하면 조금 더 저렴하게 이용할 수 있다.

$————$10 이내로 적당함(호텔은 1박에 약 $100 이하)
$$————$25 정도로 상당히 만족스러움(호텔은 1박에 약 $150)
$$$————$50 정도로 부유한 기분(호텔은 1박에 약 $250)
$$$$————$50 이상으로 큰맘 먹고 내야 함(호텔은 1박에 약 $350)

• 소비세와 음식세는 없지만, 레스토랑에서는 식대의 15〜20% 정도의 팁이 매너다.
• 호텔은 객실 수에 따라 12.5%〜14.5%의 숙박세가 붙는다.

TRUE PORTLAND
## INTRODUCTION

# Area Guide
지역별 특징

포틀랜드는 크게 다섯 지역으로 구성되어 있다. 그리고 큰길을 중심으로 한 '네이버후드'라는 작은 지역으로 나뉜다. 개성 넘치는 네이버후드는 마치 공원과 박물관처럼 이 도시를 찾는 사람들에게 중요한 매력 포인트가 될 것이다.

## SOUTHWEST
사우스웨스트(p.274)

### Cultural District
컬츄럴 지구

도심을 찾는 사람들에게 가장 인상에 남는 것이 풍부한 녹음이다. '사우스 공원 블록' 양쪽으로는 웅장하고 화려한 고층주택이 많고 시내 유수의 문화시설도 줄지어 서 있다.

### Pioneer District
파이오니어 지구

유명 브랜드가 입점해있는 파이오니어 플레이스 쇼핑센터와 백화점 등이 있다. '파이오니어 코트하우스 스퀘어(별칭, 포틀랜드의 거실)'가 그 중심이다.

### West End / Down Town
웨스트엔드/ 다운타운(도심)

최근까지 도심 일대는 오랫동안 황폐한 인상을 주는 지구였다. 그러나 에이스 호텔이 들어서고 10th 애비뉴와 11th 애비뉴에 스트리트카가 개통되면서 재개발이 활성화되었다.

## NORTHWEST
노스웨스트(p.276)

### North West Portland / Nob Hill
노스웨스트/ 노브힐

가로수 길가에 늘어선 빅토리아 양식과 콜로니얼 양식의 오래된 저택과 신구의 아파트와 빌딩, 가게가 끝없이 이어져 있다. 이 지구는 포레스트 공원이 펼쳐진 구릉지 웨스트 힐즈에 있다. 오래전부터 '노브힐'이라고 불린다.

### Old Town / Chinatown
올드 타운/ 차이나타운

지하에는 '상하이 터널'이라는 어두운 역사가 잠들어 있다. 이 터널은 옛날에 배에 필요한 노동력을 조달하기 위해 선원과 나무꾼, 노동자를 유괴해서 배로 옮겼던 지하 통로라고 한다. 지금은 투어를 통해 볼 수 있다.

### Pearl District
펄 지구

주거, 상업, 사무실 등 다목적을 추진하는 도시 재개발 모델로서 유명하다. 황폐한 공업지대가 세련된 지구로 다시 태어났고, 이들 대부분은 친환경 건축 기준인 'LEED 인증'을 받았다.

## NORTH / NORTHEAST
노스(p.278)/ 노스이스트(p.280)

### Alberta Arts District / Killingsworth
앨버타 예술 지구/ 킬링스워스

포틀랜드에서 가장 문화적으로 다양성이 풍부한 거리다. 예술가, 기업가, 창조적인 정신을 가진 사람들, 젊은 가족, 학생 등이 중심이 되어 풀뿌리 커뮤니티를 형성하고 있다. 매월 마지막 목요일에 라스트 써스데이 스트리트 페스티발을 개최한다.

### North Mississippi Avenue
노스미시시피 애비뉴

어슬렁어슬렁 산책하며 상점을 둘러보거나 먹으러 돌아다니기 딱 좋다. 예술성이 풍부하고 젊음이 넘치는 분위기의 지역으로 수리하여 재개장한 오래된 건물과 다목적, 친환경적으로 설계한 새로운 건물이 섞여 있다.

### North Williams
노스 윌리엄스

수년전 공식적으로 자전거 거리로 지정되었기 때문에 친환경적인 디자인의 아파트와 상점이 숲을 이루고 있다.

## SOUTHEAST
사우스이스트(p.282)

### Hawthorne and Belmont
호손과 벨몬트

자유방임적인 분위기가 감도는 호손 스트리트는 포틀랜드 카운터 컬처의 중심지로서 잘 알려졌다. 히피와 힙스터(20, 30 대의 독립적인 생각과 반문화, 진보적인 정치적 성향, 자연 친화, 잘 알려지지 않은 음악과 예술, 지식 그리고 위트를 가치 있게 여기는 사람들을 뜻한다. – 위키피디아 참조)가 선호하는 주거, 근무, 유흥의 장소다. 벨몬트 스트리트에도 개성적인 상점이 많아졌다.

### Central Eastside
센트럴 이스트사이드

10년 전까지 경공업과 살풍경한 구조의 상점으로 가득한 지역이었으나 2004년 세련된 주피터 호텔(Jupiter Hotel)이 들어서자 변하기 시작했다.

### East Burnside
이스트 번사이드

산업적인 면과 네이버후드의 풀뿌리적인 힙스터 분위기가 융합된 네이버후드가 되었다.

### Division / Clinton
디비전 / 클린턴

호손 스트리트 남쪽에 위치한 유서 깊은 지구다. 사우스이스트 디비전 스트리트의 10th 애비뉴부터 50th 애비뉴 사이에는 옛날부터 친숙한 가게나 레스토랑과 새로운 상점이 공존한다. 클린턴 스트리트는 주택가지만 작은 가게가 많다.

### 28th and Burnside St.
28th 번사이드 스트리트

'레스토랑 거리'로도 불리는 28th 애비뉴는 노스이스트(NE) 지구와 사우스이스트(SE) 지구를 남북으로 관통하며, NE 지구 글리선 스트리트부터 SE 지구 스타크 스트리트까지 약 10블록에 걸쳐 인기 레스토랑이 줄지어 있다.

# EAT
## 먹기

새로운 비전이 탄생하는 장소에는 놀라운 수준의 식문화가 존재한다. 매일 열리는 파머스 마켓(Farmers Market, 도시 근처 농민들이 직접 기른 과일, 채소, 고기 등 각종 농산물을 주기적으로 파는 공공시장)은 생산자와 소비자를 이어주고, 서로 이야기를 나눌 수 있는 자리다. 그리고 음식 세계에서 프로라고 할 수 있는 요리사들은 경쟁하기보다는 올바른 음식의 미래를 그려나가기 위해 서로 도우며 최선을 다해 협력하고 있다. 1979년 무질서한 교외 개발을 막기 위해 제정된 '도시 성장 한계선(Urban Growth Boundary)'은 비교적 도심부와 가까운 곳에서 계속 농장을 운영할 수 있게 해주었고, 식탁과의 거리를 좁혔다. 대다수 이주자는 이상적인 식생활 커뮤니티의 일원이 되기 위해 지속 가능한 생활방식을 실천한다.

서해안에서 탄생한 '자연으로의 회귀(Back to Nature)'라는 히피 정신과 고정관념에 얽매이지 않고 자신의 신념으로 헤쳐 나가는 DIY 정신이 섞인 '수공예(craft, 크래프트)'라는 암호 아래 생산자들은 자연과 조화를 이루며 직접 손을 사용하고, 지혜를 활용해 먹거리를 만든다. 이곳에는 모두가 동경하는 음식의 미래가 존재한다.

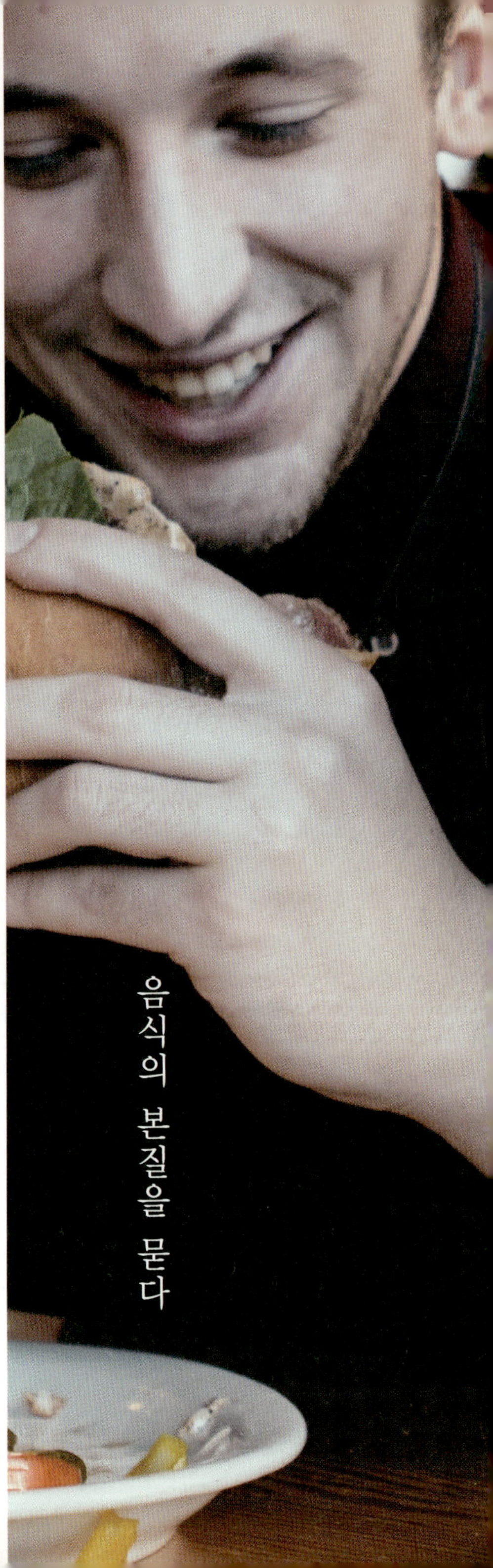

음식의 본질을 묻다

TRUE PORTLAND | EAT
# FARM

## Sauvie Island Organics

흉작도 풍작도 모두와 공유하는
자연 주기를 따르는 농원

— 이 차로 채소를 배달

## FARM

— 배달할 채소를 수확하는 직원

— 이랑마다 서로 다른 채소를 재배한다.

— 채소, 꽃, 잡초가 뒤섞인 야성적인 밭

*information*

Sauvie Island Organics
소비 아일랜드 오가닉스
20233 NW Savie Island Rd.
(503) 621-6945
www.sauvieislandorganics.com

　도시와 밭의 거리가 가까운 것은 포틀랜드의 매력 중 하나다. 이곳은 도심에서 20km 정도 떨어진 소비 아일랜드(Sauvie Island)라는 섬에 위치한 농원이다.

　농장주는 버클리의 유명 레스토랑 셰 파니즈(Chez Panisse)에서 근무했던 샤리 라이더로 요리하다 보니 '채소는 어떻게 자라는가?' 라는 문제에 관심을 두게 되어 자연스럽게 농업의 세계로 넘어왔다고 한다. 지금은 포틀랜드 시내 약 60여 곳의 가게와 레스토랑에 채소를 공급하면서 공동체 지원 농업(Community Supported Agriculture, CSA)이라는 모임에서 약 400여 곳의 동네 고객에게 직접 채소를 배달하고 있다. CSA는 농가에 1년 치 채소 값을 미리 내면 수확한 채소를 회원에게 나눠주는 시스템이다. 샤리는 "대개 풍작이지만 뭐 흉작일 때도 있어요." 라고 한다.

　강으로 둘러싸인 섬이기에 여름에는 근처 강에서 수영도 할 수 있다. 웹사이트에는 주변 레스토랑의 리스트도 게재하고 있어 농원에서 레스토랑을 찾아가는 일도 즐겁다. 소비 아일랜드 오가닉스를 방문할 때는 미리 연락하고 가자.

## Sowing Circle Farm

다양한 생명을 배려한 주택가의 도시 농장

포틀랜드 국제공항에서 맥스 라이트 레일을 타고 20분 정도 가면 목적지인 로즈 쿼터 역이 나온다. 공항과 도심의 중간에 위치한 조용한 마을에 밭이 있다. 다양한 채소와 과일이 자라나 열매를 맺고, 꽃을 피운다. 밭에서는 사계절이 순환하고 경치도 변한다. 영속농업(permaculture)에 관한 워크숍이 열리기도 하고 수확한 채소나 과일을 판매하기도 한다.

산울타리 건너편은 평범한 주택가로 조금 걷다 보면 번화가로 이어져 도시의 삶도 맛볼 수 있다. 또 조금 더 가면 식당도 있어 식사도 할 수 있다. 도시와 밭이 가까이에서 서로를 받아들이는 신기한 공간이다. 20분 정도면 도심으로 나올 수 있다.

이곳의 가장 큰 매력은 숙박할 수 있다는 점이다. 계절에 따라 다르지만 1박에 $60 정도인 양심적인 요금도 매력이다. 만약 당신이 농업 종사자 혹은 정원을 좋아한다면 호기심을 충족시켜 줄 것이다. 이곳에서의 체험은 다양한 동물과의 어우러짐, 그리고 자연 주기에 대한 관심을 갖게 만든다.

TRUE PORTLAND | EAT
# FARM

— 숙소인 은색 에어스트림(Airstream, 미국의 캠핑 트레일러 브랜드명)의 내부 전경. 딱히 넓지는 않지만 지친 몸을 쉬기에는 충분한 공간이다. 샤워 룸은 안채에 있으니 걱정하지 말자.

*information*
-
**Sowing Circle Farm**
소잉 서클 팜
NW Sacramento St.
www.sowingcirclefarm.com
Airbnb 숙박 가능
www.airbnb.co.kr/rooms/617737

— 에어스트림에서 내다보면 눈앞에 넓은 밭이 펼쳐진다. 오리가 주변을 산책하고 있다.

## Farmers Market
### at Portland State University

미국 최대 규모를 자랑하는
지속 가능한 식생활 커뮤니티

## FARM

내가 먹는 음식은 어디에서 오는가? 포틀랜드 주립대학 캠퍼스에서 즐기면서 배울 기회를 만들 수 있다. 소규모 농가가 키운 예쁜 색의 유기농 채소와 과일과 인기 빵집이나 커피숍, 치즈와 초콜릿 가게 등의 부스가 줄지어 서 있다. 봄이 찾아오는 3월 중순부터 크리스마스 전인 12월 중순까지 매주 토요일은 사람들로 북적인다.

푸드 웨이브(Food Waves) 부스에서 채소를 판매하는 젊은이는 "전 농부로서 보람찬 날들을 보내고 있어요. 제 밭이 있는 교외는 도로에 신호등이 하나밖에 없는 동네에요. 여기 오면 채소를 사는 사람과 직접 소통할 수 있고 새로운 아이디어가 떠오르기도 해요. 생산자의 얼굴을 직접 볼 수 있는 유기농 식자재가 이곳에는 넘쳐나죠."라며 손톱 끝에

## FARM

흙이 남아 있는 손을 보여주며 말한다. 요리사와 연계해서 수확한 채소를 레스토랑에 공급하기도 한다. 도심에 있는 레스토랑 '히긴스(Higgins)'는 초기부터 이곳에서 재료를 사서 지금은 '지역생산 지역소비'의 명소 같은 존재가 되었다.

풍요로운 녹음으로 가득한 캠퍼스에서 이상적인 환경을 그리며 식자재를 고른다. 대화를 나누며 장을 보고, 곁에서 공연하는 밴드의 음악을 들으면서 세상의 유기적 연결을 체험한다. 우리 입으로 들어오는 음식은 자연이 주는 것임을 일깨워주는 곳이 바로 이곳이다.

*information*

**Farmers Market at Portland State University**
포틀랜드 주립대학의 파머스 마켓
SW Park Ave. & SW Montgomery St.
매주 토요일
3월~10월 8:30~14:00, 11~12월 9:00~14:00
www.portlandfarmersmarket.org
MAP p.274-52

TRUE PORTLAND | EAT
## FARM

# FARMERS' MARKETS IN PORTLAND
포틀랜드 파머스 마켓에 관하여

EAT

Portland Farmers Market 주간 일정
※자세한 정보는 www.portlandfarmersmarket.org

## Monday
월요일

*Pioneer Courthouse Square*
파이오니어 코트하우스 스퀘어
장소: SW Broadway & SW Morrison St.
개최 일시: 6월 중순~9월 하순 10:00~14:00

## Wednesday
수요일

*Shemanski Park*
쉬먼스키 공원
장소: SW Park Ave. & SW Salmon St.
개최 일시: 5월 상순~10월 하순 10:00~14:00

## Thursday
목요일

*Buckman*
벅맨
장소: SE Salmon St. & SE 20th Ave.
개최 일시: 5월 상순에서 9월 하순 15:00~19:00

## Friday
금요일

*Kenton*
켄튼
장소: N Denver Ave. & N McClellan St.
개최 일시: 6월 상순에서 9월 하순 15:00~19:00

## Saturday
토요일

*Portland State University*
포틀랜드 주립대학
장소: SW Park Ave. & SW Montgomery St.
(1717 SW Park Ave. 근처)
개최 일시: 3월 중순~12월 중순 8:30~14:00
11·12월 9:00~14:00

## Sunday
일요일

*King*
킹
장소: NE Wygant St. & NE 7th Ave.
개최 일시: 5월 상순~11월 하순 10:00~14:00

현재 미국 전역에서 지역생산소비 운동이 활발하다. 앞서 소개한 포틀랜드 주립대학 내 시장은 미국에서 높은 평가를 받고 있으며 최대 규모를 자랑한다. 이 시장은 포틀랜드 파머스 마켓(Portland Farmers Market)이라는 단체가 운영하며 요일마다 다양한 장소에서 마켓을 열고 있다.

20년 전 포틀랜드 내 파머스 마켓은 한 손으로 꼽을 수 있을 정도였다. 지금은 크고 작은 시장이 약 40여 개에 달한다. 지자체가 운영하는 것도 있고 슈퍼마켓 한쪽에서 발견할 수도 있다. 웹사이트에서 자세한 정보를 확인하고 마음에 드는 생산자를 찾아가 보자!

기타
토요일: Hollywood Farmers Market
헐리우드 파머스 마켓
(www.hollywoodfarmersmarket.org)

수요일: People's Farmers' Market
피플스 파머스 마켓
(www.people.coop/farmers-market)

일요일: Hillsdale Farmers' Market
힐스데일 파머스 마켓
(www.hillsdalefarmersmarket.com)

— 정육점 책임자 크리스찬 클리버는 개체 결정과 고기 해체에서 가공까지 모두 책임지고 관리한다. 큰 식칼이라는 뜻의 성 클리버 (Cleaver)를 통해 조상 대대로 도축업에 종사했다는 것을 알 수 있다.

TRUE PORTLAND | EAT
## GROCERY

이웃을 위해 존재하는 먹거리의 전당

# Old Salt Marketplace

유기농은 정육의 세계에서도 중요하다. 이 가게 정육 장인은 계약한 포틀랜드 근교 농장에서 한 마리씩 직접 매입한다. 고기 해체 작업은 가게 뒷마당에서 하며 식품 창고에는 돼지 머리부터 피, 창자 등 모든 부위를 보관하고 있다. 고기에 곰팡이를 피워 건조 숙성시키고, 소시지도 가게 내 공방에서 직접 만든다. 이곳에서 가공한 USDA(미국 농무부) 유기농 인증을 받은 정육과 가공육은 시내 80여 곳 이상의 레스토랑에 공급한다.

정육 코너의 진열장에는 마치 공예품처럼 아름다운 고기가 진열되어 있어 사고 싶은 고기 부위를 이야기하면 바로 가져다준다. 레스토랑도 운영하고 있으며 테이크아웃도 가능하다. 음식은 숯불 조리를 고집한다. 바도 운영하고 있어 밤늦게까지 주민들로 북적인다.

*information*

**Old Salt Marketplace**
올드 솔트 마켓플레이스
5027 NE 42nd Ave.
(971) 255-0167
정육점+델리
월~일 11:00~19:00
서퍼 하우스+바
월~일 17:00~24:00
oldsaltpdx.com
$$$/ MAP p.280-17

TRUE PORTLAND | EAT
## GROCERY

― 차분한 실내 장식은 목재를 많이 사용했다. 이곳은 진짜가 뭔지 아는 어른들의 사교장이라는 느낌이다. 매일 바뀌는 메뉴는 칠판으로 확인하자.

## GROCERY

## 수제 생파스타와 로컬 푸드가 모인 맛있는 식자재 가게

— 냉장 코너에 생파스타와 토마토 소스, 바질 소스가 진열되어 있다. 매일 신선한 식자재를 제공한다.

— 치즈와 와인은 오리건산 뿐만 아니라 프랑스와 이탈리아산도 취급하므로 자신의 취향을 알 수 있다.

약 30년에 걸친 전통적인 제조법으로 만드는 신선한 파스타를 제공하여 지역에서 뜨거운 지지를 얻고 있는 가게다. 드 가모가의 경영과 마케팅, 조리 지식 등 특기 분야를 살려 시내에 두 곳의 영업장이 있다. 소규모 가족경영이지만 '미식'을 향한 탐구로 지역 생산품뿐만 아니라 전 세계의 상품도 갖추고 있다. 시식과 시음이 가능하니 궁금한 상품은 맛을 볼 수도 있다. SE 호손 스트리트와 NW 21st 애비뉴에 있다. 호손 스트리트점에서 함께 운영 중인 'Evoe'는 샌드위치 등을 눈앞에서 만들어 주는데 맛있다. 식자재를 손에 넣었다면 바로 옆 파웰 북스에서 요리책을 찾아보는 것도 추천한다.

*information*

**Pastaworks**
파스타웍스
3735 SE Hawthorne Blvd.
(503) 232-1010
월~토 9:30~19:00 일 10:00~19:00
pastaworks.com
$$$/ MAP p.282-80

## Coffeehouse Northwest

— 아침에는 근처 커피숍에 들러 페이스트리를 먹고 책을 읽거나 동네 친구들과 대화를 즐기는 것이 일과인 사람이 많다.

*information*

**Coffeehouse Northwest**
커피하우스 노스웨스트
1951 W. Burnside St.
(503) 248-2133
월~금 6:30~18:00
토일 8:00~17:00
sterlingcoffeeroasters.com
$/ MAP p.276~25

## 지역 속으로 녹아드는 주말 브런치 타임

주말에는 친구나 이웃 사람들을 꼬드겨 브런치를 먹으러 외출하는 것이 포틀랜드 식으로 아침을 즐기는 방법 중 하나이다. 평소에는 저녁 영업만 하던 인기 레스토랑도 주말에는 브런치 영업을 하는 곳이 많다. 에이스 호텔과 가까운 이 가게는 여행자와 지역 주민이 커다란 테이블에 모여 앉아 식사를 즐길 수 있는 곳으로 항상 사람들로 붐빈다. 자리를 안내받으면 우선 브런치 칵테일을 주문하자. 아름답게 장식된 잔을 한 손에 들고 음식이 나오는 동안 편하게 대화를 나누는 게 전형적인 브런치의 모습이다. 메뉴는 매주 바뀐다.

포틀랜드에서는 노스웨스트 요리라는 장르가 확립되어 있다. 축복받은 자연환경으로부터 해산물과 과일을 수확하여 지속 가능한 요리를 만든다. 질 좋은 식자재를 구하기 쉬운 환경을 찾아 뉴욕과 샌프란시스코 등지의 대도시에서 실력파 요리사들이 포틀랜드로 옮겨온다고 한다. 우선 그들의 음식을 브런치로 가볍게 즐겨보자.

TRUE PORTLAND | EAT

## BREAKFAST

— 버터밀크 팬케이크에 리코타 치즈와 자두 잼을 곁들여서 먹는다. ($10)

— 송로버섯의 풍미가 뛰어난 블랙 페퍼&그라나 치즈 팝콘

*information*
-
Clyde Common
클라이드 커먼
1014 SW Stark St.
(503) 228-3333
월~목 11:30~23:45
금 11:30~다음날 0:45
토 9:00~다음날 0:45
일 9:00~22:45
www.clydecommon.com
$$/ MAP p.274-14

— 높은 천장과 커다란 창으로 들어오는 채광이 기분 좋다. 지나가는 개성적인 포틀랜더를 구경하기에도 좋다.

TRUE PORTLAND | EAT
# BREAKFAST

## Broder

### 사람들이 줄 서서 기다리는 아침의 정석

— 채소와 훈제 송어를 사각으로 썰어서 볶고 그 위에 달걀 프라이를 얹은 피티 파나($10~)

— 셰리 크림 소스와 함께 먹는 스웨덴식 미트볼. 사이드 메뉴를 선택할 수 있다.

아침 식사라면 누구나 이 가게를 제일 먼저 거론할 만큼 인기 있는 가게다. 2007년에 문을 연 스웨덴 요리 레스토랑으로 눈길을 사로잡는 파란색 외관에 끌려 가게로 들어가면 12개뿐인 좌석과 카운터에 마련된 바가 반겨준다. 북유럽풍 인테리어에서 따스함이 느껴진다.

레몬 커드와 월귤잼을 맛볼 수 있는 동그란 빵모양의 데니쉬 팬케이크($9), 햄과 치즈, 삶은 달걀과 빵이 담긴 스웨덴식 아침($12) 등이 인기 메뉴다. 메뉴가 보기에도 너무 예뻐서 주문을 망설이게 된다. 주말에는 2시간이나 기다리는 일도 많지만 손님들은 이해해준다. 바로 자리에 앉고 싶다면 문 열기 전에 줄을 서거나 평일에 가는 걸 추천한다.

*information*
**Broder**
브로더
2508 SE Clinton St.
(503) 736-3333
월~일 9:00~15:00
www.broderpdx.com
$$/ MAP p.282-93

# Tasty n Sons

### 다양한 종류의 작은 접시 요리를 맛 볼 수 있다

— '스킬렛'이라는 작은 철제 프라이팬 위의 다양한 음식을 맛볼 수 있다.

— 포크 커틀릿에 시금치 소테를 곁들이고 완숙으로 노른자를 익힌 달걀 프라이를 올린다.

포틀랜드 사람들이 브런치를 좋아한다는 건 유명하다. 이러한 유행을 이끄는 것이 바로 이 가게다. 동네 주민들로 북적이다보니 자고 일어난 티가 좀 나도 개의치 않고 마음 편하게 들릴 수 있는 친화적인 분위기다. 지역 농가에서 구매한 채소에서 영감을 얻어 주방 직원이 메뉴를 만든다. 사과에 체다 치즈를 올려 노릇노릇하게 구운 로스티드 애플 위드 베이컨 라르돈 & 체더($5)는 의외로 맛있다. 궁금한 음식을 몇 가지 주문해서 서로 나눠 먹으면 좋다. 한국식 비빔밥도 인기 메뉴다. 옆에는 여성이 운영하는 자전거 호일 전문점 Sugar wheel works(⇒p.152)가 있다.

*information*

**Tasty n Sons**
테이스티 엔 선
3808 N Williams Ave.
(503) 621-1400
월~목, 일 9:00~22:00, 금토 9:00~23:00
tastyntasty.com
$$/ **MAP p.278-23**

\_\_ SE 스타크 스트리트에 갑자기 나타난 검은 장소는 디자인 스튜디오 본 툰드라의 작품이다. 전통적인 사고방식에 도전해서 식생활의 문맥을 재구축하려는 의욕이 넘쳐난다.

BREAKFAST

# Canteen

신세대의 패스트푸드는
유기농 채소가 중심

information
-
Canteen
캔틴
2816 SE Stark Ave.
(503) 922-1858
화~일 9:00~21:00
canteenpdx.com
$/ MAP p.282-65

　젊은 직원이 꾸리고 있는 신선한 감각의 가게다. 젊은 경영자 브라이언 헥은 푸드 카트(음식 포장마차)에서 두 곳의 주스 바를 경영하다가 하루 종일 건강한 음식을 먹을 수 있는 가게를 열기로 결심했다. 뉴욕에서 포틀랜드의 음식문화에 반해 이사를 온 만큼 음식에 대한 고집은 누구보다 강하다. "햄버거나 감자튀김을 대신할 패스트푸드를 전 세계에 전파할 겁니다!"라니 의기양양하다. 템페(콩 발효식품)나 퀴노아, 케일 등 채식주의자에게 친숙한 식자재를 널리 알리고 있다. 저지방에 채소가 가득한 아침 식사를 즐기고 싶다면 반드시 찾아가보자.

── 포틀랜드 보울($8)은 검은콩과 템페 위에 오리건 산 헤이즐넛을 토핑

── 사과와 생강, 시금치와 케일, 대추야자를 넣은 스무디. 병뚜껑을 제거하고 컵으로 사용한다.

43

## INTERVIEW

Interview no.01

# DINA AVILA

*Eat*

"자기 가게를 갖고 있는 요리사가
다른 가게 주방에 들어가 보조로서
요리하는 광경을 자주 볼 수 있어요."

**Q1 포틀랜드 사람들은 어느 정도의 비율로 외식을 즐기나?**

나는 주 2회 정도다.

**Q2 마음에 드는 레스토랑은 어떻게 찾는가?**

나는 'Eater(eater.com)' 사이트의 촬영을 도우면서 곳곳의 레스토랑을 방문할 기회가 있었다. 친구가 추천한 곳을 참고한다.

**Q3 포틀랜드 레스토랑의 특징은 무엇인가?**

다양한 의미에서 독특하다. 많은 가게가 근교 농가의 수확물을 적극 사용하며 자연환경의 특혜를 생각하는 편이다. 외식할 때 나오는 고기가 "그 농장에서 키운 거네!"하고 알 수 있다는 점도 마음에 든다.
또 하나, 레스토랑과 요리사들 간의 커뮤니티가 존재한다는 점이다. 자신의 가게를 갖고 있는 요리사가 다른 가게 주방에 들어가 보조로 요리하는 광경을 자주 본다. 좋은 라이벌이면서 서로의 성공을 응원하는 점이 참 멋지다고 생각한다.

**Q4 추천하는 레스토랑은?**

이 가이드북을 위해 촬영한 태국음식점 PaaDee는 부근에 살고 있어서 자주 들리는 곳이다. 그 외에 Oven and Shaker(피자 가게), St. Jack(프랑스 요리), Beast(프랑스, 미국 요리), DOC(이탈리아 요리), Cocotte(바, 프랑스 요리), OX(아르헨티나 요리), Nostrana(이탈리아 요리)등이 있다. 이외에도 너무 많아서 리스트가 무척 길어질 것 같다!

*profile*

**DINA AVILA** 디나 아빌라

텍사스 주의 대학에서 사진 학위 취득. 고향인 하와이의 지방 신문 근무를 통해 저널리스트의 시점에서 이야기를 다루는 법을 깨달았다. 2007년 포틀랜드로 이주. 음식, 라이프스타일, 건축 촬영을 중심으로 활동하며 블로그에서는 식당가에서 활약 중인 사람을 한명씩 소개하고 있다. 본서 취재에도 동행하여 많은 사진을 찍었다.
www.dinaavila.com

# TRUE PORTLAND
## INTERVIEW

*Interview no.02*

# TROY MACLARTY

> "포틀랜드의 새로운 음식 커뮤니티는
> 서로 방해하지 않으면서도 자신을 표현할 수 있는
> 충분한 영역이 있다."

**Q1 포틀랜드에서 활동 중인 요리사들은 바람직한 식문화가 존재하기 위한 장소를 만들고자 서로 협력하고 있다는 생각이 든다. 이런 생각은 어디서 나온 것일까?**

현재, 음식 커뮤니티와 관련된 대부분의 사람은 다른 곳에서 이사 온 사람들이다. 전에 살던 곳은 경쟁이 심해서 협력 따위는 없었다. 이 도시의 기풍은 다른 곳에서 실현할 수 없었던 일들을 가능케 했다. 포틀랜드의 새로운 음식 커뮤니티는 서로 방해하지 않으면서 자신을 표현할 수 있는 충분한 영역이 존재한다. 이런 매력에 이끌려 살기 좋고 새로운 사업을 시작할 장소로서 가치관을 공유할 수 있는 사람들이 이사 왔기에 그렇게 되지 않았을까?

**Q2 포틀랜드에 살고 있는 사람들은 '수공예(craft, 크래프트)'라는 말을 중요하게 생각한다. 당신의 '수공예'는 무엇인가?**

포틀랜드는 집세가 비교적 저렴하므로 다른 도시처럼 높은 부가가치를 붙이지 않아도 자신을 표현할 수 있다. 접시나 인테리어에 돈을 들이는 것이 아니라 양질의 식자재를 사용해서 자신의 기술을 구사해 요리 그 자체로 매료시킬 수 있다. 포틀랜드에 깃든 '진짜 지속 가능한 정신'이 레스토랑으로도 전파된 것이다.

내 가게 발리우드 시어터(Bollywood Theater)의 테이블과 선반에 사용한 목재는 옛 제분소에서 가져온 것으로 100년도 넘은 것이다. 실내 장식은 인도의 옛날 물건과 새롭고 화려한 장식을 섞었다. 음식은 인도의 전통 음식, 길거리 음식, 지역 음식을 나의 요리 기술을 이용하여 현대식으로 개선한 것이다. 발리우드 시어터에서 제공하는 메뉴 대부분은 포틀랜드에만 존재한다.

**Q3 창조성이란 자신의 시점을 진화시켜 새로운 도전을 만들어내는 것이라고 생각한다. 당신은 어떤 도전을 하고 있는가?**

내 경력의 대부분은 고급 이탈리아 요리의 흐름을 이어받은 것이다. 이를 15년이나 계속하니 그다지 창조적인 보람을 느낄 수 없었다. 그래서 내 지식을 인도 음식으로 돌리자고 생각했다. 인도 음식은 내게 자극과 흥분을 주었다. 발리우드 시어터의 미래가 무척 기대된다. 하루에 600~700명이 찾을 정도로 바쁘지만 어떻게 하면 가능한 한 안정된 맛을 유지할 수 있을지, 각각의 요리에 새로운 도전이 필요하며 이를 생각하는 것은 항상 시련이다. 문을 연지 약 1년, 우리는 인도 음식으로 뭘 할 수 있을지 이제 막 탐색하기 시작했다. 그래도 어제보다는 오늘, 그리고 내일이 더 좋아질 것이라고 믿는다.

*profile*

**TROY MACLARTY** 트로이 맥라티
앨버타 지구에 위치한 발리우드 시어터(⇒54)의 오너 요리사. 누구나 가볍게 양질의 식사를 할 수 있다는 콘셉트로 인도 길거리 음식점을 2012년에 열었다. 이탈리아 요리로 다져진 기술을 살려 인도 여행에서 허로 느낀 맛을 재현한다. 혁신적인 레스토랑으로 이름을 떨치고 있는 셰 파니즈(Chez Panisse) 출신이다.
www.bollywoodtheaterpdx.com

## SNACK

— 라르도는 이탈리아의 향토 음식이자 살라미의 일종으로 늘 식탁에 오른다.

— 도심에 위치한 가게는 휴일이면 관광객과 가족 단위의 손님으로 북적인다. SE 호손 스트리트에도 있다.

## Lardo

### 맥주와 고기 샌드위치의 최강 조합

점심시간이면 북적이는 단순하고 맛있는 샌드위치 가게. 푸드 카트에서 출발해 지금은 가게를 두 곳으로 늘렸다. 돼지비계에 소금, 허브, 각종 양념을 발라 소금에 절이거나 훈제한 '라르도'가 샌드위치 맛의 비결이다. 콜드 프라이드 치킨($9)은 치킨을 버터밀크에 재웠다가 튀겨 풍부한 맛을 자랑한다. 허브와 돼지고기, 감자튀김의 절묘한 조화를 맛볼 수 있는 더티 프라이($7)는 아무리 먹어도 물리지 않는다.

information
-
**Lardo**
라르도
1205 SW Washington St.
(503)241-2490
월~일 11:00~22:00
lardopdx.com
$$/ MAP p.274-9

## Hot Lips Pizza

### 맛있고 친환경적인 피자

성장호르몬이 들어간 사료는 비가 오면 땅으로 스며들어 하천으로 다시 흘러간다. 피자 위에 올린 페퍼로니 한 장이 생태계를 지키고, 경영자는 지속 가능한 농업을 만들려고 시행착오를 반복한다. 하지만 일단 먹어보면 아무튼 맛있다! 직원은 '진짜 과일로 만든 소다와 정말 맛있는 피자'라는 슬로건을 자랑스러워한다. 시내에 5개의 점포가 있으며 에코 트러스트(⇒p.219)에 있는 점포는 핫 립스 피자만의 방침을 느낄 수 있다.

information
-
**Hot Lips Pizza**
핫 립스 피자
721 NW 9th Ave.
(503) 595-2342
월~일 11:00~22:00
hotlipspizza.com
$/ MAP p.276-18

— 진짜 재료를 사용한 피자를 먹으면 이제 되돌릴 수 없을지도 모른다. 전화로 택배 주문도 가능하다.

TRUE PORTLAND | EAT
## SNACK

— 가장 인기 있는 메뉴는 모든 속 재료가 비스킷 사이에 들어간 레기 디럭스($9)로 양이 엄청나다.

— 근무 중 들렀다는 노신사. 노란색으로 통일한 패션 센스가 뛰어나다.

*information*
-
**Pine State Biscuits**
파인 스테이트 비스킷
2204 NE Alberta St.
(503) 477-6605
월~수 7:00~15:00, 화목 7:00~23:00, 금토 7:00~다음날 1:00
www.pinestatebiscuits.com
$/ MAP p.280-13

# Pine State Biscuits

### 기대를 배신하지 않는
### 미국다운 남부 비스킷

　바삭하게 튀겨낸 치킨에 그레이비 소스를 듬뿍 뿌려 소금으로 간을 한 비스킷 사이에 끼워 먹는다! 더 풍부한 맛을 원한다면 바삭바삭한 베이컨과 달걀 프라이, 입에서 살살 녹는 치즈도 추가하자. 세 명의 경영자인 비스킷 보이즈는 노스캐롤라이나 주 출신으로 미국 남부 '엄마의 손맛'을 그대로 재현한다. 파머스 마켓에서 푸드 카트를 하던 시절부터 지금까지 사람들은 여전히 줄을 서서 기다린다. 동네 주민에게는 아침 메뉴로 정착했다.

**SNACK**

## *The Sugar Cube*

달콤한 꿈을 이루다!
의지가 강한 제빵사가 만드는 행복한 맛

— 레몬 커드가 흘러넘칠 것 같은 티 케이크

— 길가에 세워둔 사랑스러운 간판과는 반대로 디저트는 장인의 솜씨가 물씬 풍긴다.

오너 요리사인 키르 옌슨은 나긋나긋하지만 굳건한 정신의 소유자로 포틀랜드의 많은 유명 가게에서 페이스트리 요리사로서 경험을 쌓은 후 푸드 카트를 사서 가게를 열었다. 그때부터 그녀의 센스와 기술이 화제를 모아 요리책도 출판했다. 5년간 푸드 카트에서 영업하다 앨버타 예술지구(Alberta Art District)의 주택가에 정식 가게를 열었다. "전 시카고 출신이지만 포틀랜드에만 존재하는 푸드 카트라는 문화 덕분에 쉽게 기회를 잡았어요. 카트는 좁지만 손님과 유대관계를 맺을 수도 있고 선택지도 넓어지죠." 이곳은 동네에서 브런치로 유명한 가게다. 그녀가 직접 만든 그래놀라와 달콤한 페이스트리로 잠에서 깨어나는 건 어떨까?

*information*

**The Sugar Cube**
슈거 큐브
3039 NE Alberta St.
(971) 202-7135
수~일 8:00~17:00
thesugarcubepdx.com
$/ MAP p.280-16

## SNACK

## Little T American Baker

딱딱한 빵을 좋아한다면
꼭 가볼 것!

— 가게에서 나올 때, "《아름다운 일본의 잔상》이라는 책 읽어봤어요?"라는 질문을 받았다. 일본의 발효문화에도 관심이 있는 것 같다.

    빵 만들기는 과학이다. 밀가루와 발효, 수작업과 정성이 가득 담긴 빵이 진열대에 일렬로 놓여 있다. 근교에서 재배한 곡물을 사용하기에 빵을 한입 먹으면 소재 본래의 향과 개성까지 느껴진다. 호밀과 맥주로 만든 천연 효모 빵이 인기 상품이다.

    오너 요리사인 팀 힐리는 오랜 경력을 토대로 현재 제빵 강사로서 미국과 아시아에서 활약 중이다. 원래는 뉴욕에서 미디어 관련 일을 했다고 한다. 막 구워낸 따끈따끈한 빵과 코아바 커피(⇒p.78)로 만든 에스프레소를 즐기러 들러보자.

information
-
**Spielman Bagles and Coffee Roasters**
스필먼 베이글 앤드 커피 로스터
2128 SE Division St.
(503) 467-0600
월~금 7:00~17:00, 토일 8:00~17:00
www.spielmanbagles.com
$/ MAP p.282-88

## Spielman Bagels and Coffee Roasters

베이글, 커피, 카세트테이프의
관계

— 이곳은 에이스 호텔 앞 '유니언 웨이(Union Way)' 내에 자리한 점포. SE 디비전 스트리트에도 있다.

    가게 안으로 한 걸음 내딛으면 그리운 옛 시절의 베이글 가게 분위기로 자욱하다. 커피 로스터는 빈티지 제품이며 카운터에는 카세트테이프가 산처럼 쌓여 있다. 아버지와 아들이 운영하는 이 가게는 커피를 직접 배전하고, 베이글은 발효종을 직접 키워 24시간 반죽을 숙성시키는 등 상당한 품을 들인다.

    아버지 릭 씨는 교외에서 커피 전문점을 운영했는데 자신이 만드는 베이글을 좀 더 잘 이해해 줄 지역으로 가게를 옮겼다고 한다. 아들 라파엘 씨는 더 울른 멘(⇒p.130)이라는 인디밴드의 멤버로 직접 카세트테이프를 만들어 팔고 있어 가게에 틀어 놓는 음악은 모두 카세트테이프로 재생한다.

information
-
**Little T American Baker**
리틀 티 아메리칸 베이커
1022 W Burnside St.
(503) 894-8258
월~금 8:00~18:00, 토일 9:00~17:00
littletbaker.com
$/ MAP p.274-12

SNACK

# Salt & Straw

information
**Salt & Straw**
솔트 앤드 스트로우
2035 NE Alberta St.
(503) 208-3867
월~일 11:00~23:00
saltandstraw.com
$/ MAP p.280-10

### 모두에게 기쁨을 주는
### 지역이 행복해지는 아이스크림

2011년 앨버타 지구의 푸드 카트로 출발해서 순식간에 시내에 점포를 3개로 늘린 아이스크림 전문점이다. 창업자 킴 말렉과 친척인 타일러는 지금 가장 주목받는 젊은 경영인이다. 영업 방침은 "밭에서 아이스크림 '콘'으로", 이 지역에서 재배하여 수확한 과일을 사용하는 등 신선한 재료를 듬뿍 사용한다. 아이스크림을 중심으로 식생활과 관련된 긍정적인 움직임을 일으켰고, 자선모금 활동도 하고 있다. 유지방 17%라는 풍부한 맛을 자랑하는 와플 콘은 가게에서 직접 구워서 바삭바삭하다. 딸기와 발사믹 식초, 라일락, 스텀프타운 커피와 버번 등 듣기만 해도 먹고 싶어지는 맛으로 가득하다! 계절마다 지역 요리사와 협업해서 특이한 메뉴도 만든다. 베이커리도 같이 하는 NW 23rd 애비뉴 지점은 아침 7시부터 영업한다.

## SNACK

— 메뉴는 가게 내 큰 칠판을 확인하자. 맛이 궁금하면 시식도 할 수 있다.

— 문신과 아이스크림의 조합이 "Very Portland!"

— 앨버타점 옆에는 발리우드 시어터가 있어서 카레를 먹고 돌아가는 길에 들리는 사람도 많다.

— 콘을 굽는 향긋한 냄새가 가게 안으로 퍼진다. 아무리 바빠도 직접 콘을 만들겠다는 고집은 계속된다.

## 화덕으로 조리하는 수제 음식의 진수

이 가게는 모든 메뉴를 장작불로 조리한다. 왜냐고? 힌트는 가게 중앙에 걸린 그림 속에 있다. 산업혁명 당시 양말을 짜는 직조기를 파괴해서 산업의 기계화에 반대한 러다이트 운동의 리더 '네드 러드(Ned Ludd)'가 갔을 법한 길을 보여주는 듯하다. "자신의 인생에서 손에 닿는 감촉을 잊지 말아야 해요. 그래서 '수제'를 고집하는 게 중요한 거죠."라고 오너 요리사인 제이슨 프렌치가 열변을 토한다. 다이닝 레스토랑의 유행을 좇지 않고 자기만의 스타일로 일관한다. 철저한 반골정신이다.

입구에는 장작이 쌓여 있고 가게 중앙에는 벽돌로 만든 화덕이 있다. 개척시대를 떠올리게 하는 분위기 속에서 직원들이 따뜻하게 대접해준다. 새로 도전하는 농가와 연계해서 제철을 느낄 수 있는 단순한 조리법은 재료의 매력을 이끌어낸다. 그래서일까, "가장 포틀랜드다운 레스토랑은?"이라고 물어보면 주저 없이 이 가게를 소개하는 사람이 많다.

Ned Ludd

## DINNER

— 황색과 적색 비트, 케일을 바삭하게 구워 피스타치오가 든 요구르트 소스를 뿌린 음식

— 파테는 돼지고기와 라드, 돼지 신장의 조합으로 4가지 허브를 곁들여 낸다.

— 샹들리에 반대편에 그려진 '네드 러드'. 자유를 추구한 사람에게서 영감을 얻었다고 한다.

— 오너 요리사인 제이슨은 바쁜 저녁 시간임에도 질문에 친절히 대답해주었다. 창조적 정신이 넘치는 사람이다.

*information*
-
**Ned Ludd**
네드 러드
3925 NE MLK Blvd.
(503) 288-6900
수~토 17:00~22:00, 일 9:00~14:00, 17:00~21:00
nedluddpdx.com
$$$/ MAP p.280-18

# DINNER

## Bollywood Theater

확실한 기술이 뒷받침하는
북인도 길거리 음식

*information*

**Bollywood Theater**
발리우드 시어터
2039 NE Alberta St.
(971) 200-4711
월~일 11:00~22:00
www.bollywoodtheaterpdx.com
$$/ MAP p.280-10

오너 트로이 맥클레티는 프랑스와 이탈리아 식당에서 근무한 경험이 있는 유능한 요리사다. 독립할 때 그가 선택한 건 소탈하고 예약이 필요 없는 평범한 가게였다. 그는 인도 음식점을 열고자 결심한 후 주말 파티에 친구를 초대해 자신의 아이디어를 실험하거나, 인도를 여행하며 현지인과의 대화를 통해 이상적인 맛을 만들었다. 남들이 하지 않는 것에 도전해서 끝까지 이룬 것이다. 그런 노력을 응원하는 팬도 많아서 낮 12시를 넘으면 가게 앞에 엄청난 수의 손님이 줄을 선다. "포틀랜드를 올바른 식생활의 장으로 유지해나가려고 합니다." 이를 위해 요리사들은 서로 자극을 주고받는다.

## DINNER

— 고아풍 새우 카레. 토마토와 카레 잎, 블랙 머스터드, 시나몬, 카르다몬과 정향 등의 향신료로 섬세한 향을 낸다.

— 포틀랜드 필터를 한 번 거친 인도풍 잡화가 많이 있다.

— 인기 메뉴인 파라타는 납작한 빵이다. 달걀, 양념에 재운 치킨, 그린 처트니, 양배추와 식초에 절인 양파가 가득하다.

— 오너 요리사 트로이. 티셔츠는 바로 옆 가게인 '솔트 앤드 스트로우' (⇒p.50) 제품이다.

# *Luce*

### 귀엽고 가정적인 공간에서 맛보는 겸손한 이탈리아 요리

이스트 번사이드 스트리트에 위치한 인기 레스토랑 나바레(⇒p72)의 2호점으로 문을 열었다. 흑백 바둑판무늬 바닥과 커다란 리스가 특징인 가게 안에는 이탈리아산 와인과 파스타, 주방잡화가 센스 있게 진열되어 있다.

엄선한 식자재를 사용함에도 안티파스토(전채 요리)가 모두 $2라니 놀랍다. 수제 생파스타는 흠잡을 데 없이 맛있다! 하프 사이즈를 주문할 수 있는 메뉴도 있어서 점심시간에는 혼자 식사하러 온 여성도 간간이 눈에 띈다. 신선한 재미를 더한 이벤트도 자주 여는데 연중행사나 일본 농가음식에서 영감을 얻은 식사 모임 등을 기획한다. 인터넷으로 참가 신청을 할 수 있으니 때맞춰 가보는 것도 좋을 것이다.

— 카펠레티를 넣은 수프. 모자 모양의 파스타 속에 내용물을 채워 넣었다. 단순하지만 인상적인 음식이다.

— 매일 가게에서 직접 굽는 포카치아. 주문하면 A5 정도 크기로 잘라서 나온다.

*information*
-
Luce
루체
2138–2140 E Burnside St.
(503) 236–7145
월~일 11:00~22:00
luceevents.blogspot.com
$$/ MAP p.282-54

TRUE PORTLAND | EAT
## DINNER

## *PaaDee*

태국에서 포틀랜드로
할머니의 손맛이 원조

"태국 요리 레스토랑이라면 어디든 비슷한 이미지잖아요. 그걸 바꿔보고 싶었어요."라고 말하는 주인 아카퐁 얼 닌솜은 태국 출신이다. 새장을 흉내 낸 조명에서 흘러나오는 빛과 어두운 색감을 기조로 한 내부가 시크한 분위기를 풍긴다. 예전에는 프랑스풍 벼룩시장에서 앤티크 가구를 샀었다. 바닥에는 "안주하지 말라(Don't Settle)"고 쓰여 있다. 그도 역시 포틀랜드의 기풍에 매료되어서 이곳으로 왔다. 어릴 적 할머니가 만들어준 맛에 의지해서 메뉴를 구성했다. 옆에는 랑반(Langbaan)이라는 공간을 만들어서 태국 요리에 관한 실험적인 시도를 할 예정이다.

— 어릴 적 옆집 아저씨가 길렀던 새에서 힌트를 얻어서 만든 조명

— 쌀과 돼지고기를 넣고 마늘과 소금으로 간을 해서 자연발효 과정을 거친 소시지

— 에그 누들에 3가지 돼지고기(간을 해서 다진 돼지고기, 바삭바삭한 삼겹살, 5가지 향신료로 절여서 구운 앞다리 살코기)를 올렸다.

*information*
-
**PaaDee**
파디
6 SE 28th Ave.
(503) 360-1453
월~일 11:30~15:00, 17:00~22:00
paadeepdx.com
$$/ MAP p.282-59

TRUE PORTLAND | EAT
## DINNER

# Olympic Provisions

### 살라미 붐을 일으킨 hot spot

*information*

**Olympic Provisions**
올림픽 프로비전
107 SE Washington St.
(503) 954-3663
월 11:00~15:00
화~금 11:00~22:00
토 10:00~22:00
일 10:00~21:00
www.olympicprovisions.com
$$/ MAP p.282-17

포틀랜드에는 괴짜가 많을지도 모른다. 스위스에서 경험을 쌓은 고기 마니아가 있는 이 가게도 예외는 아니다. USDA 유기농 인증을 받은 정육을 사용하고 허브와 향신료를 잘 조합해서 12가지 종류의 살라미를 만들었다. 여러 유럽의 살라미 맛을 통해 유럽을 여행할 수 있고, 초콜릿을 넣은 살라미와 와인의 마리아쥬를 즐길 수도 있다. 살라미는 시내 파머스 마켓과 식자재 상점, 뉴욕의 딘 앤 델루카에서도 판매하고 있다. 인기 아이스크림 가게인 솔트 앤드 스트로우와 함께 멜론과 코파(이탈리아 햄) 맛을 개발했다. 펄 지구 변두리에는 분점 NW점을 냈는데 두 곳 모두 예술지구에 있다는 공통점이 있다.

## DINNER

— 프렌치 보드($18) 테린, 리에트, 소시지 모듬이 목제 쟁반 위에 나온다.

TRUE PORTLAND | EAT

## DINNER

## *LePigeon*

햄버거에 나이프를 꽂는
펑크 정신으로 가득한 비스트로

*information*
-
**LePigeon**
르·피존
738 E Burnside St.
(503) 546-8796
월~일 17:00~22:00
lepigeon.com
$$$/ MAP p.282-4

미국 요리계의 아카데미상이라고 불리는 '제임스 비어드상' 후보에 몇 번이나 올랐고, 2013년 NW 베스트 요리사상을 2회 수상한 가브리엘 루커가 솜씨를 발휘하는 가게다. 2006년에 문을 연 이 가게의 인기로 바로 앞 이스트 번사이드 스트리트가 각광을 받게 되었다. 프랑스 요리 기법에 경의를 표하면서도 틀을 벗어난 자유로운 발상으로 제철 재료로 인상 깊은 음식을 만든다. 카운터 좌석에 앉으면 주방이 한눈에 보여서 문신을 한 가브리엘과 두 명의 요리사가 각자 담당 분야를 능숙하게 처리하고 음식을 만드는 상황을 볼 수 있다. 오랜 기간 준비해서 요리책 《Cooking at the Dirty Bird》도 냈다. 티셔츠도 판매하고 있으며 비둘기가 "소 혓바닥이라도 먹어!"라고 소리치는 티셔츠는 선물로 좋다.

TRUE PORTLAND | EAT
## DINNER

— 메추라기를 통째로 튀겨 펜넬 샐러드를 토핑, 살라미와 고다 치즈 리조트를 곁들였다. ($28)

— 비스트로에서 햄버거가 나온다니 확실히 미국답다. 블루치즈 소스가 맛있다. ($14)

— 바닐라 아이스크림 위에 뿌려진 메이플 시럽과 베이컨 소스가 잘 어울린다. ($10)

— 오후 5시 개점과 동시에 예약 손님으로 꽉 들어찬다. 미리 인터넷으로 예약하자.

— 왼쪽이 가브리엘 루커

# The Woodsman Tavern

마을의 역사에서 영감을
얻은 가게

100여 년 전 이 마을은 임업이 번창했었다. '나무꾼의 선술집'이라는 상호는 선조의 위대한 업적을 기리기 위한 것이다. 메뉴가 다양하며 태평양 연안에서 잡은 생굴과 시골풍 햄을 맛볼 수 있다. 화덕으로 조리하는 육류 음식은 불 조절이 쉽지 않은 만큼 요리사의 숙련도와 개성이 반영된다. 잡지 〈GQ〉에서 2012년 미국 베스트 레스토랑 중 하나로 뽑아 소개했다. 주인은 포틀랜드 커피 시장을 일약 세계적으로 유명하게 만든 스펌프타운 커피의 듀안 소렌스다. 그가 2011년 처음으로 차린 레스토랑은 스펌프타운 커피 1호점 옆에 있으며 포틀랜드적인 식생활의 가치를 발신하고 있다.

*information*

**The Woodsman Tavern**
더 우즈맨 태번
4537 SE Division St.
(971) 373-8264
월~일 17:00~22:00, 토일 10:00~14:00
woodsmantavern.com
$$$/ MAP p.282-62

— photo by Jamie Francis

TRUE PORTLAND | EAT
**DINNER**

## *Departure*

호텔 최상층에서 야경을
바라보며 이국적인
아시아 음식을 만끽하자

파이오니어 코트하우스 스퀘어 바로 옆에 있는 나인스 호텔(⇒p.248)의 최상층으로 GO! 보랏빛 조명의 미래지향적인 입구 안에서는 무슨 일이 일어나고 있을지 궁금하다. 요리사 그레고리 구뎃은 모히칸 헤어 스타일과 커다란 검은 안경이 트레이드마크로 미주리 대학 재학 시절 접시닦이 아르바이트를 시작한 것이 계기가 되어 요리사의 길을 걷게 되었다. 파머스 마켓에서 손수 고른 포틀랜드 근교에서 재배한 재료로 조리하며 일본과 중국, 태국 음식을 융합해 모던한 아시아 요리로 변신시킨다. 5성 호텔인 나인스 호텔 최상층에서 내려다보는 야경은 포틀랜드답지 않을 수도 있겠지만 분명 최고의 밤을 연출할 것이다.

**information**

**Departure**
디파쳐
525 SW Morrison St.
(503) 802–5377
월·목·일 16:00~24:00, 금·토 16:00~다음날 1:00
departureportland.com
$$$ / MAP p.274-38

## Dig A Pony

오후 4시부터 6시까지는 저렴한 메뉴를 제공하는 '해피 아워'가 많은 것도 포틀랜드의 특징이다.

*information*

**Dig A Pony**
딕 어 포니
736 SE Grand Ave.
(971) 279-4409
월~일 16:00~다음날 2:00
dickaponyportland.com
$$ / MAP p.282-22

# Produce Row Café

— 1974년 오픈 당시 나눠준 쿠폰에는 '햄버거 2가지에 35센트'라고 적혀 있다.

## 공업지구에서 40년 이상 거리를 지키고 있는 카페

예전에는 공장에서 일했던 사람들이 모여서 잼 세션을 했던 운치 있는 바를 2010년 새로운 주인이 재개장하였다. 메뉴도 쇄신해서 맛있는 음식과 술을 즐길 수 있는 현대식 카페로 다시 태어난 가게는 세련된 젊은이들로 붐빈다. 날씨가 좋은 날에는 야외 테이블에서 기분 좋게 보낼 수도 있다. '빠른 점심(Quick Lunch)'이라고 적힌 판자를 보여주며 노동자에게 알맞은 식사를 제공했던 시절의 추억을 이야기한다. 매주 화요일은 19시부터 DJ의 '서퍼 셋(Supper Set)'을 즐길 수 있어서 음악 마니아들이 모이는 장소로서의 역사는 지금도 계속되고 있다.

*information*

**Produce Row Café**
프로듀스 로우 카페
204 SE Oak St.
(503) 232-8635
월~토 11:00~24:00, 일 11:00~22:00
www.producerowcafe.com
$$/ MAP p.282-16

*TRUE PORTLAND / EAT*
## HANG OUT

# Whiskey Soda Lounge

### 아시아의 길모퉁이에서 길을 잃은 듯 향긋한 심야

*information*

**Whiskey Soda Lounge**
위스키 소다 라운지
3131 SE Division St.
(503) 232-0102
월~목·일 16:00~24:00, 금토 16:00~다음날 1:00
whiskeysodalounge.com
$$ / MAP p.282-94

오늘 밤은 마음껏 놀아보자! 이럴 때 매운 태국 요리와 알코올 도수가 높은 칵테일은 기분을 좋게 만든다. 원래는 길 건너 폭폭(Pok Pok) 앞에 너무 줄이 길어서 피난처를 찾다보니 문을 열게 되었다. '비어드상' 수상자인 앤디 리커가 경영하며 뉴욕에도 분점이 있다. 닭 날개를 피쉬 소스에 절여 고춧가루로 맛을 낸 Ike's 베트남 피쉬 소스 윙($14)을 노리고 오는 사람이 많다.

— photo by Jamie Francis

# Le Bistro Montage

### 밤이 깊어갈수록 고조되는 고가차도 아래의 혼돈

　이곳은 장미모양의 자수가 들어간 흰 옷을 입은 직원이 어두운 가게 안을 활보하는 야성미 넘치는 케이준·크레올 요리를 제공하는 비스트로다. 악어 고기를 넣은 파스타와 개구리 튀김 등을 판매한다.
　금요일 밤은 혼잡하므로 자리를 부탁하고 옆 가게인 바에 들어가서 한잔 하며 기다리는 것이 좋다. 같은 셔츠를 입은 커플이나 건전해 보이는 가족, 가죽으로 몸을 휘감은 바이커 스타일의 사람과 할아버지까지 모두 모여 있는 공간을 체험해보자. "당신은 내 친아빠가 아니야(You Are Not My Real Dad)"라는 이름의 칵테일은 마시고 침울해지지 않도록 주의해야 한다.
　먹고 남은 음식은 직원이 호일에 싸서 튤립이나 코끼리 모양으로 만들어준다. 영수증은 바닥에 버리고 가는 것이 이 가게의 전통이다.

*information*

Le Bistro Montage
르 비스트로 몽타쥬
301 SE Morrison St.
(503) 234-1324
월~목·일 17:00~다음날 2:00
금 17:00~다음날 4:00
토요일 10:00~14:00
www.montageportland.com
$$/ MAP p.282-20

## HANG OUT

## Original Hotcake House

### 매우 심플한 핫케이크가 갑자기 먹고 싶어질 때

음주 후의 해장문화는 미국에도 있다. 미국인은 팬케이크를 먹으며 숙취를 해소한다. 비바 탄수화물! 가게 직원들이 딱히 붙임성이 있거나 상냥하지는 않지만 미션을 수행하고 집으로 돌아갈 만한 충분한 가치가 있다. 헷갈리면 안 된다. 반드시 가게 이름을 따라 "핫케이크"를 주문할 것! 소설에 나올 법한 한 장면을 맛볼 수 있다. 두근거리는 운명과 만날 기회가 찾아올 수도 있다.

*information*

**Original Hotcake House**
오리지널 핫케이크 하우스
1102 SE Powell Blvd.
(503) 236-7402
24시간 연중무휴
www.hotcakehouse.com
$/ MAP p.282-49

## Voodoo Doughnut

### 사소한 건 개의치 않고 "Let's Doughnuts!"

포틀랜드 화제의 순례지 중 하나는 부두 도넛이다. 24시간 영업인데도 항상 엄청난 사람들로 들끓는다. 태양이 눈부신 대낮에 가는 것도 좋고, 밤에 스트립 바라도 들렀다가 돌아오는 길의 마무리로 가는 것도 좋다. 과격한 색감을 자랑하는 기상천외한 도넛에 금세 사로잡힐 것이다. 메이플 베이컨 바는 무난하고, 콕 앤 볼스 도넛은 모자이크 처리가 필요할 듯하다. 결혼식을 올릴 수도 있다고 하니 취한 김에 인터넷으로 신청해보자.

*information*

**Voodoo Doughnut**
부두 도넛
22 SW 3rd Ave.
(503) 241-4704
24시간 연중 무휴
voodoodoughnut.com
$/ MAP p.274-22

# Food carts in Portland

창조성을 존중하며 태어난 푸드 카트 문화

포틀랜드는 푸드 카드 덕분에 세계 제1의 거리 음식의 도시라는 칭호를 선사받았다. 어느 도시든 포장마차가 있고, 포장마차 자체는 옛날부터 계속 있었지만 포틀랜드는 거리에 'POD(포드)'라고 하는 푸드 카트 전용 공간을 마련한 점이 독특하다. 포틀랜드는 도시계획을 추진하면서 창조적인 기업가가 가게를 차리거나 커뮤니티 공간을 만드는 길을 살렸다고 할 수 있다.

포틀랜드의 푸드 카트는 포드 단위(여러 대의 카트가 모여 있는 것)로 구성되어 시의 중심부에서 외부까지 거리의 주차장에 자리 잡고 있다. 1980년대 중기에 첫 푸드 카트가 SW 5th와 스타크 스트리트 변두리 주차장에 생긴 이후 그 열기는 멈추지 않았다. 영업자는 확실하게 인가를 받아서 합법적으로 사유지의 주차장에 카트를 정차하고 인도 쪽으로 바라보며 영업한다. 이런 스타일의 영업을 금지하는 구체적인 법률이 없어서 점점 발전해 왔다. 이런 창조성을 막을 법률을 만들려는 사람은 없었다. 2013년 현재 도심에는 6개의 큰 포드가 있어서 200개 정도의 개성 넘치는 푸드 카트가 영업하고 있다.

SW 10th와 앨더 스트리트의 포드는 미국 최대의 푸드 카트 집합 장소로 거의 한 블록에 60개 이상의 푸드 카트가 들어와 있다. 매일 도심에서 일하는 사람과 관광객들로 혼잡한 인도에 줄을 서서 점심을 즐긴다. 도심 중심부에서 떨어진 곳에서는 인스트 사이드의 네이버 푸드 카트 포드를 설치했다. 20개의 포드가 노스, 노스이스트, 사우스이스트에 흩어져 있다. N 미시시피 애비뉴와 스키드모어 파운틴 모서리의 '미시시피 마켓 플레이스'는 푸드 카트를 위해 개발된 최초의 포드다. 좀 더 알고 싶다면 푸드 카트 투어도 참가할 수 있다.

*profile*

**BRETT BURMEISTER** 브렛 브루마이스터
Food Carts Portland(foodcartsportland.com)의 주인이자 편집장. 1991년부터 약 1,000 개 이상 가게의 음식을 먹었다. 사이트에 500개 이상의 가게를 소개하여 CNN과 뉴욕 타임스의 취재를 받기도 했다. 현재는 푸트 카트의 좋은 친구로서 푸트 카트를 하려는 사람들에게 컨설팅도 한다. 2013년 세계 거리 음식 회의에서 주요 연설자로 단상에 섰다. 포틀랜드 출신.

# EAT List

## NORTH

### Lincoln
주택가에 위치한 모던하고 클래식한 가게/ 노스웨스트 요리

링컨
3808 N Williams Ave./ (503) 288-6200
화~목 17:30~21:00, 금토 17:30~22:00/ lincolnpdx.com
$$$/ MAP p.278-23

### Sweedeedee
훈제한 송어와 에그 포테이토 요리/ 아침식사, 카페

스위디디
5202 N Albina Ave./ (503) 946-8087
월~토 8:00~16:00, 일 8:00~14:00/ sweedeedeepdx.tumblr.com
$$/ MAP p.278-11

### Lovely's Fifty Fifty
화덕 피자와 아이스크림을 반반으로/ 피자

러블리스 피프티 피프타
4039 N Mississippi Ave./ (503) 281-4060
화~일 17:00~22:00
lovelysfiftyfifty.wordpress.com
$$$/ MAP p.278-15

### Miss Delta
잠발라야 등 든든한 메뉴/ 남부, 케이준·크레올 요리

미스 델타
3950 N Mississippi Ave./ (503) 287-7629/ 월~목 11:00~21:30, 금 11:00~23:00, 토 10:00~23:00, 일 10:00~21:00/
missdeltapdx.net
$$/ MAP p.278-18

### New Seasons Market
지역 채소와 음식을 구비, 13개의 점포가 있다./ 식료품점

뉴 시즌 마켓
3445 N Williams Ave./ (503) 528-2888
월~일 7:00~23:00
www.newseasonsmarket.com
$$/ MAP p.278-25

### Green Zebra Grocery
편의점 및 건강 음식점/ 식료품점

그린 지브라 그로서리
3011 N Lombard St./ (503) 286-5329
월~일 8:00~22:00
www.greenzebragrocery.com
$$$/ MAP p.278-3

### Ruby Jewel
지역 생산물로 만든 샌드위치 아이스/ 아이스크림

루비 쥬얼
3713 N Mississippi Ave./ (503) 505-9314
월~일 12:00~22:00
www.rubyjewel.com
$/ MAP p.278-19

## NORTH EAST

### Beast
아름다운 여성 요리사가 만드는 육류 요리/ 프렌치·웨스트코스트 요리

비스트
5425 NE 30th Ave./ (503) 841-6968
수~토 8:00~23:00, 일 10:00~13:30
www.beastpdx.com
$$$$/ MAP p.280-4

### Vita Cafe
자전거 부품으로 장식된 인테리어에 주목/ 채식 카페

비타 카페
3023 NE Alberta/ (503) 335-8233
월~금 9:00~22:00, 토일 8:00~22:00
www.vita-cafe.com
$$/ MAP p.280-16

### Pambiche
럼주와 함께 식사를 즐기자./ 쿠바, 라틴 아메리카 요리

팜비체
2811 NE Gilsan St./ (503) 233-0541/ 월~목 11:00~22:00, 금 11:00~24:00, 토 9:00~24:00, 일 9:00~22:00/ pambiche.com
$$/ MAP p.280-33

### OX
〈오리거니언〉지 베스트 레스토랑 수상/ 아르헨티나 요리

옥스
2225 NE MLK Blvd./ (503) 284-3366
화~목·일 17:00~22:00, 금토 17:00~23:00/ oxpdx.com
$$$/ MAP p.280-22

### Aviary
3명의 요리사가 엮어내는 신감각 메뉴/ 아시아, 일본 요리

에이비어리
1733 NE Alberta St./ (503) 287-2400
월~목 17:00~22:00, 금토 17:00~23:00/ aviarypdx.com
$$$/ MAP p.280-8

## NORTH WEST

### Natural Selection
세련된 채식주의자용 풀코스 요리/ 채식, 유럽 요리

내추럴 셀렉션
3033 NE Alberta St./ (503) 288-5883
수~토 17:30~22:00
www.naturalselectionpdx.com
$$$/ MAP p.280-16

### DOC
작고 친밀한 공간에 생생함이 넘친다./ 이탈리아 요리

디오씨
5519 NE 30th Ave./ (503) 946-8592
화~토 18:00~22:00
docpdx.com
$$$/ MAP p.280-3

### Dove Vivi
콘밀로 만든 두꺼운 반죽/ 피자

도브 비비
2727 NE Glisan St./ (503) 239-4444
월~일 16:00~22:00
www.dovevivipizza.com
$$/ MAP p.280-32

### Screen Door
주말 브런치는 2시간 대기하기도!/ 남부·케이준·크레올 요리

스크린 도어
2337 E Burnside St./ (503) 542-0880/ 월 17:30~21:00, 화~토 17:30~22:00, 토요일 9:00~14:30/ screendoorrestaurant.com
$$/ MAP p.282-55

### Navarre
자유로운 발상의 요리, 루체의 자매점/ 스페인·바스크 퓨전 요리

나바레
10 NE 28th Ave./ (503) 232-3555/ 월~목 16:30~22:30, 금 11:30~23:30, 토 9:30~23:30, 일 9:30~22:30/ navarreportland.blogspot.jp
$$/ MAP p.282-57

### Toro Bravo
투로 로고가 눈에 띈다. 요리책도 인기/ 스페인 타파스 요리

토로 브라보
120 NE Russell St./ (503) 281-4464/ 월~목, 일 17:00~22:00, 금토 17:00~23:00/ www.torobravopdx.com
$$$/ MAP p.280-20

### The Grilled Cheese Grill
그릴 치즈 냄새와 스쿨버스/ 샌드위치

그릴드 치즈 그릴
NE 11th & Alberta/ (503) 206-8959/ 월 11:30~15:30, 화~금 11:30~21:00, 금토 11:30~다음날 2:30/ grilledcheesegrill.com
$/ MAP p.280-7

### Caffe Mingo
매주 바뀌는 심플한 요리/ 이탈리아 요리

카페 밍고
807 NW 21st Ave./ (503) 226-4646/ 월~목 17:00~22:00, 금토 17:00~22:30, 일 16:30~21:30/ caffemingonw.com
$$$/ MAP p.276-14

### Park Kitchen
현지 소재를 사용해 만드는 창작 요리/ 노스웨스트 요리

파크 키친
422 NW 8th Ave./ (503) 223-7275
월~일 17:00~21:00
parkkitchen.com
$$$/ MAP p.276-31

### Irving Street Kitchen
현대적인 실내에서 햄버거를 맛보다./ 미국 요리

어빙 스트리트 키친
701 NW 13th Ave./ (503) 343-9440/ 월~목·일 16:30~22:00, 금토 16:30~23:00, 토 10:00~14:30/ www.irvingstreetkitchen.com
$$$/ MAP p.276-17

### Paley's Place
유명 요리사를 배출한 18년차 가게/ 프랑스 요리

페일리즈 플레이스
1204 NW 21th Ave./ (503) 243-2403/ 월~목 17:30~22:00, 금토 17:00~23:00, 일 17:00~22:00/ www.paleysplace.net
$$$/ MAP p.276-8

### Andina
라이브 공연도 즐길 수 있어 기념일에 이용하고 싶은 가게/ 타파스·페루 요리

안디나
1314 NW Glisan St./ (503) 228-9535/ 월~일 11:30~14:30, 월~목·일 16:00~23:00, 금토 16:00~24:00/ www.andinarestaurant.com
$$/ MAP p.276-26

### Bluehour
멋진 사람들이 모인다./ 프랑스·이탈리아 요리

블루 아워
250 NW 13th Ave./ (503) 226-3394/ 월~금 11:30~14:30, 월~금 16:00~22:00, 토 17:00~22:00/ www.bluehouronline.com
$$/ MAP p.276-37

### Davis Street Tavern
생굴과 제철 해산물을 즐길 수 있다./ 미국 요리

데이비스 스트리트 태번
135 NW 5th Ave./ (503) 505-5050
월~목 11:30~22:00, 금토 11:30~23:00
www.davisstreettavern.com
$$/ MAP p 276-46

### Lovejoy Bakers
아침 일찍 막 구워낸 빵을 사러 가자./ 아침 식사, 카페, 베이커리

러브조이 베이커스
939 NW 10th Ave./ (503) 208-3113
월~일 6:00~18:00
lovejoybakers.com
$$/ MAP p.276-13

### Daily in the Pearl
PNCA에서 가까워 이용하기 편리하다./ 아침 식사, 카페

데일리 인 더 펄
902 NW 13th Ave./ (503) 242-1916/ 월~금 7:00~21:00, 토 8:00~15:00, 일 9:00~14:00/ dailyinthepearl.com
$$/ MAP p.276-12

### Nuvrei Pastries & Café
아몬드 크루아상이 맛있다./ 베이커리, 카페

누브레이 페이스트리 앤드 카페
404 NW 10th Ave./ (503) 972-1700
월~토 7:00~17:00, 일 8:00~17:00/ nuvrei.com
$$/ MAP p.276-29

# SOUTH WEST

### Prasad
그래놀라와 스무디를 먹을 수 있다./ 아침 식사, 카페

프래서드
925 NW Davis St./ (503) 224-3993
월~금 7:30~20:00, 토일 9:00~20:00
www.prasadcuisine.com
$$/ MAP p.276-39

---

### Fong Chong Restaurant
그 유명한 영화감독 구스 반 산트가 자주 찾는 가게/ 딤섬·중화요리

퐁 총 레스토랑
301 NW 4th Ave./ (503) 228-2868
영업 시간 확인 요망
$$/ MAP p.276-35

---

### Smokehouse 21
생선, 돼지, 양, 소, 뭐든지 굽는다./ 바비큐 요리

스모크하우스 21
413 NW 21st Ave./ (971) 373-8990
월~금 11:30~22:00
smokehouse21.com
$$/ MAP p.276-22

---

### Fuller's Coffee Shop
40년대식 옛날 작은 식당/ 아침 식사, 미국 요리

풀러스 커피 숍
136 NW 9th Ave./ (503) 222-5608
월~금 6:00~15:00, 토 7:00~14:00, 일 8:00~14:00
$/ MAP p.276-43

---

### Little Big Burger
두꺼운 번이 특징인 버거/ 햄버거

리틀 빅 버거
122 NW 10th Ave./ (503) 274-9008
월~일 11:00~22:00
littlebigburger.com
$/ MAP p.276-42

---

### Pearl Bakery
펄 지구에 있으며 호텔에도 공급한다./ 베이커리

펄 베이커리
102 NW 9th Ave./ (503) 827-0910
월~금 6:30~17:00, 토 7:00~17:00, 일 8:00~15:00/ pearlbakery.com
$/ MAP p.276-43

---

### Higgins
시내에서 최초로 현지 소비운동을 추진, 장려/ 노스웨스트 요리

히긴스
1239 SW Broadway/ (503) 222-9070
월~금 11:30~24:00, 토일 16:00~24:00
higginsportland.com
$$$$/ MAP p.274-50

---

### Lúc Lác
바를 함께 운영해서 젊은이들이 즐겨 찾는 곳/ 베트남 요리

룩 랙
835 SW 2nd Ave./ (503) 222-0047/ 월~금 11:00~14:30, 월~목 16:00~24:00, 금토 16:00~다음날 4:00/ www.luclackitchen.com / $$/ MAP p.274-45

---

### Kenny & Zuke's Delicatessen
파스트라미(향신료로 양념한 훈제 고기)와 베이글이 맛있다./ 델리카트슨

케니 앤드 주크스 델리카트슨
1038 SW Stark St./ (503) 222-3354/ 월~목 7:00~20:00, 금 7:00~21:00, 토 8:00~21:00, 일 8:00~20:00/ www.kennyandzukes.com / $$/ MAP p.274-14

---

### Boxer Ramen
돼지 뼈 간장 라면이 맛있다./ 라면·일본 요리

박서 라멘
1025 SW Stark St./ (503) 894-8260
월~금 11:00~21:00, 토일 12:00~21:00
www.boxerramen.com
$/ MAP p.274-12

---

### Blue Star Donuts
브리오슈 반죽이 맛있다./ 도너츠

블루 스타 도너츠
1237 SW Washington St./ (503) 265-8410
월~금 7:00~매진 시, 토일 8:00~매진 시
www.bluestardonuts.com
$/ MAP p.274-9

---

### Imperial
미국 판 '요리의 달인'이 하는 가게/ 미국 요리

임페리얼
410 SW Broadway/ (503) 228-7222/ 월~목 6:30~22:00, 금 6:30~23:00, 토 17:00~23:00, 일 17:00~22:00, 토일 8:00~14:00/ www.imperialpdx.com
$$$/ MAP p.274-21

---

### Grüner
알프스 지방 요리를 현지 식자재로/ 독일 요리

그뤼너
527 SW 12th Ave./ (503) 241-7163
월~목 11:30~21:30, 금 11:30~22:30, 토 17:00~22:30/ grunerpdx.com
$$$/ MAP p.274-27

---

### Urban Farmer
나이스 호텔에 있다. 항상 식사 가능/ 스테이크, 미국 요리

어번 파머
525 SW Morrison St./ (503) 222-4900
월~목·일 6:30~22:00, 금토 6:30~23:00/ urbanfarmerportland.com
$$$/ MAP p.274-38

---

### Mother's Bistro
포크 와플 소시지는 미국식 '어머니의 손맛'/ 아침 식사

마더스 비스트로
212 SW Stark St./ (503) 464-1122/ 화~목 17:30~21:00, 금토 17:00~22:00, 토일 8:00~14:30/ mothersbistro.com
$$/ MAP p.274-26

## LIST

### Little Bird
르·피즌의 자매 가게로 버거 종류가 인기/ 프랑스 요리

리틀 버드
219 SW 6th Ave./ (503) 688-5952
월~금 11:30, 토일 17:00~24:00
littlebirdbistro.com
$$/ MAP p.274-19

### Tasty n Alder
지역 주민에게 인기가 많은 다국적 한 그릇 요리, 한국식 양념 치킨도 인기/ 아침 식사, 미국·타파스 요리

테이스티 엔 앨더
580 SW 12th Ave./ (503) 621-9251
월·일 9:00~22:00, 금토 9:00~23:00
tastyntasty.com
$$/ MAP p.274-28

### Portland Penny Diner
유명 요리사가 개업한 캐주얼한 식당/ 미국 요리

포틀랜드 페니 다이너
410 SW Broadway/ (503) 228-7224
월~금 7:00~15:00
portlandpennydiner.com
$$/ MAP p.274-21

### Bijou Café
30년 전통의 굴 오믈렛이 좋다./ 아침 식사, 미국 요리

비주 카페
132 SW 3rd Ave./ (503) 222-3187
월~금 7:00~14:00, 토일 8:00~14:00
www.bijoucafepdx.com
$$/ MAP p.274-24

### Grassa
수제 파스타에 통달한 가게/ 이탈리아 요리

그라싸
1205 SW Washington St./ (503) 241-1133
월~일 11:00~22:00
grassapdx.com
$$/ MAP p.274-9

### Ración
현대적이고 예술적인 감각/ 스페인 요리

라씨옹
1205 SW Washington St./ (971) 276-8008
화~토 17:00~22:00
racionpdx.com
$$$$/ MAP p.274-9

### Petunia's Pies & Pastries
글루텐 무첨가 간식/ 베이커리

페튜니아 파이 앤 페이스트리
610 SW 12th Ave./ (503) 841-5961/ 월~수·일 9:00~19:00, 목 9:00~21:00, 금토 9:00~22:00/ petuniaspiesandpastries.com
$/ MAP p.274-29

### Zupan's Markets
수프와 델리도 포장 가능/ 식자재 가게

주펀 마켓
2340 W Burnside St./ (503) 497-1088
월~일 6:00~22:00
www.zupans.com
$$/ MAP p.274-1

## SOUTH EAST

### Nostrana
화덕 오븐으로 조리한 한 그릇 요리/ 이탈리아 요리

노스트라나
1401 SE Morrison St./ (503) 234-2427
월~금 11:30~14:00, 월~목·일 17:00~22:00, 금토 17:00~23:00/ nostrana.com/
$$/ MAP p.282-38

### Sen Yai
따뜻한 면이 먹고 싶다면 여기로/ 태국 음식

센 야이
3384 SE Division St./ (503) 236-3573
월~금 8:00~22:00, 토일 9:00~22:00
www.pokpoksenyai.com
$$/ MAP p.282-97

### Saint Cupcake
귀엽고 모던한 미국 정통 컵케이크/ 컵케이크

세인트 컵케이크
3300 SE Belmont St./ (503) 235-0078
월~토 10:00~21:00, 일 10:00~17:00
www.saintcupcake.com
$/ MAP p.282-69

### Utopia Café
동네의 일상을 맛보고 싶다면 여기로/ 아침 식사, 카페

유토피아 카페
3308 SE Belmont St./ (503) 235-7606
화~금 7:30~14:00, 토일 7:30~14:30
$/ MAP p.282-69

### ¿Por Qué No?
DIY로 직접 꾸민 인테리어가 매력적/ 멕시코 요리

뽀르께노
4635 SE Hawthorne Blvd./ (503) 954-3138/ 월~목 11:00~21:30, 금토 11:00~22:00/ www.porquenotacos.com
$$/ MAP p.282-83

### Pok Pok
줄 서서 먹는 태국 북부 길거리 음식/ 태국 요리

폭·폭
3226 SE Division St./ (503) 232-1387
월~일 11:30~22:00
www.pokpokpdx.com
$$$/ MAP p.282-95

## LIST

### Lauretta Jean's
과일이 듬뿍 들어간 아메리칸 파이와 비스킷이 인기, 아침 식사도 가능/ 파이

로레타 진스
3402 SE Division St./ (503) 235-3119
월~금 8:00~22:00, 토 8:00~22:00, 일 8:00~17:00/ laurettajean.com
$/ MAP p.282-98

### Papa G's
생식에 관심이 있다면 바로 이곳/ 채식 요리

파파 지
2314 SE Division St./ (503) 235-0244
월~일 11:00~20:00
www.papagees.com
$$/ MAP p.282-91

### Biwa
일본주도 즐기고 라면과 닭 꼬치도/ 일본 요리

비와
215 SE 9th Ave./ (503) 239-8830
월~일 17:00~24:00
www.biwarestaurant.com
$$/ MAP p.282-13

### Castagna
미식가가 모이는 가게로 와인이 좋고 카페도 겸하고 있다./ 웨스트코스트 요리

캐스터냐
1752 SE Hawthorne Blvd./ (503) 231-7373/ 수~토 17:30~
castagnarestaurant.com
$$$$/ MAP p.282-52

### Evoe
파스타웍스에서 운영하는 런치 전문점/ 샌드위치

이보
3735 SE Hawthorne Blvd./ (503) 232-1010/ 수~일 11:00~15:00
pastaworks.com
$$/ MAP p.282-80

### Suzette
예술을 전공한 주인이 풀어내는 맛/ 크레이프

수제트
3342 SE Belmont St./ (503) 546-0892
화~목 11:30~22:00, 금 11:30~23:00, 토 9:00~23:00, 일 9:00~16:00
suzettepdx.com/ $$/ MAP p.282-69

### Ava Gene's
스텀프타운 커피 창립자가 만든 인기 가게/ 노스웨스트·이탈리아 요리

에바 진
3377 SE Division St./ (971) 229-5749
월~일 17:00~23:00
avagenes.com
$$/ MAP p.282-96

### Apizza Scholls
줄서서 먹는 가족 경영 피자집/ 피자

아피자 스콜스
4741 SE Hawthorne Blvd./ (503) 233-1286
월~일 17:00~21:30
www.apizzascholls.com
$$/ MAP p.282-83

### People's Food Co-op
수요일은 마켓과 요가 수업을 개최/ 식자재 가게

피플스 푸드 코옵
3029 SE 21th Ave./ (503) 674-2642
월~일 8:00~22:00
www.peoples.coop
$/ MAP p.282-102

### St. Jack
마들렌은 가히 최고/ 프랑스 시골 요리

세인트 잭
2039 SE Clinton St./ (503) 360-1281
월~일 8:00~15:00, 월~목·일 16:00~21:30, 금토 16:00~22:30/ stjackpdx.com
$$/ MAP p.282-89

### Lucky Strike
사천성 출신 요리사가 만드는 본격적인 사천요리/ 중화요리

럭키 스트라이크
3862 SE Hawthorne Blvd./ (503) 206-8292/ 월~목 16:00~22:00, 금토 16:00~23:00/ www.luckystrikepdx.com
$$/ MAP p.282-81

### Bamboo Sushi
미국 최초 지속 가능한 초밥/ 초밥·일본 요리

밤부 스시
310 SE 28th Ave./ (503) 232-5255
월~일 16:30~22:00
bamboosushi.com
$$$/ MAP p.282-63

### Sizzle Pie
여러 가지 채식과 채식 피자가 풍부/ 피자

시즐 파이
624 E Burnside St.
(503) 734-7437
월~목, 일 11:00~다음날 3:00,
금토 11:00~다음날 4:00
sizzlepie.com
MAP P282-1

비와의 관계
비 내리는 도시가 구축한

# DRINK
마시기

거리를 걷다보면 물을 내뿜는 동으로 만든 자그마한 분수 같은 것이 자주 눈에 띈다. '벤슨 버블러(Benson Bubblers)'라는 식수대는 네 명이 동시에 물을 마실 수 있다. 100년 전 설치 당시에는 나무를 자르던 노동자들이 차가운 물을 마실 수 있도록 만들었는데 지금은 목이 마른 보행자의 목을 적셔주고 있다. 수원은 포틀랜드 동쪽에 솟아 있는 후드 산 산기슭 들판에 있는 블루 런 분수령이다. 우기에 해당하는 10월부터 초봄인 3월에 걸쳐 내리는 '은혜로운 비'는 충분한 물을 만든다. 양질의 물은 수제 맥주, 와인, 증류주, 커피와 차에 이르기까지 다양한 형태로 포틀랜드로 전해진다. 최근에는 일본 술과 소주를 만드는 주조회사도 생겼다고 하니 조만간 온갖 마실 것에서 포틀랜드 산을 확인할 날이 다가올 것이다.

## COFFEE

# Coava Coffee Roasters

*information*

**Coava Coffee Roasters**
코아바 커피 로스터
1300 SE Grand Ave.
(503) 894-8134
월~금 6:00~18:00, 토일 8:00~18:00
coavacoffee.com
$ / MAP p.282-28

### 공업적인 공간에서 수공예의 향이 느껴지는 커피 한잔을

가게 안으로 한걸음 내딛으면 포틀랜드 커피 가게 중 가장 넓은 공간이 눈에 들어온다. 이곳은 항상 커피와 에스프레소 계열 음료수에 들어갈 2가지 원두를 준비해 놓고 있다. 옆에 붙어 있는 배전소와 가게 안의 배전기에서 가볍게 로스트해서 콩 자체가 지닌 단맛과 화사한 맛을 이끌어낸다. 산지와 생산자, 테이스트 노트와 품종은 카운터에 놓인 카드를 통해 확인할 수 있다. 같은 날이라도 아침저녁으로 원두 종류가 바뀐다고 하니 하루에 2잔, 3잔을 마셔도 다른 맛을 즐길 수 있다.

리테일 매니저인 마르쿠스 리트너는 코아바를 "일하는 사람의 커피"라고 표현했다. 청바지 차림의 직원들은 세계 각지의 생산자들과 파트너십을 맺어 커피 원두가 지닌 복잡한 맛과 균형을 잡아 최고의 한잔을 만들기 위해 노력한다.

— 높은 천장과 커다란 창이 가게 안에 기분 좋은 자연 채광을 선사한다. 대나무 제품을 디자인하는 회사의 쇼룸과 공간을 공유하고 있어서 카운터나 테이블에도 대나무를 많이 사용했다.

## COFFEE

# Heart Roasters

### 라이트, 다크가 아닌 '적절한 로스팅'을 배전기를 둘러싸고 있는 테이블에서 맛보다

핀란드 출신인 프로 스노보드 선수 뷔레 일리 루오마가 2009년 10월 열었다. "라이트, 혹은 다크하게 로스팅하지 않고 적절하게 로스팅한다."는 것이 하트 로스터의 방식이다. 로스팅할 때는 어떤 향도 보태지 않고 가장 좋은 방법으로 추출하기 위해 일체 타협하지 않는다. 추출 방법으로는 하리오 V60와 에어로 프레스 2가지 중에서 고를 수 있다. 가게에 들어서면 우선 묵직하게 갖춰진 배전 기계의 존재감이 눈에 띈다. 배전 기계를 반원형 테이블이 둘러싸고 있어 가게를 찾은 손님이 마음 편하게 커피를 즐길 수 있도록 배려하고 있다. 그들의 커피에 대한 자세처럼 깔끔하고 군더더기가 없다.

*information*

**Heart Roasters**
하트 로스터
2011 E Burnside St.
(503) 206-6602
월~일 7:00~18:00
www.heartroasters.com
$ / MAP p.282-55

— 아날로그 레코드 소리가 흘러나오는 스피커는 포틀랜드의 친구 롤러 사운드(Roller Sound) 제품이다.

— 금요일 오후에는 DJ 이벤트도 연다. 2013년 11월에 다운타운에 두 번째 가게를 오픈했다.

TRUE PORTLAND / DRINK
## COFFEE

# Stumptown Coffee Roasters Belmont

커피 문화의 선구자가 만드는
커피를 동네 주민의
기분으로 맛보자

— 케멕스와 하리오 V60, 칼리타의 드리퍼를 비롯해서 가정에서 사용할 수 있는 커피 도구를 다양하게 구비하고 있다.

1999년 이래 포틀랜드 커피문화를 이야기할 때 빼놓을 수 없는 존재다. 여행자가 가장 많이 방문하는 곳은 에이스 호텔 옆에 있는 가게지만 다른 지점도 나름대로 개성 있다. 벨몬트 스트리트점은 힙한 바 바로 옆이라 감각 있는 젊은이들이 많이 모여 있다. 벽돌로 만든 벽을 살린 캐주얼한 가게 내부는 마치 이 도시의 거실과도 같은 존재다. SE 서몬 스트리트에 있는 로스터도 겸하는 아넥스(The Annex) 지점은 모든 점포의 원두를 항상 갖추고 있다. 매주 수요일 13시부터 정원이 10명인 가게 투어를 개최하고 있으니 관심이 있다면 tours@stumptowncoffee.com으로 연락해보자.

— 동네 주민이 된 기분을 맛보고 싶다면 이 지점과 디비전 스트리트의 1호점을 들러보는 것을 추천한다.

*information*
-
**Stumptown Coffee Roasters Belmont**
스텀프타운 커피 로스터 벨몬트
3356 SE Belmont St.
(503) 232-8889
월~금 6:00~19:00, 토 일 7:00~19:00
stumptowncoffee.com
$ / MAP p.282-69

# Courier Coffee Roasters

## 꾸미지 않은 친근한 분위기, 신선함을 고집하는 커피 바

로스팅한 원두를 자전거로 배달하는 일부터 시작한 포틀랜드 출신 조엘 돔레이스가 2010년 가게를 열었다. 로스팅은 미디엄부터 라이트까지로 콩 자체가 지닌 자연스러운 단맛을 이끌어낸다. 카운터를 사이에 두고 어느 위치에서라도 주문할 수 있는 바 형식으로 주문할 때마다 한잔씩 원두를 갈아 눈앞에서 내려주는 모습을 보는 것이 즐겁다. 신선함을 고집하기 때문에 포틀랜드 시내로만 자전거 배달이 가능하다고 한다. 바리스타들은 잘난 척하는 느낌이 전혀 없다. 지역에서 자란 재료를 사용하여 매일 아침 가게에서 구운 카놀리와 쿠키도 커피와 잘 어울린다.

*information*

**Courier Coffee Roasters**
쿠리에 커피 로스터
923 SW Oak St.
(503) 545-6544
월~금 7:00~17:00, 토일 9:00~16:00
www.couriercoffeeroasters.com
$ / MAP p.274-13

## COFFEE

### 혁신적인 스팀 펑크 머신으로 내린 에스프레소

벨몬트 스트리트에서 쿠치 스트리트로 옮기면서 미 북서부에서는 최초로 알파 도민쉐 사의 스팀 펑크 머신을 도입했다. 컴퓨터로 제어할 수 있는 이 기계로 내린 에스프레소로 지금까지 맛보지 못한 최고의 맛을 체험할 수 있을 것이다. 새로운 기술 도입은 포틀랜드 커피 시장에 어떤 영향을 미칠지 궁금하다. 카운터에 'Cow Boy'라고 쓰여 있는 주전자에는 우유가 든 연한 커피를 담아 놓아 자유롭게 가져갈 수 있도록 했다.

*information*

**Ristretto Roasters**
리스트레토 로스터
555 NE Couch St.
(503) 284-6767
월~금 6:30~20:00, 일 7:00~18:00
ristrettoroasters.com
$ / MAP p.282-37

## Sterling Coffee Roasters

### 차분한 유럽풍 분위기 속에서 풍부한 향의 에스프레소를 즐기다

하얀 테이블보와 양초, 꽃으로 장식된 테이블에 스트라이프 벽지 등 유럽의 고전적인 분위기가 감돈다. 커피 원두는 싱글 오리진과 블렌드 2가지를 갖추고 있다. 부드러운 목 넘김을 자랑하는 타입과 복잡함과 화려함이 어우러진 타입으로 서로 다른 맛을 체험할 수 있다. 에스프레소는 몰트 위스키용 잔에 담겨 제공되기에 아로마를 한층 더 부각시켜 준다. 벽돌로 만든 커다란 창이 특징인 자매 가게 커피하우스 노스웨스트(⇒p36)에서도 같은 원두를 사용한다.

*information*

**Sterling Coffee Roasters**
스털링 커피 로스터
417 NW 21st Ave.
(503) 248-2133
월~금 7:00~16:00, 토일 8:00~16:00
sterlingcoffeeroasters.com
$ / MAP p.276-22

## 동네 역사가 숨 쉬는 공업지역에서 네온사인 아래로 커피애호가가 모인다

윌러밋 강에서 가까운 유서 깊은 공업지역의 옛 창고를 수리해서 열었다. 카운터에 동네에서 구한 재활용 목재를 사용하는 등 가게 내부는 지역의 자부심과 따뜻함을 느낄 수 있다. 저녁 무렵에는 푸르게 빛나는 'COFFEE' 네온사인이 무드 있는 분위기를 자아낸다. 원두는 카운터 안쪽에 가로놓인 1974년 프랑스제 배전기계로 로스팅한다. 핸드드립에는 케멕스를 사용하며 에스프레소는 싱글 오리진과 블렌드 2가지를 제공한다. 판매용 원두는 피노 느와르 와인을 만드는데 사용하는 나무통에서 숙성시킨 것 등을 포함해 10여 가지다.

*information*
-
**Water Avenue Coffee**
워터 애비뉴 커피
1028 SE Water Ave.
(503) 808-7083
월~일 7:00~18:00
www.wateravenuecoffee.com
$ / MAP p.282-25

## *Barista*

### 포틀랜드 안팎의 로스터 커피를 숙련된 바리스타가 제공

원두가 지닌 맛을 최대한 이끌어내기 위해 숙련된 바리스타들이 매일 노력한다. 에스프레소용 원두는 항상 3가지를 준비하고 있으며, 몇 주마다 새로운 원두를 구매한다. 그 때마다 취급하는 원두의 종류, 생산지, 로스터, 맛 등을 가게 앞 칠판을 통해 확인할 수 있다. 펄 지구와 도심의 지점은 인근에서 근무하는 사람들이 찾아온다. 그에 비해 넉넉한 공간을 갖춘 앨버타 지점은 주민들이 여유롭게 쉴 수 있는 공간이다.

*information*
-
**Barista**
바리스타
1725 NE Alberta St.
(503) 208-2568
월~금 6:00~18:00, 토일 7:00~18:00
baristapdx.com
$ / MAP p.280-8

TRUE PORTLAND | DRINK
# TEA

—차 잎에 어울리는 다기로 차를 제공한다. 테이블에서 쇠 주전자를 데워주는 것도 마음에 든다.

—가게 안은 아시아의 어느 찻집을 떠오르게 하며 나긋나긋한 분위기가 손님들을 감싸고 있다.

## *Tao of Tea*

다도를 널리 알리기 위해 문을 연 지역에서 가장 오래된 티 하우스

벨몬트 스트리트의 조용한 가게의 문을 열자 깊은 정취가 느껴지는 세계로 이동한다. 인도와 스리랑카 등 아시아 각국에서 유기농으로 재배한 차 잎과 희소한 중국차를 중심으로 약 200여 가지 이상의 블렌딩 차를 취급하고 있어 기분에 맞는 차를 찾기에 딱 좋은 곳이다. 주인은 "차의 맛을 이해하려면 와인처럼 경험이 필요해요. 다양한 감각을 통합시키는 예술적 즐거움을 경험하기 위해 이곳은 열려있습니다."라고 이야기한다. 차 잎을 무게를 달아 판매하는 차 룸(Leaf Room)을 함께 운영하며 차 종류에 맞춘 다도 관련 제품도 있다. 란 수 차이니즈 가든(⇒p.219)에도 가게가 있다.

**information**
Tao of Tea
타오 오브 티
3430 SE Belmont St.
(503) 736–0119
월∼토 11:00∼22:00, 일 11:00∼21:00
www.taooftea.com
$ / MAP p.282-71

TRUE PORTLAND | DRINK
## TEA

## Townshend's Teahouse

오리건대학 세미나에서 탄생한 간단하게 차를 즐기는 방법

1773년 보스턴 차사건이 일어나기 전까지 미국은 홍차의 나라였다. 영국의 식민지 과세정책에 화가 난 사람들은 홍차가 담긴 나무상자를 바다에 던져버리며 항의의 표시로 커피를 많이 마시게 되었다고 한다. 이 사건의 계기는 영국 재무대신 찰스 타운센드가 만들었다. 가게의 이름은 이런 역사를 비꼰 농담이다.

차의 약효 성분에도 주목해서 몸 상태에 맞춘 블렌드 티를 제안한다. 미국에서 건강을 신경 쓰는 사람들에게는 이미 잘 알려진 곰부차(홍차버섯 발효 음료)도 직접 만들어 판매한다.

information
-
**Townshend's Teahouse**
타운센즈 티하우스
2223 NE Aberta St.
(503) 445-6699
월~일 9:00~22:00
www.townshendstea.com
$ / MAP p.276-12

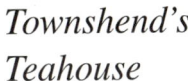

차와 교신해서 새로운 맛을 만드는 차의 영매가 자리 잡고 있는 가게

information
-
**Smith Teamaker**
스미스 티메이커
1626 NW Thurman St.
(503) 719-8752
월~금 9:00~17:00, 토 11:00~17:00
www.smithtea.com
$$ / MAP p.276-5

창립자 스티브 스미스는 은수저 하나로 많은 사람을 매료시키는 차를 창조했다. 그의 능력을 존중하는 뜻으로 언젠가부터 그를 '차의 주술사'라고 부르게 되었다. 스타벅스에서 사용하는 타조 차(Tazo Tea)는 그의 혀를 통해 탄생했다.

펄 지구 북서부에 있는 벽돌로 지은 작은 공방에서 상품 개발과 포장을 한다. 분위기 있는 테이스팅 룸에서 후루룩 소리를 내며 차 맛 비교에 도전해보자. 게다가 직접 차의 주술사 지도 아래 나만의 차를 만들 수도 있다.

# Bailey's Taproom

"샌프란시스코 주변에서 펍을 열 생각이었는데 포틀랜드가 스마트 성장도시라는 걸 알고 이사 왔죠."
— 제프리 필립스, 주인, 베일리 탭룸

— 주인 제프리. 대시보드는 포틀랜드의 디지털 포어 사 제품

— 포틀랜드의 중심가 브로드웨이에 있다.

TRUE PORTLAND / DRINK

## BEER

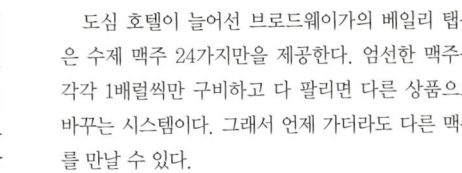

매일 새로운 맥주가 기다린다

도심 호텔이 늘어선 브로드웨이가의 베일리 탭룸은 수제 맥주 24가지만을 제공한다. 엄선한 맥주를 각각 1배럴씩만 구비하고 다 팔리면 다른 상품으로 바꾸는 시스템이다. 그래서 언제 가더라도 다른 맥주를 만날 수 있다.

주인은 30세 때 포틀랜드로 이사 온 제프리 필립스다. 그는 샌프란시스코에서 도시계획을 공부하던 중 포틀랜드가 스마트 성장도시※라는 사실을 듣고 흥미가 생겨 이곳을 찾았다. 동네 팬을 확실하게 사로잡은 지 6년째, 지금은 포틀랜드의 인기 펍으로 반드시 이름이 거론될 정도로 정착했다.

카운터 반대편에는 지금 마실 수 있는 맥주 종류와 통 속 잔량을 실시간으로 알 수 있는 디지털 맥주 대시보드가 설치되어 있다. 웹사이트와 소셜미디어와도 연계해서 실시간으로 어떤 맥주가 있는지 알 수 있다. 우선 이걸 보고 오늘 마실 한 잔을 결정한다. 제프리와 손님간의 소통도 여기서부터 시작된다. "포틀랜드에는 굉장한 맥주 시장이 존재한다. 이곳에서 최고의 시간을 보낼 수 있을 것이다."

투박하지만 카페처럼 밝은 가게 안에는 여행자부터 퇴근하는 사람, 단골로 보이는 사람들이 찾아온다. 주방을 없애서 비용을 줄였기 때문에 식사는 할 수 없지만 바로 옆에 평판 좋은 멕시코 음식점이 있어서 배달해준다. 매우 좋은 협력 관계가 구축되어 있다.

내일은 어떤 맥주가 있을지 궁금해 하며 들리는 것이 즐거워지는 맥주 팬이라면 참기 힘든 베일리스. 여행자에게도 매력적인 맥주 펍이다.

※스마트 성장(Smart Growth): 자연환경을 보호해서 도시를 다양하고 매력적인 커뮤니티로 성장시키기 위한 전략. 포틀랜드는 스마트 성장을 실시하여 성공한 사례다.

*information*
-
**Bailey's Taproom**
베일리 탭룸
213 SW Broadway
(503) 295–1004
월~일 14:00~24:00
www.baileystaproom.com
$$ / MAP p.274-18

# Breakside Brewery

굉장한 맥주는 창조성에 주목 사람을 이어준다

포틀랜드 북쪽, 느긋한 분위기의 주택가 한쪽에 우드론이라는 브루어리(brewery, 맥주 공장)가 있다. 창조적으로 골똘히 궁리한 맥주, 펍이라고는 믿어지지 않는 요리로 순식간에 유명해진 브레이크사이드 브루어리다. 2013년 남 포틀랜드 공업지구에 새로운 브루어리와 바(Tap Room)를 열었다. 순조로운 행보를 계속하는 브레이크사이드의 제조 마스터 벤 에드먼드는 '맥주를 통해 여러분이 인생을 즐길 수 있도록 양질의 시대를 앞서가는 맥주를 만들고 싶다.'고 한다.

브레이크사이드는 다양한 레스토랑 메뉴에 어울리는 맥주를 제공하며 한편으로는 요리사에게서 많은 영감을 얻는다고 한다. 특히 맛좋은 맥주를 만드는 일에 열심이며 협업을 중요시한다.

— 개방적인 인테리어로 한층 캐주얼한 분위기

TRUE PORTLAND | DRINK
## BEER

— 포틀랜드에 온지 6년 째인 트래비스. 우드론에서

— 커리 치킨. 닭튀김도 베일리스풍으로 만들었다. 담은 모양도 독특하다.

"맥주는 사람과 사람을 잇는 것이죠. 굉장한 맥주를 만들고, 사람들이 그 맥주를 중심으로 연결되는 곳에 저희가 있습니다. 그건 무척 행복한 일이에요."라고 벤은 말한다.

시가지에서 벗어난 입지 조건이지만 시내와는 또 다른 여유로운 분위기가 좋다. 맥주에는 이처럼 편안한 장소가 잘 어울린다. 매니저 트래비스 푸켓은 "포틀랜드는 모든 것이 독특해요. 이 지역을 사랑하고 동네가 미션을 주었기에 우리의 사명은 동네에 봉사하는 거예요."라고 말한다.

포틀랜드에서 가장 창조적이고 혁신적인 브루어리 중 하나인 브레이크사이드. 요리와 어울리는 맥주를 만들고 다시 요리에서 영감을 얻어 연구를 거듭하여 연간 100가지가 넘는 맥주를 만든다. 앞으로 어떤 재미있는 맥주가 탄생할지 눈을 뗄 수 없다.

*information*
-
**Breakside Brewery**
브레이크사이드 브루어리
820 NE Dekum St.
(503) 719-6475
월~목 15:00~22:00
금토 12:00~23:00
일 12:00~22:00
www.breakside.com
**$ / MAP p.280-2**

BEER

# The Oregon Public House

— 창가는 밝은 카페풍이다. 맥주를 마시며 느긋하게 일하는 사람도 있다.

— 현재 기부금 합계 금액이 쓰인 칠판

'파인트 한잔으로 세상을 바꾸자'가 표어

맥주를 마실 때마다 아이들의 교육 기회가 늘어나고, 거리 환경이 정비된다. 순수익을 모두 기부한다는 새로운 콘셉트의 NPO 오리건 퍼블릭 하우스(NPO Oregon Public House, OPH)다. 맛있는 맥주를 마실 수 있는 친교의 장소를 제공하고 이것이 커뮤니티 발전으로 이어지는 훌륭한 아이디어다.

40명 정도의 동네 자원봉사자가 공사와 페인트 칠을 도와가며 만들었다는 넓은 가게 내부. 맥주는 12가지 로컬 탭을 로테이션으로 제공하며 기부처는 목록에서 직접 선택할 수 있다. "포틀랜드는 주민의 커뮤니티 의식이 높아서 자기 동네를 더 좋게 만들기 위해 무언가를 하고 싶어 해요."라고 설립자리안 사아리는 말한다.

직원도 대부분 자원봉사자로 OPH에서 4시간 정도 근무하면 파인트 한잔과 식사가 제공된다. 포틀랜드는 인구 당 NPO 수가 미국에서 가장 많은 도시로 이곳이야말로 포틀랜드를 구현하는 맥주펍이다.

### information

**The Oregon Public House**
오리건 퍼블릭 하우스
700 NE Dekum St.
(503) 828-0884
월~목 12:00~22:00, 금토 12:00~23:00, 일 12:00~21:00
oregonpublichouse.com
**$$ / MAP p.280-1**

# Hopworks BikeBar

## 편안한 커뮤니티에서 세계에 통용되는 맥주를

information
-
**Hopworks BikeBar**
홉워크 바이크 바
3947 N Williams Ave.
(503) 287-6258
월~목·일 11:00~23:00, 금토 11:00~24:00
hopworksbeer.com
$$ / MAP p.278-22

에코 브루어리란 'GREEN'을 키워드로 내세우며 생태학을 차용해 맥주를 제조·제공하는 펍을 말한다. 홉워크 어번 브루어리(Hopworks Urban Brewery, HUB)는 맥주와 음식의 원재료는 모두 지역에서 유기농으로 키운 것만 사용한다. 설비도 재활용 또는 태양에너지를 이용하여 연간 160만 리터의 맥주를 생산한다.

현재 HUB는 주조장이 병설된 브루어리와 홉워크 바이크 바를 운영하고 있다. 항상 생맥주 10가지, 통맥주 2가지가 준비되어 있다. 여러 맥주 품평회에서 많은 메달을 받았으며 향과 맛이 제대로인 에일 맥주를 즐길 수 있다.

자전거 친화적인 도시로서 알려진 포틀랜드 지역의 프레임 빌더(수공예 자전거를 만드는 사람)들의 자전거를 테마로 한 독특한 내부 장식이 눈에 띤다. 가볍게 들를 수 있으며 항상 밝고 활기 넘치는 HUB, 누구에게나 추천할 수 있는 즐거운 브루어리&펍이다.

— 카운터 위에는 자전거 프레임을 사용한 인테리어

## 척하지 않는 자유로움으로 19년째 지지를 얻고 있는 비어 홀

# Lucky Labrador Beer Hall

information
-
**Lucky Labrador Beer Hall**
럭키 래브라도 비어 홀
1945 NW Quinny St.
(503) 517-4352
월~수 11:00~23:00
목~토 11:00~24:00
일 12:00~22:00
luckylab.com
$$ / MAP p.276-7

한걸음 안으로 들어서면 주인의 소탈하고 태평스러운 스타일이 전해지는 럭키 랩이다. 중심가에서 벗어난 곳에 위치한 잡화 트럭 공장을 수리해서 개장한 비어 홀은 천장에는 오래된 크레인이 매달려 있고, 공장 출입구를 입구로 활용하는 등 공장의 구조를 그대로 살렸다. 노출 콘크리트 바닥에 작업 테이블과 제각각인 의자, 세련된 물건은 전혀 없다. 그러나 이런 '상관하지 않음'이 좋다. 넓게 트인 공간에서 각자 나름대로 시간을 보낸다. 이곳에는 느슨함과는 다른 자유로운 공기가 흐른다.

맥주와 음식을 카운터에서 주문한 후 마음에 드는 곳에 앉는 방식이다. 단골을 위한 고정 메뉴를 중요하게 생각하고 항상 안심하고 주문할 수 있는 수제 맥주를 갖추고 있다. 훌쩍 들러서 여유롭게 쉴 수 있는 잘난 척하지 않는 장소, 그것이 가장 포틀랜드답다고 생각한다.

— 잡화 공장이었던 건물은 공업적인 분위기

## INTERVIEW

*Interview no.03*

# RED GILLEN

*Drink*　　　　　　　　　　　　　　　　　　　　　　　　　　　　*Drink*

"맥주를 사랑해요. 사람을 모으는 힘을 지녔으니까요."
포틀랜드 맥주 시장은 이 사람에게 물어보자.
맥주 블로거, 레드 길렌

포틀랜드에는 맥주 전문가가 많다. 단순히 맥주 제조법이나 역사를 잘 아는 것이 아니라 브루어리가 생기면 가장 먼저 달려가고, 새로운 맥주가 나왔다는 이야기를 들으면 제일 빨리 한잔 마시러 간다. 이러한 맥주 매니아이자 포틀랜더인 레드 길렌 씨를 알게 되었다.

레드는 수제 맥주를 더없이 사랑하며 맥주에 대한 호기심도 남다르다. 그에게 포틀랜드 맥주 시장에 관해 질문했다.

### Q1 포틀랜드 맥주의 특징은 무엇인가요?

"큰 특징은 3가지다. 우선은 원료. 오리건은 맥주 원료인 보리, 홉, 물이 모두 좋은 곳이다. 두 번째는 제조자의 의식 수준이다. 그들에게는 최고로 맛있는 맥주를 만드는 일이 삶의 보람이다. 포틀랜드는 작은 브루어리가 많아서 제조자와 손님간의 거리가 무척 가깝다. 그래서 제조자는 손님과 친구가 되는 일도 많다. 역시 친구에게는 자신의 최고 작품을 제공하고 싶지 않은가. 그리고 세 번째가 주조장 수다. 현재 포틀랜드 시내에만 브루어리가 53개 있으며 이는 세계 최고다!"

### Q2 우선 어디를 추천하겠는가?

"고르기 힘들다. 하지만 추천한다면 우선 도심의 맥주 바 베일리 탭룸이다. 위치가 좋고 직원도 친절하며 맥주 셀렉션이 대단하다. 구하기 힘든 오리건 맥주가 많아서 들어본 적도 없는 주조장의 맥주가 반드시 있다. 탭 목록을 읽는 것도 즐겁다. 또 사워 맥주 전문점인 캐스케이드 버렐 하우스(Cascade Barrel House)도 재미있다. 맥주를 산다면 벨몬트 스테이션(Belmont Station)을 추천한다. 1,200여 종의 맥주를 제공하는 최고의 병맥주 가게다. 만약 다양한 브루어리를 돌아보고 싶다면 브루바나(Brewvana)의 버스투어도 괜찮다. 업계 사람들이 찾는 재미있는 브루어리를 차례차례 돌아보기 때문에 즐겁다."

### Q3 왜 당신은 맥주를 이렇게 열렬히 좋아하나?

"포틀랜드 맥주는 진짜 맛있으니까. 하지만 더 큰 이유는 맥주의 사교적인 면 때문이다. 다른 음료와 달리 맥주는 모두 함께 마시는 게 좋다. 나는 사람을 모으는 힘을 지닌 맥주를 사랑한다."

**Bailey's Taproom**
(→p.84)
**Cascade Brewing Barrel House**
939 SE Belmont St.
www.cascadebrewingbarrelhouse.com
**Belmont Station**
4500 SE Stark St.
www.belmont-station.com
**Brewvana Portland Brewery Tours**
www.experiencebrewvana.com

*profile*
-
**RED GILLEN** 레드 길렌
포틀랜드 맥주 시장을 알고 싶다면 우선 그에게 물어보자. 만일 모르는 것이 있어도 열심히 연구하는 그라면 그 자리에서 조사해서 알려줄 것이다. 레드의 블로그에서는 맥주뿐만 아니라 오리건의 와인과 위스키까지 폭넓게 다루고 있다.
〈오리건주 술 블로그〉 oshuushu.blogspot.com

## Craft beer shapes the city

수제 맥주로 보는 포틀랜드라는 도시 본연의 모습

포틀랜드가 미국에서 살고 싶은 도시 순위 상위권에 등장하기 시작하면서 수제 맥주를 양조하는 브루어리 숫자도 늘어난 것 같다. 주법이 개정되어 맥주 제조가 손쉬워지면서 젊은이들이 자신만의 맥주를 만들려고 작은 브루어리를 시작했다. 리먼 쇼크 이후의 불황에도 이런 기세는 변함이 없었고, 현재 인구 60만의 도시 포틀랜드 시내에만 53개, 도시권도 포함하면 72개로 가히 세계 최고의 브루어리 도시라 할 수 있다. 맥주 종류도 IPA와 페일에일(Pale Ale), 스타우트(Stout) 같은 기본 종류 외에도 기간 한정 맥주까지 셀 수 없을 만큼 많다.

이 지역에서 브루어리가 유행하게 된 배경에는 오리건의 좋은 물, 질 좋은 보리와 호프 재배에 알맞은 기후 등 물리적으로 유리하다는 점도 있다. 게다가 DIY를 위한 주조용 도구도 쉽게 구매할 수 있고 마당에서 호프를 키우는 사람도 흔히 볼 수 있다. 다들 쉽게 맥주 만들기에 도전한다.

이런 취미가 수제 맥주를 한층 더 친근하게 만들어 준다. 브루어들은 서로 경쟁하면서 개성 넘치는 맥주를 창조한다. 창조적이고 때로는 장난기 넘치는 수제 맥주는 자유롭고 혁신적인 토양에서 태어나 지금 포틀랜드에 지역 양조라는 새로운 조류가 나타난 것이다.

맥주를 마시는 일은 시간을 맛보는 것이기도 하다. 실제로 이 도시에서는 누구나 항상 맥주를 즐기며 이는 생활의 일부로써 정착했다. 밤뿐만 아니라 낮에도, 누구를 만나 이야기를 나눌 때도, 홀로 조용히 시간을 보낼 때도 언제나 수제 맥주잔은 함께한다. 그리고 맥주를 통해 행복한 시간을 맛본다. 매력적인 도시에서 카페는 빼놓을 수 없는 존재지만 이곳 포틀랜드에서는 어느 정도 맥주로 치환(포틀랜드는 카페도시로서도 훌륭하긴 하지만)되어 새로운 도시문화의 영역으로 자리 잡았다.

더욱이 브루어리 공간이 매우 매력적이라는 점도 빼놓을 수 없다. 대부분 오래된 창고나 공장을 수리해서 양조장으로 만든 곳으로 바 카운터를 마련해 펍을 개방했다. 게다가 이 모든 일을 스스로 직접 다 해낸 곳도 적지 않다. 직접 만들었다는 느낌이야말로 집에서 편히 쉬던 차림으로도 브루어리에 들릴 수 있게 만든다. 브루어리라는 존재는 지역과 거리에 적잖이 영향을 끼쳐 마음 편한 커뮤니티를 조성하는 중요한 요소가 되었다.

진정한 다양성이 존재하는 커뮤니티는 처음 방문한 사람에게도 절대 낯설게 대하지 않는다. 그런 커뮤니티는 주민에게만 상냥한 것이 아니라 누구든 받아주는 서글서글함과 개방적이고 소통이 잘 되는 분위기다. 포틀랜드의 브루어리 펍은 처음 방문한 곳이라도 1파인트를 다 마셨을 즈음에는 마치 주변에 사는 단골처럼 자연스레 어울릴 수 있다. 이런 로컬 커뮤니티의 유연함이 포틀랜드를 보다 활력 넘치게 만드는 원동력일 것이다.

지역 수공예품을 만들고, 사랑하고, 키워나가는 사람들이 살고 있는 포틀랜드, 이 도시가 견딜 수 없을 만큼 매력적인 이유는 아마도 맥주를 통해 지방화가 알기 쉬운 형태로 드러나기 때문일지도 모른다.

*profile*

**TOSHINO MOMOKI** 도시노 모모키

카피라이터, 콘셉트 디자이너, 광고대리점, 브랜드 홍보부를 거쳐 뉴욕에서 독립해서 기획사를 경영하고 있다. 2001년 9.11테러를 계기로 포틀랜드로 이주했다. 이후 광고, 프로모션 등을 중심으로 도쿄와 포틀랜드를 오가며 미국과 일본을 잇는 프로젝트에 참여 중이다. 포틀랜드의 현재를 알려주는 365portland.com 《지금 포틀랜드에 가야 할 365가지 이유》 편집자.

TRUE PORTLAND / DRINK
## DISTILLED SPIRITS

# *Bull Run Distilling Company*

photo by Jamie Francis

### 땅에 대한 추억을 떠올리며 깨끗한 한잔을 마신다

오랫동안 도시를 지켜온 1950년대에 세워진 창고에서는 블루 런 분수령에서 끌어온 양질의 물로 술을 만든다. 이 증류소 바로 옆을 지나는 NW 23rd 애비뉴는 '트렌디 서드(Trendy Third)'로 불릴 정도로 세련된 가게가 많지만, 예전에는 치안이 좋지 않아 뜨내기 집합소였다. 증류를 통해 불순물을 제거한 순수한 술을 '스피리츠(spirits)'라고 하는데 왠지 도시를 변화시키려는 불굴의 정신으로 노력한 사람들의 모습과 겹쳐진다. 테이스팅 룸에서는 보드카, 위스키, 럼을 시음할 수 있다.

*information*
**Bull Run Distilling Company**
불 런 디스틸링 컴퍼니
2259 NW Quimby St.
(503) 224-3483
수~일 12:00~18:00
bullrundistillery.com
$$ / MAP p.276-6

— 포틀랜드의 바 대다수는 포틀랜드 산 증류주를 사용해 특색 있는 칵테일을 만든다.

# House Spirits Distillery

photo by Janis Miglavs

— 전통적인 방법으로 만든 진도 인기 상품이다. 매주 토요일은 증류소 내부 견학이 가능하다.

## 금메달을 딴 커피 리큐어

SE 지구는 통칭 '증류소 거리'로 불리며 실험 정신 넘치는 5곳의 증류주 제조소가 모여 있어 수공예 증류소 붐을 이끌고 있다. 이곳에서 만드는 이국적인 럼주에 스텀프타운 커피의 저온 추출 커피와 바베이도스 산 당밀을 혼합한 커피 리큐어는 최고의 상품이다. 디스틸러리 로우 패스포트(Distillery Row Passport)를 구매하면 5곳의 가맹점인 증류주 제조소에서 테이스팅이 가능하며 레스토랑에서도 할인을 받을 수 있다.

*information*

**House Spirits Distillery**
하우스 스피리츠 디스틸러리
2025 SE 7th Ave.
(503) 235-3174
월화 9:00~17:00, 수~금 9:00~18:00
토 12:00~18:00, 일 12:00~17:00
housespirits.com
$$ / MAP p.282-45

# WINE

— 최근 2~3년 사이에 도시형 와이너리가 늘어서 지금은 12곳이 성업 중이다.

— $20에 판매하는 어번 와이너리 패스포트(Urban Winery Passport)를 구매하면 도시형 와이너리를 망라할 수 있다.

## *ENSO Winery*

**도심에서 와인을 만드는 와이너리가 급증하는 중**

도시형 와이너리(urban winery)는 생활권 속으로 와인 생산 장소를 들여오면 된다는 생각에서 탄생했다. 이 가게에서는 오리건 와인을 사랑하는 사람들이 이곳에서 만든 와인과 함께 식사를 즐길 수 있다. 단순히 와인 바가 아니라 와인 생산자를 만나 직접 소통할 수 있다는 것이 최고의 장점이다. 창립자 리안 샤프는 세일럼에 있는 포도농장에서 수확 작업을 도운 경험을 계기로 와인 만들기에 빠졌고, NW 지구에서 키운 포도를 모아 집에서 와인을 만들기 시작했다. 이곳은 그의 탐구심이 가져다 준 선물이다.

*information*

**ENSO Winery**
엔조 와이너리
1416 SE Stark St.
(503) 683-3676
월~금 16:00~22:00, 토일 14:00~22:00
www.ensowinery.com
$$ / MAP p.282-32

# Willamette Valley Wine Country

도심에서 한 시간 이내에 갈 수 있는
세계적으로 우수한 와인 산지

*information*

**Willamette Valley Wine Country**
윌러밋 밸리 와인 컨트리
willamettewines.com

　녹음이 풍부한 시골은 와인 애호가에게 당일치기, 혹은 숙박 여행을 하기에 딱 좋다. 도심에서 한 시간 이내로 포도밭, 와이너리, 테이스팅 룸을 들러 볼 수 있고 와이너리 투어도 충실한 편이다. 포도를 재배하기 좋은 환경과 점토질 토양으로 인해 세계에서 피노 느와르 종 재배에 가장 적합한 지역 중 하나로 손꼽힌다. 세계적으로 우수한 와인 산지로 알려졌으며, 오리건 주의 와이너리 수는 미국에서 2위, 와인 생산량은 4위라고 한다. Black Walnut Inn & Vineyard(www.blackwalnut-inn.com)에서는 포도밭을 바라보며 숙박할 수 있다.

# Church

## 참회 사진관에서 회개하자 그러면 구원을 얻을 것이다

모든 사람을 맞아주는 '교회'라는 이름을 가진 칵테일 바. 검소하지만 나무와 철로 대성당처럼 꾸며놓은 실내에는 '먹고 마시고 회개하라'라고 쓰여 있다. 사제인 DJ는 음악으로 미사를 진행하며 직원과 손님이 행복해지는 공간을 만든다. 일용할 양식인 식사는 살아갈 기력을 부여하며 절로 미소 짓게 만든다. 뭔가를 새로 시작하고 싶을 때 참회실로 들어가 고해성사를 하자. 흔히 말하는 '스티커 사진기'처럼 참회하는 모습이 찍혀 핸드폰으로 전송된다. 아멘.

— 기본적으로 칵테일이 맛있는 힙한 바일뿐 수상쩍은 전도는 하지 않는다.

— 코미디언 겸업 중이라는 이 분은 재치 넘치는 마음씀씀이로 인기가 많다.

*information*
-
**Interurban**
인터어반
4057 N Mississippi Ave.
(503) 284-6669
월~금 15:00~다음날 2:30, 토일 10:00~다음날 2:30
interurbanpdx.com
$$ / MAP p.278-15

# Interurban

## 퇴근길, 인기 상점의 주인을 우연히 만날 수 있는 기회

센스 있는 사람들이 모인다는 미시시피 애비뉴에 있으며 현대적인 살롱으로 매일 밤 많은 사람으로 북적인다. 바텐더의 세련되고 친근한 서비스 정신 덕분에 술이 더 맛있게 느껴진다. 옆자리 사람과 선뜻 대화를 나누어도 괜찮은 분위기로 퇴근길에 가볍게 들러 한잔 하고 가는 사람과 밤늦게까지 이야기를 나누고 싶은 사람도 서로 원만하게 시간을 보낼 수 있다. 위스키 종류가 충실하며 밤늦게까지 맛있는 음식도 먹을 수 있다. 토요일과 일요일은 브런치도 하는데 인기가 많다.

*information*
-
**Church**
처치
2600 NE Sandy Blvd.
(503) 206-8962
월~일 16:00~다음날 2:00
www.ChurchBarPdx.com
$$ / MAP p.280-31

# DRINK
## List

## NORTH

**Widmer Brothers Gasthaus Pub**
헤페바이젠(Hefe Weizen)이 유명하며 미국에서 9번째로 큰 브루어리./ 맥주

위드머 브라더스 가스트하우스 펍
955 N Russell St./ (503) 281-3333
월~목, 일 11:00~22:30, 금토 11:00~23:30
www.widmerbrothers.com
$$/ MAP p.278-27

**Mr. Green Beans**
커피 생두와 집에서 사용할 수 있는 로스터를 판매 중. 로스팅 수업도 한다./ 커피

미스터 그린 빈스
3932 N Mississippi Ave./ (503) 288-8698
월~금 11:00~18:00, 토일 10:00~18:00
mrgreenbeanspdx.com
$$/ MAP p.278-18

## NORTH EAST

**Bridgetown Beerhouse**
작지만 맥주 애호가라면 분명 기뻐할 만큼 맥주 종류가 많다. 외부 판매는 금지./ 맥주

브리지타운 비어하우스
915 N Shaver St./ (503) 477-8763/ 월~목 12:00~22:00, 금토 12:00~23:00, 일 12:00~20:00
$/ MAP p.278-15

**The Box Social**
마음 편한 분위기로 살짝 로맨틱하다. 근처 주민들이 모인다./ 바

박스 소셜
3971 N Wiliams Ave./ (503) 288-1111
월~일 16:00~다음날 2:00
bxsocial.com
$$/ MAP p.278-22

**See See Motorcycles & Coffee**
자전거 가게와 커피숍을 병행. 자전거 애호가라면 필수!/ 커피

씨 씨 모터사이클 & 커피
1642 NE Sandy Blvd./ (503) 894-9566
월~금 7:00~19:00, 토일 8:00~18:00
seeseemotorcycles.com
$/ MAP p.280-35

**Pix Patisserie**
마카롱과 샴페인 종류가 풍부하다. 케이크도 포장도 가능/ 바

픽스 파티세리
2225 E Burnside St./ (971) 271-7166
월~일 14:00~24:00, 금토 14:00~다음날 2:00/ pixpatisserie.myshopify.com
$$/ MAP p.282-55

**Noble Rot**
옥상에서 채소를 재배해 신선한 재료를 즐길 수 있다. 야경이 좋아 데이트에도 좋다./ 와인

노블 롯
1111 E Burnside St./ (503) 233-1999/ 월~목 17:00~22:00, 금토 17:00~23:00, 일 17:00~21:00/ noblerotpdx.com
$$/ MAP p.282-7

## NORTH WEST

**Bridgeport Brew Pub**
300갤런의 스테인리스 탱크에서 맥주를 직접 제공/ 맥주

브리지포트 브루 펍
1313 NW Marshall St./ (503) 241-3612/ 일월 11:30~22:00, 화~목 11:30~23:00, 금토 11:30~24:00/ www.bridgeportbrew.com
$$/ MAP p.276-10

**Clear Creek Distillery**
미국에서 최초로 오드비(Eau de vie, 브랜디)를 생산한 장인의 과수원에서 원료를 공급/ 증류주

클리어 크릭 디스틸러리
2389 NW Wilson St./ (503) 248-9470
월~토 9:00~17:00
www.clearcreekdistillery.com
$$/ MAP p.276-2

**Ground Kontrol Classic Arcade**
프리미엄급 아케이드 게임을 즐기며 술을 마실 수 있다./ 바

그라운드 컨트롤 클래식 아케이드
511 NW Couch St./ (503) 796-9364
월~일 12:00~다음날 2:30/ groundkontrol.com $$/ MAP p.226-46

TRUE PORTLAND | DRINK
# LIST

*Deschutes Brewery & Public House*
펄 지구 지점은 목재를 사용하여 중후한 느낌/ 맥주

데슈트 브루어리 앤드 퍼블릭 하우스
210 NW 11th Ave./ (503) 296-4906/ 월~목 11:00~23:00, 금토 11:00~24:00, 일~화 11:00~22:00/ www.deschutesbrewery.com
$$/ MAP p.276-38

*Rogue Distillery & Public House*
1989년 오리건 코스트의 뉴비치에서 시작/ 증류주

로그 디스틸러리 앤드 퍼블릭 하우스
1339 NW Flanders St./ (503) 222-5910
월~목, 일 11:00~24:00, 금토 11:00~다음날 1:00/ rogue.com
$$/ MAP p.276-26

# SOUTH EAST

*Oui Presse*
쿠키와 잡지를 판매하는 행복하고 소녀 같은 가게/ 커피

위 프레스
1740 SE Hawthorne Blvd./ (503) 384-2160/ 월~토 7:00~18:00, 일 8:00~17:00
oui-presse.com
$/ MAP p.282-52

*Stumptown Coffee Roasters*
그루터기 마을을 세계적으로 유명하게 만들어 준 그 가게의 1호점/ 커피

스텀프타운 커피 로스터
4525 SE Division St./ (503) 230-7702
월~금 6:00~19:00, 토일 7:00~19:00
www.stumptowncoffee.com
$/ MAP p.282-100

*Pied Cow Coffeehouse*
드라마 '트윈픽스(Twin Peaks)'에 나오는 붉은 방 같은 신비한 공간/ 바

파이드 카우 커피하우스
3244 SE Belmont St./ (503) 230-4866
월~목·토일 16:00~다음날 2:00
$$/ MAP p.282-68

*Aalto Lounge*
미드 센추리(MID CENTURY) 디자인을 좋아한다면 반드시 놀러 갈 것/ 바

알토 라운지
3356 SE Belmont St./ (503) 235-6041
월~목 17:00~다음날 2:30, 금~일 16:00~다음날 2:30/ aaltolounge.com
$$/ MAP p.282-69

*Crema Coffee + Bakery*
파이와 핫케이크가 맛있다. 지역 작가의 그림도 판매/ 커피

크레마 커피 +베이커리
2728 SE Ankery St./ (503) 234-0306
월~일 7:00~18:00
$$/ MAP p.282-60

*Albina Press*
부근에 있다면 매일 다니고 싶을 만큼 친절한 분위기/ 커피

얼바이나 프레스
5012 SE Hawthorne Blvd./ (503) 974-6584
월~금 6:00~20:00, 토일 6:30~17:00
$/ MAP p.282-86

*Cascade Brewing Barrel House*
개성 강한 사위 맥주가 특징/ 맥주

캐스케이드 브로잉 배럴 하우스
939 SE Belmont St./ (503) 265-8603/ 일월 12:00~22:00, 화~목 12:00~23:00, 금토12:00~다음날 2:00/ cascadegrewingbarrelhouse.com
$$/ MAP p.282-36

*SE Wine Collective*
소규모 와인 장인에게 장소를 제공하는 화제의 그곳/ 도시형 와이너리

사우스이스트 와인 컬렉티브
2425 SE 35th Place/ (503) 208-2061
수~월 15:00~22:00
sewinecollective.com
$$/ MAP p.282-99

*Harvester Brewing*
글루텐 무첨가 맥주. 건강을 생각한다면 추천/ 맥주

하비스터 브루잉
2030 SE 7th Ave./ (503) 928-4195
목~일 12:00~21:00
harvesterbrewing.com
$$/ MAP p.282-46

*Rimsky-Korsakoffee House*
케이크가 맛있다. 얼핏 클래식해 보이는 가게 내부가 수상하다/ 바

림스키 코사커피 하우스
707 SE 12th Ave./ (503)232-2640
월~목·일 19:00~24:00, 금토 19:00~다음날 1:00
$/ MAP p.282-35

*Sweet Hereafter*
편안하고도 멋진 분위기로 채식주의자 메뉴도 있고 테라스도 있다/ 바

스위트 히어애프터
3326 SE Belmont St,
월~목 16:00~다음날 2:00, 금 14:00~다음날 2:00, 토일 12:00~다음날 2:00
hereafterpdx.com
$$/ MAP p.282-69

## LIST

### SOUTH WEST

#### Bar Avignon
많은 종류의 와인과 모던하고 맛있는 음식/ 와인
바 아비뇽
2138 SE Division St./ (503) 517-0808
월~목 17:00~22:00, 금토 17:00~다음날 2:00, 일 17:00~21:00/ www.baravignon.com / $$/ MAP p.282-88

#### Hip Chicks Do Wine
여자 둘이서 설립했다. 테이스팅 룸은 매일 영업/ 도시형 와이너리
힙 칙스 두 와인
4510 SE 23rd Ave./ (503) 234-3790
월~일 11:00~18:00
www.hipchicksdowine.com
$$

#### Cyril's at Clay Pigeon Winery
치즈와 와인 전문가가 상주하는 가게에서 마리아쥬를 즐기자/ 와이너리
시릴즈 앳 클레이 피존 와이너리
815 SE Oak St./ (503) 206-7862
월 11:30~16:00, 화~목 11:30~21:00, 금 11:30~22:00, 토 16:00~22:00
cyrilspdx.com/ $$/ MAP p.282-15

#### Sauvage
힙 & 캐주얼한 음식과 50여종의 글라스 와인/ 도시형 와이너리
소바쥬
537 SE Ash St./ (971) 258-5829
월~목 17:00~22:00, 금토 17:00~23:00
sauvagepdx.com
$$/ MAP p.282-8

#### Gigantic Brewing Company
장소는 협소해도 꿈은 크게, 홉 느낌이 센 맥주가 특징
자이갠틱 브루잉 컴퍼니
5224 SE 26th Ave./ (503) 208-3416
월~금 15:00~21:00, 토 12:00~21:00, 일 12:00~20:00/ giganticbrewing.com
$

#### Spella Caffe
리스트레토가 자신 있는 스탠딩 바/ 커피
스펠라 카페
520 SW 5th Ave./ (503) 752-0264
월~금 7:30~15:30
www.spellacaffe.com
$/ MAP p.274-37

#### Kask
칵테일 장인의 솜씨를 맛볼 수 있다./ 바
캐스크
527 SW 12th Ave./ (503) 241-7163
월~토 17:00~23:00
grunerpdx.com/kask
$$/ MAP p.274-27

#### Multnomah Whiskey Library
도서관을 모방한 실내에서 위스키를 즐기는 보기 드문 스타일/ 바
멀트노마 위스키 라이브러리
1124 SW Alder St./ (503) 954-1381
화~토 16:00~24:00
www.mwlpdx.com
$$/ MAP p.274-29

#### Ringlers Annex
한 잔 마시고 싶을 때/ 맥주
링글러스 애넥스
1223 SW Stark St./ (503) 384-2700
월~일 15:00~24:00
www.mcmenamins.com
$$/ MAP p.274-8

#### Vinopolis
취향에 맞는 와인을 만날 수 있다./ 와인
비노폴리스
1025 SW Washington St./ (503) 223-6002/ 월~수·토 10:00~18:00, 목금10:00~19:00, 일 10:00~17:00/ www.vinopoliswineshop.com
$$/ MAP p.274-8

#### Base Camp
아웃도어와 맥주를 사랑한다면 안성맞춤인 스모어 맛 맥주가 인기
베이스캠프
930 SE Oak St.
(503) 477-7479
월~수·일 12:00~22:00
목~토 11:00~다음날 2:00
basecampbrewingco.com
$$/ MAP p282-103

## The city itself may be one huge cafe?

"포틀랜드 자체가 하나의 카페라고 생각해요."

포틀랜드는 사람과 생활 그리고 도시가 매우 균형적으로 유지되고 있다. 먹고, 마시고, 친구와 이야기를 나누고, 운동하고, 이처럼 매일매일 일상적으로 하는 일을 포틀랜드라는 도시가 이어주고, 사람을 중심으로 도시를 형성하고 있기 때문에 무엇을 하든지 마음이 편하다. 도시 전체가 하나의 카페라고 할까, 사람들의 생활방식을 지속할 수 있는 요소를 모두 갖춘 느낌이 든다.

몇 가지 예를 들자면, SE 지구에 위치한 '코아바 커피'는 충격이었다. 인테리어 회사의 전시장 안에 자리를 잡고 있는데 상품을 팔 생각이 있는 건가 싶을 정도다. 하지만 커피를 마시러 온 사람들은 그대로 일하기도 한다. 다른 것과의 경계선이 애매하므로 다양한 사람을 수용하는 포용력을 느꼈고 무슨 일이든 일어날 것 같았다.

두 번째는 폐교를 호텔로 개장한 '케네디 스쿨 (Kennedy School)'이다. 호텔이므로 주로 포틀랜드 밖의 사람들이 머무르는 시설이다. 학교의 역사와 당시 학생들이 그린 그림이 걸려 있어 이 고장의 기풍을 소개하는 공간이 되었다. 지역 예술가의 작품도 전시하고 있으며 브루어리도 있다. 학교에서 맥주를 마실 수 있다니, 최고 아닌가!

세 번째는 지금은 포틀랜드의 아이콘이 된 에이스 호텔 옆에 있는 '클라이드 커먼'라는 식당이다. 이곳에서 다양한 영감을 얻는다. 레스토랑이라고 딱 잘라 말하기 힘든 용도에 따라 공간이 변하는 구민회관 같은 곳이다. 가게 중앙에 크고 긴 테이블이 있어 다른 손님들과 공간을 공유한다. 식사, 회의, 여유롭게 한잔 마시고 싶을 때 등 모든 욕구를 받아들인다. 무심코 바에서 테킬라를 지나치게 많이 마실 정도로 신이 난다. 'private'와 'public'의 사이를 이어주는 'common'이라는 개념이 공간으로 표현되다니 정말 멋지지 않은가? 커다란 유리창으로 지나가는 사람들을 바라보면 나 자신이 도시 풍경의 일부가 된다. 포틀랜드에서 '도시의 생각'이 느껴지는 건 'common'이라는 공간을 체험할 수 있는 장소가 많기 때문이다.

## TRUE PORTLAND
### COLUMN

— 원생림이 남겨진 '포레스트 공원(Forest Park)' 코스를 달리면 긴장이 풀리고 '자신다움'을 되찾을 수 있다.

— 커다란 창에 바짝 붙인 긴 테이블 배치가 눈에 띄는 '클라이드 커먼'. 천장이 높아 개방적인 분위기 속에서 편안한 시간을 공유하는 사람들

    뉴욕 브루클린에도 들릴 기회가 있었는데 포틀랜드와 확연히 대비된다. 효율보다도 장인적인 생활방식을 선호하고 대안적인 공간으로 넘친다. 리먼 쇼크 이후 특히 주목받는 두 도시지만, 인간미 면에서는 포틀랜드가 앞선다. 작위적인 느낌이 없다. 분명 이는 토지의 역사에 흐르는 기풍이라고 해야 할까, 각오 같은 것이다. 미국 북서부 끄트머리에서 서쪽으로 가면 바다라 확장할 토지도 없다. 이런 물리적인 한계가 '지금 상태를 더 좋게 만들자!'라는 창조성으로 이어진 것이 아니었을까?

    앞으로는 국가 간 경쟁이 아니라 도시 간 경쟁이 될 것이다. 도쿄는 파리나 런던 같은 메트로폴리탄 도시가 되었지만, 일본의 지방도시가 이를 목표로 하는 건 잘못된 선택이다. 도시의 개성을 발산시켜 이에 매혹된 사람들이 모인다면 발전성이 있을 것이다. 카페는 몇백 년 동안 형태를 바꿔가며 우리 생활에 바짝 다가왔다. 포틀랜드가 매력적인 건 도시 조성이 사람에게 다가왔기 때문이다. 내게 포틀랜드란 몇 번을 가더라도 많은 것을 배우고 싶은 도시다.

*profile*
**SHUJIRO KUSUMOTO** 슈지로 쿠스모토

1964년, 후쿠오카 출생. 와세다 대학 정치경제학부 졸업 후 리크루트 코스모스 입사. 93년 오마에 겐이치 사무소 입사, '헤이세이 유신을 위한 모임' 사무국장 취임. 이후 시부야 캣 스트리트 개발 등을 거쳐 2001년 카페 컴퍼니를 설립하여 대표이사사장 취임. 수도권을 중심으로 직영점 사업을 전개하는 한편, 지역 활성화 사업으로서 서비스 지역 운영 등 다양한 사업을 벌이고 있다. 지역 사회 창조를 주제로 상업시설을 연출하는 일에도 종사하고 있다.

# GET INSPIRED
## 감명 받기

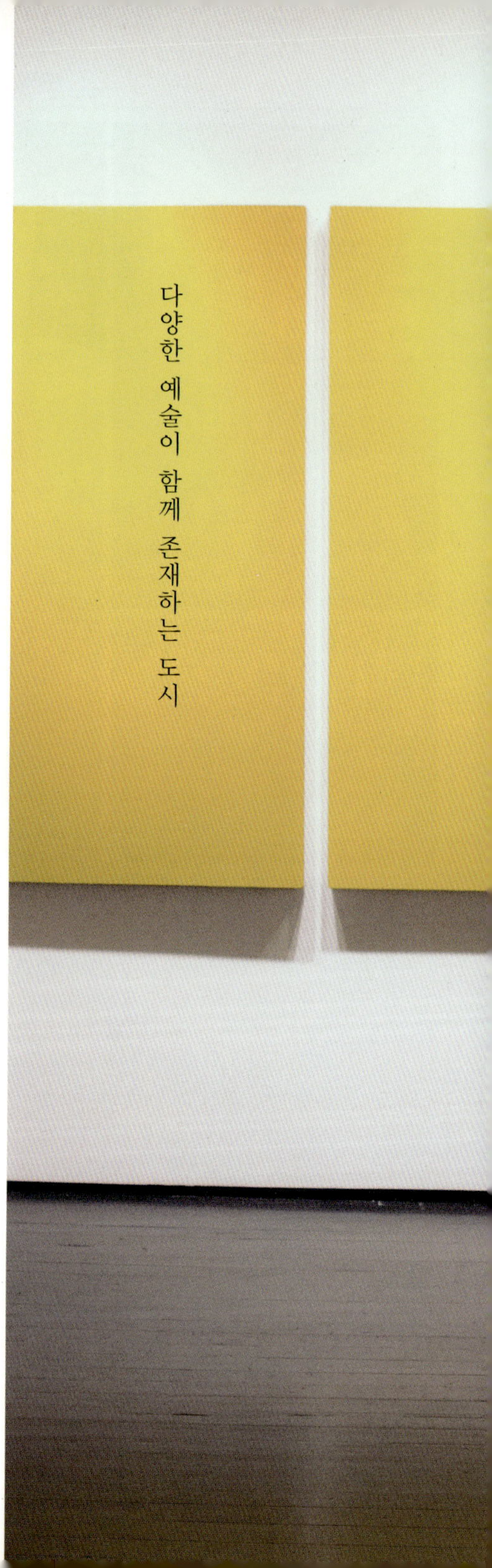

다양한 예술이 함께 존재하는 도시

포틀랜드에는 많은 예술가가 산다. 생활비가 저렴해서 작가 활동을 계속 하며 살 수 있기 때문이다. 겨우내 비가 자주 와서 집에서 작업하는 시기가 길다는 점도 영향을 주었을 것이다. 당연히 예술을 접할 기회도 무척 많다. 펄 지구의 갤러리를 개방하는 '퍼스트 새터데이(First Thursday)'와 이러한 펄 지구의 분위기가 너무 고양된 게 아니냐고 반발하는 사람들이 주축이 되어 북포틀랜드에서 시작한 앨버타 스트리트의 '라스트 써스데이(Last Thursday)', 그렇다면 우리도 해보자며 남동부에서도 시작한 '퍼스트 프라이데이(First Friday)' 등 예술은 정말 가까이에 존재한다. 커피숍의 벽조차 지역 작가의 작품을 전시, 판매하는 곳이 많다. 포틀랜드에 왔다면 항상 안테나를 세우자. 지금부터 소개할 갤러리와 미술관은 물론이고 어디서 뭘 하든 영감은 곳곳에 굴러다닐 테니까.

— Woods by Anne Appleby at PDX Contemporary Art

# Elizabeth Leach Gallery

## 예술과의 대화

　새하얗게 넓은 이 공간에 발을 들여놓은 순간, 살짝 등이 펴진다. 1981년에 문을 연 이곳은 미국 북서부와 온 세상의 뛰어난 작가들의 다양한 현대 작품을 다룬다. 다양한 아트 페어에도 참가해서 개인, 법인을 가리지 않고 중요한 작품을 제공했다. '지역 커뮤니티와 전 세계적 예술 사이의 활동적인 대화를 창조'하는 이 갤러리는 포틀랜드 예술계를 이끄는 갤러리 중 하나다. 꼭 한 번 들러서 긴장감 속에서도 느긋하게 시간을 들여 예술과의 대화를 즐겨보는 건 어떨까?

**information**
-
**Elizabeth Leach Gallery**
엘리자베스 리치 갤러리
417 NW 9th Ave.
(503) 224-0521
화~토 10:30~17:30
elizabethleach.com
MAP p.276-29

All artwork pictured by Ann Hamilton.

TRUE PORTLAND | GET INSPIRED

## GALLERY

GET INSPIRED

— 기둥이 특징인 넓고 기분 좋은 공간

TRUE PORTLAND | GET INSPIRED
## GALLERY

# PDX Contemporary Art

— 예술뿐만 아니라 건축도 즐길 수 있다.

## 온기가 느껴지는 개인적인 공간

작지만, 기분 좋은 공간인 PDX 컨템퍼러리 아트는 1996년 펄 지구에서 시작해서 2006년 현재 위치로 옮겼다. 갤러리 관장인 제인 비브는 '개념 미술적인 측면을 갖고 있으면서도 지성과 시각, 양쪽을 만족하게 하는 개인적인 예술' 전시를 앞으로도 계속 할 것이라고 한다. 덧붙이면 갤러리가 입주한 건물은 펄 지구에서도 가장 오래된 건물 중 하나다. 건축도 확인할만한 가치가 있다.

*information*

**PDX Contemporary Art**
PDX 컨템퍼러리 아트
925 NW Flanders St.
(503) 222-0063
화~토 11:00~18:00
pdxcontemporaryart.com
MAP p.276-29

# Disjecta Contemporary Art Center

앤디 워홀 재단이 보증하는
현대미술센터

볼링장을 수리해 만든 넓은 공간으로 포틀랜드 내외 예술가들의 전위적인 비주얼/퍼포먼스 예술의 설치미술을 중심으로 전시하는 아트센터다. 앤디 워홀 시각 예술 재단으로부터 조성금을 받은 큐레이터 인 레지던스(CIR) 프로그램에 주력한다. 현재 큐레이터는 뉴욕에 거점을 두고 있는 서머 구더리다. CIR을 통해 작가, 관객, 큐레이터가 서로 영감을 주고받아 새로운 예술작품과 협업을 탄생시키고 전파하는 것을 목표로 한다.

*information*
-
**Disjecta Contemporary Art Center**
디스젝터 컨템퍼러리 아트센터
8371 N Interstate Ave.
(503) 286-9449
금~일 12:00~17:00
www.disjecta.org
MAP p.278-1

GALLERY

# Yale Union

## 미완성의 장소에서 발신하는 현대 예술

언뜻 무슨 건물인지 알 수 없는 커다란 창이 늘어선 벽돌 건물의 정체는 현대 아트센터다. 원래는 많은 여성노동자가 근무했던 세탁소로 현재 등록 문화재로 지정되어 있다. 이곳의 디렉터 카트리스 냅은 음악 레이블 매리지 레코드(Marriage Records) 소유주로 전위적인 예술 전시 외에도 음악과 관련된 이벤트를 개최하므로 이 레이블 소속 아티스트를 좋아한다면 반드시 가보자. 일단 찾아가면 넓은 공간과 화이트 일색의 세계에 숨이 멎을 것이다. 장식이 하나도 없는 공간은 아직 수리 중이지만 갤러리 운영자들은 미완성의 장소에서도 새로운 문화는 발신할 수 있다는 신념을 갖고 있다.

*information*
-
**Yale Union**
예일 유니언
800 SE 10th Ave.
(503) 236-7996
목~일 12:00~18:00
yaleunion.org
MAP p.282-37

## GALLERY

## *Upfor*

### 펄 예술지구의 새 얼굴

2013년에 막 문을 연 업 포는 펄 지구에서는 지금껏 볼 수 없었던 매체예술 전문 갤러리다. 최장 2개월간 전시를 개최하여 설치미술, 미디어 퍼포먼스, 프레젠테이션 등이 이루어진다. 갤러리 관장 테오와 갤러리 매니저 히터는 매체예술에 정통하거나 그다지 익숙하지 않아도 많은 사람이 즐길 수 있는 개방적인 갤러리를 목표로 삼고 있다.

*information*

**Upfor**
업 포
929 NW Flanders St.
(503) 227-5111
화~토 11:00~18:00
www.upforgallery.com
MAP p.276-29

## *Nationale*

### 이스트사이드의 예술계를 지원하는 작은 가게

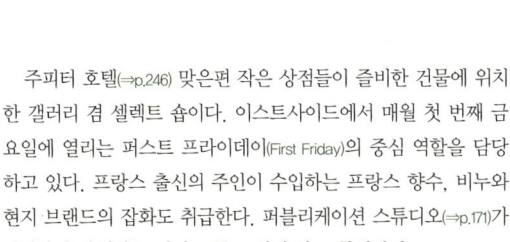

주피터 호텔(⇒p.246) 맞은편 작은 상점들이 즐비한 건물에 위치한 갤러리 겸 셀렉트 숍이다. 이스트사이드에서 매월 첫 번째 금요일에 열리는 퍼스트 프라이데이(First Friday)의 중심 역할을 담당하고 있다. 프랑스 출신의 주인이 수입하는 프랑스 향수, 비누와 현지 브랜드의 잡화도 취급한다. 퍼블리케이션 스튜디오(⇒p.171)가 전시마다 발행하는 전시 도록도 잊지 말고 확인하자.

*information*

**NATIONALE**
내셔널
811 E Burnside St.
(503) 477-9786
일~수 12:00~15:00
목~토 14:00~18:00
www.nationale.us
MAP p.282-3

TRUE PORTLAND | GET INSPIRED
## MUSEUM

## *Museum of Contemporary Craft*

하루하루의 생활을 아름답게 지금을 살아가는 공예를 추구한다

information
-
**Museum of Contemporary Craft**
현대공예 미술관
724 NW Davis St,
(503) 223-2654
화~토 11:00~18:00
museumofcontemporarycraft.org
MAP p.276-44

## MUSEUM

작가와 그 작품을 이해하는 사람들 사이를 맺어주는 것을 열심히 하며 갤러리에 들리는 사람이 작품에 능동적으로 관계할 수 있는 쌍방향 형 미술관이다. 1937년 문을 열 당시에는 도자기 중심 갤러리였으나 2007년 현대공예 미술관으로 새로 단장했다. 작품 컬렉션은 약 1,000여 점 이상으로 2층에는 일본인 도예가 하마다 쇼지의 작품도 진열되어 있으며 포틀랜드 근교 작가들의 신작 전시회도 적극적으로 개최한다. 입주 작가가 여는 워크숍도 인기다.

기성관념에 얽매이지 않는 전시 방법으로 새로운 자극을 주는 전시를 개최한다. 2013년 여름에 열었던 '볼(Bowl)' 전은 전시된 그릇을 가져갈 수도 있고 그릇과 당신의 생활을 SNS에 올리면 그것이 작품 일부가 되는 시도를 했었다.

이 미술관이 자리 잡은 데소토 빌딩은 미국 원주민 조각가 릭 바토를 필두로 하는 북서부와 해외 아티스트 전문 갤러리 아우겐과 프로엘릭, 사진과 비디오 전문인 블루 스카이 등의 갤러리도 함께 있어 창조성의 중심지가 되었다.

## Portland Art Museum

**방대한 소장 작품, 광대한 공간 유서 깊은 미술관**

미국에서 7번째로 오래된 대규모 종합미술관이다. 42,000점이 넘는 소장 작품은 미국 원주민이 남긴 5,000여 점 이상의 공예품 컬렉션을 시작으로 모네, 르누아르, 피카소 등의 유럽 조각과 회화, 일본의 우키요에, 근현대미술에 이르기까지 다양하다. 그리고 26,000점의 판화 작품을 모은 'Gilkey center for Graphic Arts'와 오리건과 미국 서부의 역사를 기록한 사진 컬렉션도 소장하고 있다. 포틀랜드 사람들에게는 빼놓을 수 없는 자전거 전시도 열었었다.

*information*
-
**Portland Art Museum**
포틀랜드 미술 미술관
1219 SW Park Ave.
화수·토 10:00〜17:00, 목금 10:00〜20:00, 일 12:00〜17:00
portlandartmuseum.org
MAP p.274-49

## Oregon Museum of Science and Industry

**방문한 후 다시 한 번 찾게 되는 박물관**

1944년 설립된 초대형 과학센터로 지역 주민에게는 OMSI(옴지)라는 이름으로 친숙하다. 직접 만지고 연구하고 질문할 수 있는 체험형 전시가 콘셉트다. 거대한 시설은 총 5층, 면적은 20,000㎡로 규모 면에서 전미 과학관 10위권에 든다. 전시 공간 5개, 과학실험실 8개, 대형 화면 영화관과 미국 북서부 최대 플라네타리움을 갖고 있다. 윌러밋 강변에는 영화 《붉은 10월》 촬영에도 사용했던 퇴역 잠수정 USS 블루백을 전시하고 있다. 여러 가지 투어도 개최하고 있어 아이들뿐만 아니라 어른도 온종일 즐길 수 있다.

*information*
-
**Oregon Museum of Science and Industrt**
오리건 과학 산업 박물관
1945 SE Water Ave.
(503) 797-4000
화~금·일 9:30〜17:30, 토 9:30〜21:00
www.omsi.edu
MAP p.282-44

TRUE PORTLAND / GET INSPIRED
# MUSEUM

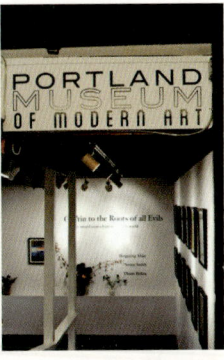

## 포틀랜드답게 어딘가 느슨한 MoMA

### information
**Portland Museum of Modern Art**
포틀랜드 현대미술관
5202 N Albina Ave.
월~금 12:00~19:00
portlandmuseumofmodernart.com
MAP p.278-11

MoMA라고 큰 글씨가 붙어 있어서 나름대로 마음의 준비를 하고 있었는데도 깜짝 놀랐다. 엄청나게 느슨하다. 물론 좋은 뜻이다. 알기 쉽게 말하자면 뉴욕의 MoMA에 대항하는 동네 갤러리다. 굳이 MoMA를 설명하자면 '서민층 나폴레옹'이나 '동양의 나폴리' 같은 수식어라고 생각하면 좋다. LP의 재발견과 믹스 테이프로 유명한 미시시피 레코드(⇒p.124) 지하에 있다. 지역 작가와 다양한 콘셉트의 전시를 상시 열고 있다. 규모는 작지만, 감각은 매우 뛰어나 즐겁게 관람할 수 있다.

## Stark's Vacuum Museum

### 청소기 디자인의 진화 과정을 찾아가자

'스타크스(Stark's)'라는 청소기 전문점의 병설 갤러리로 고풍스러운 청소기를 100여 대 이상 전시하고 있다. '퍽 이걸 박물관이라고 부르네.' 이런 생각을 당연히 하겠지만 옛날 청소기의 로고와 색상은 상당히 귀엽다. 다 둘러보았을 즈음에는 '사용하긴 불편하겠지만, 인테리어용으로는 괜찮겠는데?'라는 생각이 든다.

### information
**Stark's Vacuum Museum**
스타크스 청소기 박물관
107 NE Grand Ave.
(503) 232-4101
월~금 8:00~19:00
토 9:00~16:00
starks.com/vaccum-museum
MAP p.280-36

# Living Room Theaters

음식, 술, 영화를 한꺼번에 즐기고 싶다면 여기!

편하게 앉을 수 있는 넉넉한 좌석에서 영화를 보며 음식과 술을 즐길 수 있어 인기가 많은 도심의 영화관으로 국내외 독립영화를 상영한다. 미국 영화관 음식이라면 팝콘과 나초 밖에 떠오르지 않는데 이곳에서는 샐러드와 파니니, 그리고 초밥까지 제공하며 맛은 레스토랑으로 영업할 수 있을 정도의 수준이다. 금요일과 토요일은 함께 운영 중인 바에서 재즈밴드의 연주도 들을 수 있으며 이것도 인기 요인 중 하나다.

*information*

**Living Room Theaters**
리빙 룸 극장
341 SW 10th Ave.
(971) 222-2010
월~목 11:30~23:00, 금토 11:30~24:30, 일 11:30~23:30
pdx.livingroomtheaters.com
MAP p.274-12

TRUE PORTLAND | GET INSPIRED
## THEATER

# Portland Institute for Contemporary Art

퍼포먼스 예술의 실험적인 극장을
함께 운영하는 연구소

PICA는 1995년 아티스트 겸 큐레이터인 크리스티 에드먼드가 설립하여 지금은 국제적으로 인정받을 정도로 성장했다. 현대음악과 댄스 등 현대 작가의 창조성 탐색을 육성하여 새로운 예술에 새로운 아이디어를 촉진한다. 매년 9월에 2주 동안 열리는 Time-Based Art Festival(www.pica.org/tba)은 장르를 불문하고 여러 작품을 전시한다. 최첨단을 달리는 아티스트들의 정보는 자료실과 도서관에서 열람할 수 있다.

*information*
-
**Portland Institute for Contemporary Art**
포틀랜드 현대미술 연구소
415 SW 10th Ave.
(503) 242-1419
화~금 11:00~18:00
pica.org
**MAP p.274-14**

# McMenamins Bagdad Theater & Pub

호손 스트리트의 아이콘
아름다운 네온사인이 표식

*information*
-
**McMenamins Bagdad Theater & Pub**
맥미너민 바그다드 시어터 앤드 펍
3702 SE Hawthorne Blvd.
(503) 467-7521
월~목·일 11:00~24:00
금토 11:00~다음날 1:00
mcmenamins.com
**MAP p.282-79**

1927년 바그다드 극장이 문을 열자 엄청나게 뜨거운 반응이었다고 한다. 몇백 명이 영화관에 쇄도해 호손 스트리트가 사람으로 넘쳤다고 한다. 댄서가 춤을 추고 시장도 인사하러 들렀다. 영화관은 전대미문의 오락이었다. 다양한 사람들의 갖가지 추억이 담겨 있다. 이 영화관의 좋은 점은 상영 중에 피자와 수제 맥주를 즐길 수 있으며 추가 요금을 내면 발코니 좌석으로 옮길 수 있다는 것이다. 내부 장식은 왠지 모르게 덴마크 같다. 가끔은 영화 속 한 장면에 등장한 것 같은 기분이 들기도 한다.

# LIST

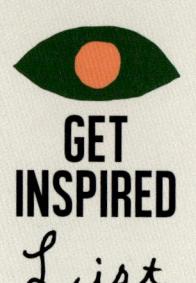

## GET INSPIRED List

### Rocksbox
섹슈얼하고 외설스러운 작품이 많으니 열람주의

락스박스
6540 N Interstate Ave./ (503) 516-4777
토일 12:00~17:00
rocksboxfineart.com
MAP p.278-7

### Land Gallery
매월 다른 아티스트의 작품을 전시, 엽서 등 관련 상품 판매점도 있다.

랜드 갤러리
3925 N Mississippi Ave./ (503) 451-0689
월~일 10:00~18:00
landpdx.com/ MAP p.278-17

### Hollywood Theatre
영화를 통해 지역 사회에 활기를 부여하며 지역 사회와의 연계가 임무라고 한다.

헐리우드 극장
4122 NE Sandy Blvd./ (503) 281-4215
작품마다 다름
hollywoodtheatre.org
MAP p.280-29

### Milepost5
표현하는 사람에게 헌신적인 갤러리 공간, 연극과 음악, 낭독회도 개최

마일포스트5
850 NE 81st Ave./ (503) 729-3223
수~토 12:00~18:00
milepost5.net

### Cinema 21
개인 소유 영화관으로 개성적인 작품을 즐길 수 있어 지역 주민에게 사랑받고 있다./ 영화관

시네마 21
616 NW 21st Ave./ (503) 223-4515
작품마다 다름
cinema21.com/ MAP p.276-19

### Augen Gallery
지역 인기 아티스트 트리쉬 그랜섬의 작품을 취급

오겐 갤러리
716 NW Davis St./ (503) 546-5056
화~토 10:30~17:30
augengallery.com
MAP p.276-44

### Grass Hut
키치한 괴수 피겨와 캐릭터라면 여기

그래스 헛
400 NW Couch St./ (503) 241-0227
월~일 11:00~19:00
grasshutcorp.com
MAP p.276-50

### Waterstone Gallery
15명의 아티스트를 데리고 있다

워터스톤 갤러리
424 NW 12th Ave./ (503) 226-6196
목~토 12:00~18:00, 일 12:00~16:00
waterstonegallery.com
MAP p.276-28

### Blackfish Gallery
1979년 설립된 오리건 예술 커뮤니티를 상징하는 갤러리

블랙피시 갤러리
420 NW 9th Ave./ (503) 224-2634
화~토 11:00~17:00
blackfish.com/ MAP p.276-30

### Blue Sky Gallery
1975년 5인의 젊은 사진가 모임이 세운 신인 발굴에도 열심인 곳

블루 스카이 갤러리
122 NW 8th Ave./ (503) 225-0210
화~토 12:00~17:00
blueskygallery.org
MAP p.276-44

### Bullseye Gallery
현대 유리 예술작품을 전시, 건축과 예술용 유리소재를 취급하는 회사가 운영한다.

불스아이 갤러리
300 NW 13th Ave./ (503) 227-0222
화~토 10:00~17:00
bullseyegallery.com
MAP p.276-32

### Butters Gallery
25년 이상 국제적으로 유명한 아티스트들의 작품을 전시해왔다.

버터스 갤러리
520 NW Davis St./ (503) 248-9378
화~금 10:00~17:30, 토 11:00~17:00
buttersgallery.com
MAP p.276-40

### Charles A. Hartman Fine Art
1996년 창립. 갤러리 관장의 심미안이 돋보이는 컬렉션

찰스 A. 하트먼 파인 아트
134 NW 8th Ave./ (503) 287-3886
수~토 10:30~17:30
hartmanfineart.net
MAP p.276-44

### Froelick Gallery
미국 서해안, 브루클린, 도쿄 등 여러 곳에 거주하는 아티스트들의 작품을 전시

프롤릭 갤러리
714 NW Davis Ave./ (503) 222-1142
화~토 10:30~17:30
froelickgallery.com
MAP p.276-44

### Laura Russo Gallery
1986년 설립, NW 지구의 아름다운 쇼 케이스 중 하나

로라 루소 갤러리
805 NW 21st Ave./ (503) 226-2754
화~금 11:00~17:30, 토 11:00~17:00
laurarusso.com
MAP p.276-14

### Lumber Room
현대 예술 컬렉터의 집이 갤러리 공간으로

럼버 룸
419 NW 9th Ave.
목~토 13:00~18:00
lumberroom.com
MAP p.276-30

### The White Box
오리건 대학 포틀랜드분교에 위치한 비주얼아트를 탐구하는 갤러리

화이트 박스
24 NW 1st Ave./ (503) 412-3689
화~토 12:00~18:00
whitebox.uoregon.edu
MAP p.276-51

### Breeze Block
신인 아티스트를 발굴해서 개인과 그룹전을 기획

브리즈 블록
323 NW 6th Ave./ (503) 318-6228
수~토 12:00~18:00
breezeblockgallery.com
MAP p.276-34

### Quintana Galleries
미국 원주민 예술을 취급

퀸타나 갤러리
124 NW 9th Ave./ (503) 223-1729
화~토 10:30~17:30
www.quintanagalleries.com
MAP p.276-43

TRUE PORTLAND | GET INSPIRED

# LIST

### BodyVox
드라마틱하고 예술 요소를 융합한 무용을 볼 수 있는 극장
바디 복스
1201 NW 17th Ave./ (503) 229-0627
작품마다 다름
www.bodyvox.com
MAP p.276-9

### Laurelhurst Theater
1923년에 개설. 아르데코양식의 내부 장식이 특징이며 입장료는 $4/ 영화관
로렐허스트 극장
2735 E Burnside St./ (503) 232-5511
작품마다 다름
www.laurelhursttheater.com
MAP p.282-56

### Academy Theater
생일파티와 자작 영화 상영을 위해 대여 가능하다./ 영화관
아카데미 극장
7817 SE Stark St./ (503) 252-0500
월~금 15:30~23:00, 토일 12:00~23:00
academytheaterpdx.com

### Douglas F. Cooley Memorial Art Gallery
Reed College 안에 있으며 지난 100년간의 소비에트 사회주의 공화국 연방의 작품과 역사 등을 전시
더글라스 F. 쿨리 메모리얼 아트 갤러리
3203 SE Woodstock Blvd.
화~일 12:00~17:00/ reed.edu/gallery

### Gallery at the Jupiter
호텔 로비 한쪽을 작품 갤러리로 개방해 예술계를 성원한다.
갤러리 앳 더 주피터
800 E Burnside St./ (503) 230-9200
호텔 투숙객은 언제든지 방문 가능
galleryatthejupiter.ocm
MAP p.282-5

### Kidd's Toy Museum
개인 소유인 클래식한 장난감 박물관으로 최대 규모를 자랑한다.
키즈 토이 박물관
1301 SE Grande Ave./ (503) 233-7807
월~금 8:00~17:30
www.kiddstoymuseum.com
MAP p.282-27

### Gallery Homeland
포틀랜드 안팎의 아티스트 소개에 적극적이다.
갤러리 홈랜드
2505 SE 11th Ave.
금~월 12:00~18:00
galleryhomeland.org
MAP p.282-48

### Do Jump! Extremely Physical Theater
자극으로 넘치는 곡예적인 연기와 춤을 볼 수 있는 극장
두 점프! 익스트림리 피지컬 시어터
1515 SE 37th Ave./ (503) 231-1232
작품마다 다름/ dojump.org
MAP p.282-78

### Newspace Center for Photography
스튜디오와 디지털 처리 설비를 갖춰 교육에도 힘쓰는 사진 갤러리
뉴스페이스 센터 포 포토그래피
1632 SE 10th Ave./ (503) 963-1935
월~목 10:00~23:00, 금~일 10:00~18:00
newspacephoto.ort/ MAP p.282-43

### Adams and Ollman
한 장르만 고집하지 않고 신선한 국내외 아티스트를 소개하는 갤러리
애덤스 앤드 올먼
811 E Burnside St./ (503) 724-0684
수~일 11:00~17:00
adamsandollman.com
MAP p.282-3

### One Grand Gallery
시대를 여는 젊은 재능과 수집자를 이어주는 예술과 디자인을 취급
원 그랜드 갤러리
1000 SE Burnside St./ (212) 365-4945
수~일 11:00~18:00
onegrandgallery.com/ MAP p.282-6

### Oregon History Museum
오리건 주의 역사를 접하거나 현대 미술과 만나 공부할 수 있는 박물관
오리건 역사 박물관
1200 SW Park Ave./ (503) 222-1741
월~토 10:00~17:00, 일 12:00~17:00
ohs.org
MAP p.274-50

### World Forestry Center Discovery Museum
삼림과 관련된 체험 형 박물관
월드 포레스트리 센터 디스커버리 박물관
4033 SW Canyon Rd./ (503) 228-1367 /
월~금 10:00~17:00
worldforestry.org/ MAP 지역 밖

### Fourteen30 Contemporary
영상작품부터 조각 작품까지 광범위하게 취급 하는 현대 예술 갤러리
포틴 30 컨템포러리
1501 SW Market St./ (503) 236-1430
토일 11:00~17:00
fourteen30.com
MAP p.274-6

### Northwest Film Center
7월과 8월 매주 수요일 열리는 옥상 상영회가 인기
노스웨스트 필름 센터
1219 SW Park Ave./ (503) 221-1156
월~금 9:00~17:00
nwfilm.org
MAP p.274-49

### Place
Pioneer Place 쇼핑몰 3층에 위치. 쇼핑할 겸 가볍게 들리는 전시 공간
플레이스
700 SW 5th Ave.
목~토 12:00~18:00
placepdx.com/ MAP p.274-40

### Hellion Gallery
포틀랜드와 도쿄의 예술계를 이어주는 가교 같은 존재
헬리온 갤러리
19 NW 5th Ave, suite 204/ (503) 851-6163
화~금 12:00~18:00, 토 12:00~17:00
www.helliongallery.com
MAP p.276-49

## INTERVIEW

### Interview no.04

# JASON STURGILL

*Get Inspired*

> "주민 각자가 지역 사회에서 착한 일을 하는 문화,
> 그 자체가 포틀랜드를 이토록 친 예술가적인 도시로
> 만드는 데 일조하지 않았을까?"

*Get Inspired*

**Q1 태어난 곳은 어디인가? 왜 포틀랜드로 왔나?**

포틀랜드 북쪽에 위치한 워싱턴 주의 작은 마을에서 나고 자랐다. 포틀랜드에는 종종 스케이트를 타러 오거나 콘서트를 보러 왔었다. 그래서 부모님으로부터 독립할 때 이곳으로 왔다.

**Q2 어디에서 영감을 얻는가?**

Everywhere! 어떤 순간에도 영감은 넘치고 있으므로 항상 안테나를 바짝 세우고 다닌다. 아무도 모르는 일이 잔뜩 있는데 그중에는 우리 인생을 변화시킬 정도의 힘을 숨기고 있는 것도 있다. 아무튼, 무엇이든 적어도 힌트가 될 만한 영감으로 가득하다고 생각한다.

**Q4 무엇이 포틀랜드를 이토록 친 예술가적인 도시로 만들었다고 생각하는가?**

주민 각자가 지역 사회에서 착한 일을 하는 문화 그 자체가 아닐까. 전업 작가 활동을 하며 살아가기에 적합한 저렴한 생활비도 물론 영향이 크지만.

**Q5 11명의 작가가 포틀랜드 미술관 전시품에서 영감을 얻어 디자인을 고안하고 미술관 입장객이 즉석에서 마음에 드는 디자인을 문신으로 새기는 행사를 했던 ≪아트 이즈 포에버≫ 전은 어떤 경위로 기획했는가?**

그 프로젝트는 '미술관에서 뭔가 해보지 않을래?'라는 말을 듣자마자 떠올랐다. 문신은 평생 남는 것이니 아무래도 미술관이라는 특수한 장소에서 새기는 일을 통해 새로운 대화가 생겨날 것으로 생각했다. 그런 식으로 예술이란 무엇인지, 어디까지가 예술인지를 묻고 예술의 경계선을 더 확장하고 싶다.

**Q6 포틀랜드의 좋은 점? 나쁜 점?**

포틀랜드의 좋은 점은 나쁜 점이기도 하다. 멋지고 재밌는 일이 동시에 너무 많이 일어난다! 가고 싶은 곳이 너무 많아서 일하기 힘들다!

**Q7 영감을 얻기에 좋은 장소를 추천한다면?**

주말마다 아내와 함께 다양한 부동산을 돌아다니는데 부동산도 영감의 원천이다. 그리고 앤티크 쇼핑도 좋다. 이 도시에는 정말 많은 앤티크 숍이 있다. 최근에는 그랜드 마켓플레이스(Grand Marketplace)라는 앤티크 쇼핑몰이 문을 열었다. 매년 12월에는 지역 예술가의 작품을 모은 '크래프티 원더랜드(Crafty Wonderland)'와 '포틀랜드 바자(Portland Bazzar)'라는 쇼핑 이벤트가 열리는데 이것도 추천한다.

**Q8 앞으로의 활동 계획은?**

현대공예 미술관의 입주 작가 프로그램을 막 끝낸 참이라 그곳에서 했었던 석판인쇄에 빠져있다. 2014년은 일러스트레이션 경연(the Illustration Conference)에 참가할 예정이다.

*profile*

**JASON STURGILL** 제이슨 스터길
Wieden+Kennedy, NIKE, Leica, Dark Horse Comics, MODERNISTA 등의 기업과 일한 포틀랜드 거주 일러스트레이터, 디자이너, 교육자.

# First Thursday and Last Thursday

## 포틀랜드 예술계를 즐기고 싶다면

포틀랜드는 예술가와 예술을 사랑하는 사람들로 넘쳐 각양각색의 예술을 접할 수 있는 장소가 상당히 많다. 만약 당신이 예술과 예술을 사랑하는 사람을 만나고 싶다면 퍼스트 써스데이(First Thursday)나 라스트 써스데이(Last Thursday)로 발길을 돌려보자. 매월 이 두 가지 이벤트에서는 누구라도 예술을 즐기도록 여러 갤러리에서 최신 전시 개막에 맞춰 무료로 개방한다. 사회적 행사로 주민들 사이에 정착했기 때문에 양질의 예술을 접할 수 있을 뿐만 아니라 다양한 지역 사회의 사람들과 만날 수 있는 절호의 기회가 될 것이다.

### First Thursday

NW의 올드 타운/차이나타운, 펄 지구에서 매달 첫 번째 목요일에 열리는 예술 이벤트다. 크게 나누면 2가지 타입의 갤러리가 있는데 하나는 순수 미술 중심의 갤러리(관객 연령층은 약간 높은 편)이고 다른 하나는 젊은 예술가의 작품과 거리 예술이 중심인 갤러리다. 다양한 종류의 갤러리가 이벤트에 참가하므로 포틀랜드의 서로 다른 문화와 스타일을 만날 수 있다는 이점이 있다. 몇 군데 갤러리를 돌다 보면 분명 흥미를 자극하는 곳을 발견할 것이다. 고급 지역인 펄 지구에는 정통파 갤러리가 많고, NW 브로드웨이를 사이에 두고 이웃하는 올드 타운/차이나타운에는 대안적인 예술을 다루는 갤러리가 많다. 번사이드 스트리트부터 데이비스 스트리트에 걸친 구역, 특히 5th 애비뉴 주위에 갤러리가 포진되어 있다. 에버렛 스테이션 로프트를 필두로 로프트와 갤러리가 한데 어우러진 공간에는 다양한 작가가 거주하며 창작활동에 힘쓰고 있다.

### Last Thursday

그달의 마지막 목요일, NW 앨버타 스트리트를 따라 15th 애비뉴에서 33rd 애비뉴 사이에서 개최되는 아트 페어다. 앨버타는 갤러리와 바, 카페 벽을 이용해 작품을 전시하는 복합적인 공간으로 넘쳐난다. 하지만 라스트 써스데이(Last Thursday)가 퍼스트 써스데이(First Thursday)와 다른 점은 노면에 즐비한 비공식 화가들의 존재다. 길거리 음식을 파는 사람도 있고, 핸드메이드 옷, 예술 작품 등을 판매하는 사람도 있다. 또한, 수많은 길거리 예술가와 행위예술가도 참가하는 거리 축제라 방문자들은 퍼포먼스를 통해서 회화와는 또 다른 형태로 자신을 표현하는 예술을 즐길 수 있다. 라스트 써스데이(Last Thursday)가 가장 활발하게 열리는 여름에는 파이어 댄서와 톨 오토바이를 탄 무리, 스케이트를 타는 피에로도 종종 눈에 띈다. 예술 감상이 메인 이벤트지만 사교의 장으로 생각하고 찾는 사람도 많다.

First Thursday
www.firstthursdayportland.com

Last Thursday
www.lastthursdayonalberta.com

*profile*

오리건 주 포틀랜드 태생. 현재는 한국 서울에서 건축가로서 활동하고 있으며 개인적으로 산과 도쿄를 오가고 있다.

# LISTEN
듣기

포틀랜드와 음악

포틀랜드에서는 매일 어디선가 공연이 열린다. $10에서 $20 정도의 저렴한 가격으로 지금 화제인 밴드의 공연을 볼 수 있다. 바에서 이루어지는 지역 밴드와 디제잉은 무료 공연도 많다. 포틀랜드와 가까운 올림피아에서는 Kill Rock Stars와 K Records, 시애틀의 Sub Pop 등의 레이블이 시작된 90년대 이후, 올림피아보다 도시 규모는 크고 시애틀보다는 생활비가 저렴하다는 이유로 포틀랜드로 많은 뮤지션이 옮겨왔다. 엘리엇 스미스와 전 페이브먼트(Pavement)의 스티븐 말크머스, 재키 오 마더퍼커(Jackie-O Motherfucker)를 비롯한 싱어송라이터 계열과 인디 록 밴드의 이미지가 강한 포틀랜드. 이후에는 신즈(The Shins)와 메노메나(Menomena), 최근에는 언노운 모탈 오케스트라(Unknown Mortal Orchestra)와 블라우스(Blouse), 그루퍼(Grouper), 크로마틱(Chromatics) 등의 뮤지션을 통해 포틀랜드의 이름을 접할 기회가 늘어났다. 지역 뮤지션 외에도 투어 중 LA와 시애틀의 중계 지점으로써 포틀랜드에서 공연하는 국내외 밴드도 많다. 소비세가 없는 포틀랜드에서는 음반 쇼핑도 추천한다. 세계적으로도 유명한 미시시피 레코드를 비롯한 인디 레코드점이 있고 카세트테이프를 취급하는 가게도 많다. 골동품 가게에서도 가구와 뒤섞인 채, 레코드와 카세트테이프를 팔고 있는 모습이 자주 눈에 들어온다. 낮에는 지역별로 음반 쇼핑을 하고 밤에는 인기 밴드, 혹은 아직 뜨지 않은 밴드를 발견하러 클럽에 가는 것도 재미있을 것이다.

— 국내에서는 사기 힘든 카세트테이프는 음악 마니아 친구를 위한 선물로 안성맞춤이다.

— 안쪽에는 빈티지 오디오 기기를 진열하고 있고 더 들어가면 PMoMA로 이어지는 계단이 있다.

LISTEN

RECORDS

# *Mississippi Records*

### 세계적으로 유명한 돈벌이보다는 고객과의 관계를 중요시하는 레코드 가게

'Always, Love Over Gold'가 좌우명인 레코드 가게 겸 레이블이다. 레코드와 카세트, 빈티지 오디오 기기의 수리와 판매도 하고 있는데 CD는 일절 취급하지 않는다는 점에서 그들의 고집이 느껴진다. 레이블은 가스펠과 변방 음악, 희귀 앨범 재발매 등을 통해 유명해졌으며 이곳에서만 구할 수 있는 믹스테이프도 판매한다. 좁은 가게 안에는 턴테이블 앞에 의자를 비치한 청취 코너를 마련해서 그 자리에서 음반을 미리 들어볼 수 있다. 지하 계단을 내려가면 포틀랜드 현대미술관(⇒p.115), 그리고 가게 바로 곁에는 스위디(⇒p.71)가 있으니 함께 돌아보길 추천한다!

— 의자가 있어 편히 앉아서 LP를 마음껏 여유롭게 들을 수 있다.

*information*

**Mississippi Records**
미시시피 레코드
5202 N Albina Ave.
(503) 282-2940
월~일 12:00~19:00

MAP p.278-11

## Music Millennium

광범위한 고객층이 지지하는 전통 있는 가게
인디 레코드 가게

인디 레코드 가게로서는 미국 내에서도 최대 규모다. 1969년 문을 연 뮤직 밀레니엄은 북서부에서는 가장 오래된 레코드 가게다. 적어도 2주마다 가게에서 공연을 개최하며 가게 안에는 공연한 아티스트의 사인도 걸려있다. 2013년에 문을 닫은 클래식 전문관에서 가져온 클래식 작품을 비롯해 월드 뮤직, 최신 인디 음악까지 풍부하게 갖추고 있다. 그래서인지 다른 레코드 가게보다는 고객층이 넓은 것처럼 느껴진다.

*information*
-
Music Millennium
뮤직 밀레니엄
3158 E Burnside St.
(503) 231-8926
월~토 10:00~22:00, 일 11:00~21:00
www.musicmillennium.com
MAP p.282-62

## Jackpot Records

인디계열 음악이 강세

1997년 문을 연 잭팟 레코드는 도심과 호손 두 곳에 가게가 있다. 레코드 매입은 물론이고 교환도 가능하다. 새 상품은 빨간색 상자에 담겨 있으며 가격은 대략 $13.99~17.99이다. 중고는 파란색 상자에 들어 있고 가격은 $5.99~9.99 정도다. 다른 레코드 가게보다는 중고 가격은 조금 비싸다.

*information*
-
Jackpot Records
잭팟 레코드
3574 SE Hawthorne Blvd./ (503) 239-7561
월~목 10:00~19:00, 금토 10:00~20:00, 일 11:00~18:00
www.jackpotrecords.com
MAP p.282-77

## Crossroads Music

### 마치 날마다 레코드 기획전 같은 상품 진열

크로스로드 뮤직에는 한 점포 안에 40개의 판매자가 공존한다. 이렇게 말하면 레코드 페어 같은 행사를 떠올리겠지만, 사실은 위탁판매를 하기 때문이다. 선반별로 판매자가 분류되어 있다. 가게에 들어오면 우선 눈길이 가는 벽과 천장 전체에 붙어 있는 공연 포스터를 파는 판매자도 있고 앨범 재킷 없이 헐벗은 음반만 파는 판매자도 있다. 중고 LP와 CD는 물론이고 4트랙이나 8트랙을 파는 판매자도 있다. 다른 레코드 가게와 달리 장르별로 분류된 것이 아니라서 몇 시간 있어도 가게 전체의 상품을 파악하기 어렵다.

*information*

**Crossroads Music**
크로스로드 뮤직
3130 SE Hawthorne Blvd.
(503) 232-1767
월~목 11:00~18:00, 금토 11:00~19:00, 일 12:00~18:00
www.xro.com
MAP p.282-74

## Everyday Music

### 연중무휴로 음악과 함께

도심과 노스이스트 두 곳에 가게가 있는 에브리데이 뮤직은 이름대로 아침 9시부터 밤 11시까지 연중무휴로 문을 연다. 번사이드 스트리트에 위치한 도심 지점은 왼쪽은 LP 전문, 오른쪽은 CD 전문으로 나뉜다. 오직 LP만 50센트라는 저렴한 가격으로 염가 판매하는 코너도 있으며 5장을 사면 1장은 무료다. 가게에 붙어 있는 다양한 시대의 홍보용 포스터를 구경하는 것만으로도 즐겁다.

*information*

**Everyday Music**
에브리데이 뮤직
1313 W Burnside St./ (503) 274-0961
월~일 9:00~23:00
www.everydaymusic.com
MAP p.276-47

TRUE PORTLAND / LISTEN

# LABEL

## Tender Loving Empire

### 포틀랜드 밴드계의 견인 역할

*information*
**Tender Loving Empire**
텐더 러빙 엠파이어
412 SW 10th Ave.
(503) 243-5859
www.tenderlovingempire.com
월~일 11:00~18:00
MAP p.274-15

Jared Mees & The Grown Children의 리더가 주인인 이곳은 Typhoon과 Radiation City, Brainstorm 등 포틀랜드 밖에서도 인기를 얻기 시작한 많은 밴드를 거느리고 있는 레코드 레이블이다. 그리고 그들은 지역 예술가의 수공예 작품과 액세서리 등의 잡화를 취급하는 가게도 운영하고 있다. 지금까지 6장이 발매된 지역 밴드들의 음악을 모은 2장짜리 컴필레이션 앨범 《Friends and Friends of Friends》는 방금 말한 잡화점에서도 살 수 있다. 이 앨범은 이곳 외에 다른 밴드의 음악도 담고 있어서 이것만 들어도 포틀랜드 최신 인디 밴드를 대부분 파악할 수 있다. 가격은 $15!

### Gnar Tapes
www.gnartapes.com

DJ Free Weed와 The Memories의 Rikki의 Lo-fi 사이키델릭한 카세트테이프 레이블. 지역 아티스트뿐만 아니라 R. Steevie Moore의 앨범을 내기도 했다!

### Eggy Records
eggyrecords.blogspot.jp

카세트테이프만 발매하는 DIY 레이블로 배급도 한다. Mattress와 The Woolen Men 등의 지역 밴드, 그리고 Orca Team의 앨범을 발매하여 유명해졌다.

## LABEL

### Marriage Records
www.marriagerecs.com

Thanksgiving이라는 솔로 프로젝트로 잘 알려진 Adrian Orange와 Curtis Knapp의 레코드 레이블이다. 지금까지 Dirty Projectors나 tUnE-yArDs를 배출한 양질의 레이블로 로컬밴드 Parenthetical Girls와 White Fang 등의 앨범도 여기서 나왔다. Marriage를 좋아한다면 Dirty Projectors를 비롯한 이 레이블 소속 밴드 대부분이 녹음한 아트센터 Yale Union(⇒p.110)도 반드시 들러보자.

### Ecstasy
theecstasyblog.blogspot.jp

포틀랜드에서 가장 중요한 하우스 음악 트리오 미라클 클럽(The Miracles Club)의 라파엘이 운영하는 댄스음악 레이블이다. 레이블 이름과 똑같은 엑스터시라는 파티도 정기적으로 Holocene(⇒p.132)에서 개최하니 포틀랜드에 머무르는 동안 일정이 맞으면 꼭 가볼 것!

### Dropping Gems
www.droppinggems.com

Natasha Kmeto와 Devonwho 등 포틀랜드를 중심으로 서해안의 비트메이커를 데리고 있는 베이스/비트 계열 레이블이다. 최근 낸 앨범 가운데 추천하는 건 Philip Grass와 Rap Class이며 Bandcamp에서는 과거에 냈던 앨범을 전곡 들어볼 수 있다.

### Fresh Selects
www.freshselects.net

비트/힙합 계열에 정통한 음악 블로그에서 출발하여 2013년부터 레이블을 시작했다. 지금까지 블로그에서 공개한 프로젝트를 카세트테이프로 계속 낼 예정이다. 제1탄은 Mndsgn의 비트 테이프!

## BAND

### WL

wellwell.bandcamp.com

Blouse의 전 멤버 Misty Mary, 디트로이트 출신인 Michael Yun, Stevie Sparks로 구성된 3인조 밴드. 밴드명은 Well이라고 읽는다. My Bloody Valentine과 Slowdive 등의 영향을 받았을 것 같은 슈게이즈 사운드로 인기를 끌고 있다.

### The Woolen Man

woolenmen.bandcamp.com

카세트테이프 레이블 Eggy Records도 운영하는 Rafael Spielman이 이끄는 3인조 밴드. 90년대 개러지 펑크와 파워 팝을 방불케 하는 사운드로 2013년 봄에는 동명 타이틀로 데뷔 LP를 Woodist에서 냈다.

Megan Holmes

### Magic Mouth

magicmouth.bandcamp.com

2011년에 결성한 4인조 밴드. 스트레이트한 록 베이스에 디스코와 펑크(Funk), 게다가 인디 팝적인 요소도 첨가한 사운드를 들려준다.

### Shy Girls

shygirlsmusic.com

집에서 작업하는 Dan Vidmar의 R&B 프로젝트. 포틀랜드 음악계에 있을 법한 데 없었던 슬로우 잼, 그것도 The Weekend와는 달리 직접 트랙을 프로듀싱하는 Shy Girls의 미래가 기대된다. 6인조로 편성된 밴드가 들려주는 뛰어난 라이브 실력이 인기 비결이다.

Martin Van Londen

### NATASHA KMETO

www.natashakmeto.com

Dropping Gems 소속 여성 비트메이커/싱어로 인더스트리얼한 분위기의 트랩 튠이 특기다. Ninja Tune의 일렉트로닉 듀오 Letherette와도 함께 작업하는 등 포틀랜드 밖에서도 주목받고 있다.

Cara Robbins

### AAN

www.weareaan.com

4인조 익스페리멘탈 팝 밴드. 2013년에는 The Smashing Pumpkins와 투어를 돌았고 라이브 공연에서도 매번 안정적인 사운드를 들려주는 실력파다. 킥스타터(Kickstarter)로 데뷔 앨범 발매를 위해 투자자를 모집해 목표 금액을 달성했고 2014년 2월에는 앨범 《Amor Ad Nauseum》을 발매했다.

# Going to a Show
## 포틀랜드에서 공연 즐기기

### 가고 싶은 공연을 찾자!

포틀랜드 음악계에 흥미가 있어 포틀랜드행을 결정했다면 일단 이 책에 실린 공연장의 웹사이트에서 일정을 확인하자! 그 외에 추천하는 방법은 지역 무가지(Willamette Week와 Portland Mercury) 사이트의 음악 코너에 있는 이벤트 달력이다. 물론 현지에 도착해서 전혀 사전 정보 없이 아티스트를 보러 가는 방법도 있다. 닥치는 대로 보다 보면 새로운 밴드를 발굴할 수 있다는 점도 재미 중 하나다.

### 티켓 구매

혹시 보고 싶은 아티스트를 찾았다면 티켓을 사자. 매진되지 않는 공연도 많으니 그다지 조바심낼 필요는 없지만 모처럼 가는 거니까 인터넷으로 티켓을 미리 사두는 편이 좋다. 공연장 사이트에서 Buy Ticket 부분을 클릭한다. 가령 홀로신(Holocene)이라면 Strangertickets, Doug Fir나 원더 볼룸(Wonder Ballroom)이라면 Ticketfly라는 식으로 서로 다른 티켓 판매 사이트로 연결된다. 사고 싶은 티켓 매수를 입력하고 배송 방법(Delivery Method)을 선택하는 칸에는 프린트할지, 혹은 휴대폰 화면으로 보여줄지, Will Call로 할지를 고를 수 있다. Will Call을 선택하면 공연장에 있는 매표소에서 티켓을 받을 수 있으니 편한 방법을 선택하자.

포틀랜드에 도착해서 티켓을 구매할 경우에는 레코드 가게에서 티켓을 판매하기도 하고 공연장에서 직접 구매할 수도 있다. 이 경우 낮에는 문을 열지 않으니 영업 시간을 미리 알아두고 간다. 덧붙이자면 공연장마다 정기 이벤트나 혹은 지명도가 낮은 지역 밴드의 공연 같은 경우 사전 판매를 하지 않으니 클럽에 간다고 생각하고 신분증만 잘 챙겨가면 문제없다!

### 공연 당일!

웬만한 인기 아티스트의 공연을 제외하면 만원인 경우는 드무니까 공연장에 너무 일찍 도착했을 때 관객이 없어도 걱정할 필요는 없다. 입구에서 신분증을 보여주고 티켓을 내거나 혹은 그 자리에서 입장료를 내면 대개 도장을 찍어준다. 지시에 따라 손등, 혹은 손목 안쪽에 도장을 받자. 보관함 같은 건 없으니 북적댈 것 같은 공연은 큰 짐은 숙소에 두고 가자. 커다란 망원경을 들고 간다면 크리스털 볼룸(Crystal Ballroom)이나 원더 볼룸 같은 곳에서는 저지당하는 일도 있으니 주의하자. 혼자 가더라도 열심히 말을 걸어보면 뜻밖에 쉽게 친해질 만한 사람을 금방 찾을 수 있을 것이다. 다만 작업을 건다고 오해하거나 동양인 남자를 게이라고 생각하는 미국인도 적지 않으니 제대로 살피고 말을 걸자. 밤에 외출할 때 꼭 기억할 것은 어떤 이벤트 공간이나 바에서도 새벽 2시부터는 알코올류 판매가 금지라는 점이다. 아침까지 술을 마실 수 있는 곳은 없으니 이 점은 머릿속에 확실히 넣어두고 행동하자. 그리고 아무리 누구라도 환영하는 상냥한 포틀랜드라도 바에서 취해서 잠들면 바로 쫓겨나니 과음도 조심할 것!

*profile*

**MANA MORIMOTO** 미나 모리모토
1987년 출생. 아티스트. 포틀랜드 거주 경험 있음. 언더그라운드 음악계와 관계하고 있으며, 자수와 사진을 융합한 작품을 발표하고 있다. 이 책에서는 현지 취재, 집필, 디자인을 담당했다.
manamorimoto.tumblr.com

## VENUE

## Mississippi Studios

따뜻한 분위기로
어쿠스틱 공연부터
댄스까지 즐길 수 있다

공연장 전에는 녹음실이었고 그 전에는 개신교 교회였다는 이곳은 특히 음향 아티스트와 어쿠스틱 공연이 잘 어울린다. 무대를 내려다볼 수 있는 발코니는 어떤 공연이라도 출입이 자유롭다. 함께 운영 중인 바바(Barbar)라는 이름의 바는 런치, 해피아워 영업도 하고 테라스도 있어서 밖에서도 마실 수 있다. 가장 꼭대기 층에는 최대 7명까지 잘 수 있는 부엌이 달린 아파트를 1박 $150에 에어비앤비(Airbnb)에서 빌릴 수 있으니 보고 싶은 공연에 맞춰 방을 빌리는 것도 즐거울 것 같다(⇒p.254).

*information*
-
**Mississippi Studios**
미시시피 스튜디오
3939 N Mississippi Ave.
(503) 288-3895
바는 월~금 12:00~다음날 2:00
www.mississippistudios.com
MAP p.278-17

## Holocene

인디 록이 넘쳐나는 도시지만
댄스 음악도 강세

공연장이라기보다는 클럽에 가까운 홀로신. 물론 밴드가 연주하는 경우도 있지만, 댄스 쪽 이벤트가 많은 것이 특징이다. 90년대 음악이 중심인 'SNAP! 90's Dance Party', 360Vinyl 주인이 주관하는 힙합과 소울, 디스코 중심의 'Rockbox', 소울과 R&B 등 슬로우 잼의 'I've got a Hole in My Soul'과 게이 파티(물론 이성애자도 환영)인 'Gaycation!', 그리고 'Laid Out' 등 정규 파티는 $3~5의 양심적인 가격이다. 이 외에도 정기적으로 개최하는 이벤트 가운데 하나로 영화에 맞춰 지역 밴드가 라이브로 영화 음악을 연주하는 'Fin de Cinema'가 있으며 이는 영화애호가와 음악애호가 모두 즐거운 이벤트다. 마지막으로 잊지 말아야 할 것이 홀로신 맞은편의 새시즈(Sassy's)라는 스트립 클럽이다. 포틀랜드 힙스터 사이에서는 공연 틈틈이 그리고 공연이 끝난 뒤에 새시즈로 2차를 가는 것이 정석이라고 한다.

*information*
**Holocene**
홀로신
1001 SE Morrison St.
(503) 239-7639
수목 20:30~다음날 2:30
금 17:00~24:00
토 20:30~다음날 2:30
www.holocene.org
MAP p.282-34

## VENUE

information
-
**Bunk Bar**
벙크 바
1028 SE Water Ave.
(501) 894-9708
일~목 11:00~24:00
금토 11:00~다음날 1:00
www.bunkbar.com
MAP p.282-25

information
-
**Doug Fir Lounge**
더그 퍼 라운지
830 E Burnside St.
(503) 231-9663
www.dougfirlounge.com
월~일 7:00~다음날 2:30
MAP p.282-5

### *Bunk Bar*
### 음악과 함께 샌드위치를 즐긴다

샌드위치로 유명한 벙크 바에서도 라이브 공연을 개최한다. 주인이 음악 마니아라 공연장보다 이곳을 선호하는 인디 록 팬도 늘어난 것 같다. 지역 밴드는 대부분 $3 또는 $5, 포틀랜드 외부 아티스트 공연은 아무리 비싸도 $15면 입장할 수 있다. 물론 샌드위치는 다른 바의 음식과는 차원이 다른 '안심하고 먹을 수 있을 만큼 맛있음'을 자랑한다.

### *Doug Fir Lounge*
### 포틀랜드 제일의 음향

주피터 호텔에 있는 이곳은 지상은 테라스가 있는 '바 & 다이닝' 공간으로 지하는 라이브 공연장이다. 통나무 오두막집을 방불케 하는 인테리어로 포틀랜드 공연장 중에서도 음향이 뛰어난 것으로 정평이 나 있다. 무대는 그렇게 높지 않고 무서운 경비가 있을 법한 곳도 아니라서 아티스트를 가까이 느낄 수 있다.

information
-
**Rontoms**
론톰스
600 E Burnside St.
(503) 236-4536
월~일 15:00~다음날 2:30
www.rontoms.net
MAP p.282-1

information
-
**Valentine's**
발렌타인
232 SW Ankeny St.
(503) 248-1600
월~일 17:00~다음날 2:30
www.valentinespdx.com
MAP p.274-22

### *Rontoms*
### 술, 라이브 공연, 탁구, 마음대로 보내는 일요일 밤

평소에는 바 영업만 하지만 매주 일요일 밤에는 무료 공연이 열려 술을 마시며 지역 밴드를 볼 수 있다. 테라스 쪽에는 탁구대도 있어서 탁구공을 주워들면 지역 주민과 대화를 나눌 수 있는 계기를 만들 수도 있다. 음식 메뉴는 토마토 수프와 그릴드 치즈 샌드위치가 정석이다.

### *Valentine's*
### 도심에서 언더그라운드의 분위기를 즐기고 싶다면 여기로

부두 도넛과 같은 앵크니 앨리(Ankeny Alley)에 있는 바로 작지만, 옥상이 있어서 마음이 편한 공간이다. 익스페리멘탈계와 음향계 아티스트, 아직 지명도가 낮은 지역 DJ가 공연할 때도 있고 메이저 밴드 멤버가 공연하기도 하는 신기한 곳이다. 밤이 되면 조명이 켜지는 이곳은 도심, 올드 타운/차이나타운에서는 보기 드문 모임 장소다.

## VENUE

*information*

**Wonder Ballroom**
원더 볼룸
128 NE Russell St.
(503) 284-8686
wonderballroom.com
공연마다 다름
MAP p.280-20

*information*

**Crystal Ballroom**
크리스털 볼룸
1332 W Burnside St.
(503) 225-0047
crystalballroompdx.com
공연마다 다름
MAP p.274-7

### *Wonder Ballroom*
### 인디록 팬이라면 흥분의 도가니

    2004년 음악 집합지로 문을 열었다. 이 건물은 1914년 아일랜드계 민족 문화 보존을 위해 세워진 공간으로 한때 복싱스쿨과 주민 센터였던 적도 있다. 피치포크(Pitchfork, 음악 사이트)에서 본 듯한 인디지만 메이저급인 아티스트가 자주 공연한다. 지하에 벙크 바 2호점이 막 문을 열었으니 공연이 끝난 뒤 배가 고파도 괜찮다!

### *Crystal Ballroom*
### 미국 문화유산 속에서 즐기는 음악은 각별하다

    1914년 댄스홀로 지어져 1979년에는 미국 문화유산으로 등재된 건물이다. 점프하면 흔들리는 바닥이 명물이다. 이곳의 라인업은 원더 볼룸처럼 주류에 가까운 인디밴드, 혹은 왕년의 팝스타가 많다. 그리고 티켓은 비싸 봤자 $30 정도로 파격적으로 저렴하다.

# LIST

## LISTEN List

**Kenton Club**
지역 밴드를 발굴하고 싶다면 추천하는 라이브 공연 바
켄튼 클럽
2025 N Kilpatrik St./ (503) 285-3718
월~일 10:30~다음날 2:30
www.kentonclub.com
MAP p.278-2

**Arlene Schnitzer Concert Hall**
오리건 교향악단의 본거지로 정면의 간판은 포틀랜드의 상징이다.
알린 슈니처 콘서트 홀
1037 SW Broadway / (503) 248-4335
이벤트마다 다름
www.pcpa.com
MAP p.274-44

### Record Room
술도 마시고 와이파이도 쓸 수 있는 레코드 가게 라운지!
레코드 룸
8 NE Killingsworth St./ (971) 544-7685
월~목 12:00~20:00, 금토 12:00~22:00
www.recordroompdx.com
MAP p.278-10

### The Know
술집과 공연장을 겸하는 미술 갤러리
더 노우
2026 NE Alberta St./ (503) 473-8529
월~일 15:00~다음날 2:30
www.theknowpdx.com
MAP p.280-11

### Jimmy Mak's
Down Beat지의 '세상에서 가장 멋진 재즈클럽 100'에 선정된 재즈클럽
지미 막스
221 NW 10th Ave./ (503) 295-6542
월~목 17:00~24:00, 금토 17:00~다음날 1:00
www.jimmymaks.com
MAP p.276-38

### Roseland Theater
차이나타운에 위치한 일렉트로니카&힙합 전문 공연장
로즈랜드 극장
8 NW 6th Ave./ (971) 230-0033
영업 시간 확인 요망
www.roselandpdx.com
MAP p.276-49

### Mission Theater
콘서트, 영화 상영도 하는 펍
미션 극장
1624 NW Glisan St./ (503) 223-4527/ 월~금 17:00~24:00, 토일 14:00~24:00
www.mcmenamins.com
MAP p.276-24

### Exiled Records
변방 음악과 사이키델릭, 익스페리멘털 음악 전문 레코드 가게
이그자일드 레코드
4628 SE Hawthorne Blvd./ (503) 232-0751
화~토 11:00~19:00, 일 12:00~17:00
www.exiledrecords.com
MAP p.282-84

### Sonic Recollections
중고 레코드 가게. 웹사이트에서 미리 장바구니에 담을 수 있다.
소닉 리컬렉션
2701 SE Belmont St./ (503) 236-3050
화~토 12:00~18:00
www.sonicrec.com
MAP p.282-67

### Discourage Records
펑크와 하드코어 전문 레코드 가게. 풍부한 7인치 셀렉션을 자랑한다.
디스커리지 레코드
1737 SE Morrison St./ (503) 528-1093
화~토 12:00~19:00, 일 12:00~17:00
www.discouragerecords.com
MAP p.282-40

### Goodfoot Pub & Lounge
금요일 밤은 소울 펑크 파티, Soul Stew로 마무리!
굿풋 펍 앤드 라운지
2845 SE Stark St./ (503) 239-9292
월~토 17:00~다음날 2:30
www.thegoodfoot.com
MAP p.282-63

### Aladdin Theater
재즈부터 인디밴드까지, 고전 영화에 나올법한 장소!
알라딘 극장
3017 SE Milwaukie Ave./ (503) 234-9694
영업 시간 확인 요망
www.aladdin-theater.com
MAP p.282-50

### East End
인더스트리얼 지구에 위치한 라이브하우스. 영화를 상영하기도 한다.
이스트 엔드
203 SE Grand Ave./ (503) 232-0056
월~일 16:00~다음날 2:30
www.eastendportland.com
MAP p.282-11

### 360 Vinyl
힙합과 R&B, 소울 전문 레코드 가게
360 비닐
214 SW 8th Ave./ (503) 224-3688
월~토 11:00~19:00, 일 12:00~18:00
www.360vinyl.com
MAP p.274-17

---

**Attention !!**

거의 대부분 술을 판매하므로 공연장이라도 신분증을 꼭 소지해야 한다. 신분증이 없으면 입장할 수 없으니 주의하자!

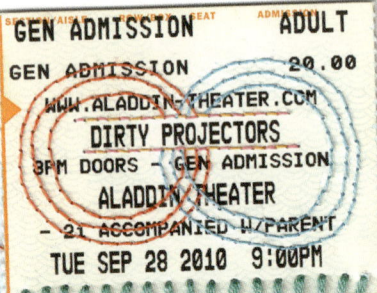
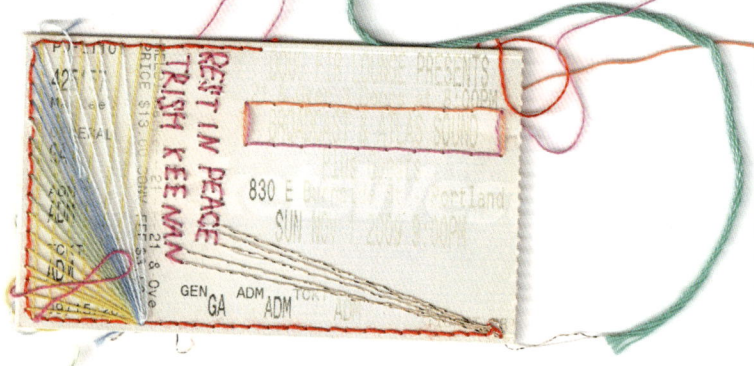

art work by Mana Morimoto

# INTERVIEW

*Interview no.05*

# CURTIS KNAPP

"포틀랜드는 마치 하나님이 없는 교회 같은 곳"

**Q1 어디 출신인가? 왜 포틀랜드로 왔나?**

필라델피아 출신이다. 대학을 졸업한 뒤 모르는 사람들과 시 전문 잡지를 만들어 보려고 이곳에 왔다.

**Q2 포틀랜드의 좋은 점? 나쁜 점?**

숲을 좋아한다. 이 도시가 생기기 전에 먼저 살았던 사람들과 식물과 동물이 쫓겨난 건 나쁜 점이다. 언젠가 숲이 인간과 차와 건물을 쫓아낼 날이 올 것이다. 여기는 일본계 사람들의 강제수용소도 있었다. 이와 관련된 조각상이 도심에 있다.

**Q3 좋아하는 레코드 가게를 알려 달라.**

레코드는 그다지 사지 않는다. 십 대 시절 쇼핑몰에 있는 샘 구디(Sam Goody, 음반 판매 체인)에서 아르바이트하던 시절에는 드 라 소울(De La Soul)과 스팅의 CD, 열쇠고리와 매상을 훔쳤었다. 이 도시에는 레코드 가게를 경영하는 위대한 세 사람이 있다. 클린턴 스트리트 레코드, 미시시피 레코드, 이그자일드 레코드를 경영하는 3인방이다.

**Q4 매리지 레코드는 어떻게 시작하게 되었나?**

4트랙, 쿨 에디트 프로(Cool Edit Pro), 프로툴스(Pro Tools), 담배와 커피, 에이드리언 오렌지(Adrian Orange), 롭 월마트(Rob Walmart), 아티스터리(Artistery, 2011년 폐점), 포드 자동차의 에어로스타, merriagerecs.com, 리틀 윙스의 투어, 미란다 줄라이(Miranda July), 몽타쥬(⇒p68), 페이팔(Paypal), 워터리 그레이브스(The Watery Graves), 포틀랜드 머큐리, 그리고 결혼.

**Q5 다른 도시에 비해 음악 활동을 하기 좋다고 생각하는가?**

다른 곳은 어떤지 잘 모르지만, 필라델피아는 끔찍한 곳이었다. 남들 앞에서 노래했다가 얼굴에 맥주를 맞은 적도 있다. 창법이 너무 여성스럽다고 했다. 하지만 포틀랜드에 왔더니 모두 함께 노래를 불러줘서 마치 교회에 온 것 같았다. 하나님은 없고 그곳에 있던 모두가 섹스하고 싶어서 어쩔 줄 몰라하는 교회 말이다.

**Q6 추천하는 지역 아티스트는?**

롭 월마트(Rob Walmart)를 일본에 불러주지 않겠나? 6~7명의 비행기 비용과 묵을 곳이 필요하다. 예약까지 하지 않아도 괜찮다. 일본까지 데려가주기만 한다면 정말 좋을 것 같다.

**Q7 포틀랜드가 주목받는 걸 어떻게 생각하나?**

"저기, 내 이빨 사이에 뭐가 꼈어?" 뭐, 이런 느낌이다.

**Q8 Yale Union(YU⇒p.110)은 왜 시작했나?**

아내가 나와 이혼하면서 그곳을 샀다. 플린트가 내게 "이제 어쩌려고"라고 물었다. 그도 막 아내에게 버림받았을 무렵이다. 그러더니 플린트가 "펑크적인 현대 예술센터를 만들어보자"고 말을 꺼냈다. 난 뭐 "거, 좋은 생각이네!"라고 대답했다. 정신을 차려보니 하이노 게이지가 공연 하고 있더라.

**Q9 2014년 매리지 레코드와 YU의 예정은?**

매리지 레코드에서 Jordan Dykstra의 앨범이 나온다. YU는 봄부터 여름까지 무지 아게마츠의 전시가 예정되어 있다.

*profile*

**CURTIS KNAPP** 커티스 냅
필라델피아 출신, 포틀랜드 거주. 매리지 레코드 대표, 밴드 롭 월마트의 멤버이자 YU 디렉터.

도시와 대화하고 자연을 느낀다

# RUN
달리기

　축복받은 자연환경의 포틀랜드에서는 다양한 스포츠를 즐길 수 있다. 도심에서는 윌러밋 강변 산책로를 달리는 사람과 사이클을 즐기는 사람의 모습이 도시 풍경 속에 아름답게 녹아 있다. 포틀랜드 마라톤 등의 대회를 비롯해 봄부터 여름까지 매일 포틀랜드의 어딘가에서 자전거 레이스가 열린다. 후드 산에는 여러 개의 트레일 러닝 코스와 자전거 코스가 있으며, 겨울에는 스키와 스노보드도 즐길 수 있다. 풍부한 환경은 나이키와 아디다스 같은 스포츠 브랜드와 콜롬비아 스포츠웨어, 킨(Keen), 대너(Danner) 등의 아웃도어 브랜드를 육성했다. 또한, 자전거는 도시 교통 수단의 역할도 하고 있어 시내 자전거 전용도로가 400km 이상이다. 자전거 도로 주변에는 자전거 관련 가게들이 모여 있다. 포틀랜드 도시 전체적으로 보면 약 70여 곳 이상의 수리 가게와 25개가 넘는 핸드메이드 자전거 빌더가 존재한다. 달리기로 도시와 대화하고 자연을 느낀다. 몸을 움직이면 기분도 좋아지고 머리도 맑아진다. 달리는 것, 그것이 포틀랜드의 활기로 이어지는 게 아닐까.

TRUE PORTLAND | RUN
## SPOT

환영하는 도시 도시도 자연도 달리기를

포틀랜드는 러너와 사이클을 타는 사람에게 무척 친화적인 도시다. 특히 자전거는 이용자 수와 자전거에 친화적인 교통 환경이란 면에서 미국 제일이다. 교외로 나가면 자연 속에서 사이클링을 즐길 수 있는 환경도 갖춰져 있다. 사이클을 타기 좋은 장소를 소개하려고 한다. 사이클을 타기 좋은 장소는 달리기에도 좋으니 러너들도 꼭 확인하길 바란다.

포틀랜드 시 공식 웹사이트에서는 지역별로 제작한 자전거 지도를 구할 수 있다(www.portlandoregon.gov/transportation/39402). 시내 자전거 가게에는 인쇄물도 비치되어 있으니 미리 구해서 교통규칙을 숙지하고 즐겁게 달려보자.

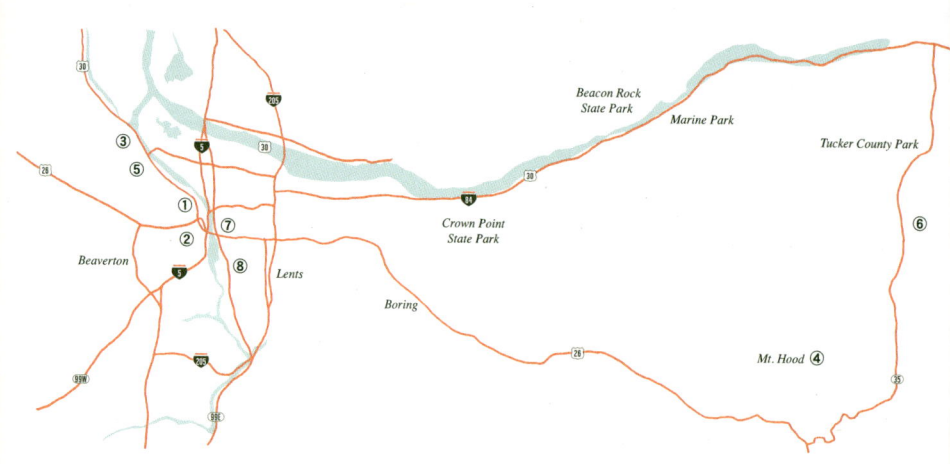

— 이 페이지에 실린 지도 위의 숫자에 대한 자세한 설명은 다음 페이지에서 소개한다.

## Vera Katz Eastbank Esplanade

— 베라 캣츠 이스트뱅크 산책길(⑦)

1년 내내 사이클링과 산책을 즐길 수 있는 곳이 바로 2001년 5월에 완공된 베라 캣츠 이스트뱅크 산책길이다. 총 길이 2.4km인 이 산책길은 도심 해안 윌러밋 강 동쪽 해안을 따라 달리며 포틀랜드의 거리를 파노라마로 전망할 수 있다. 스틸 브리지(이층 다리로 자전거 와 보행자 전용 다리는 아래층)와 호손 브리지를 건너면 거버너 톰 맥콜 워터프런트 공원(⇒p.209)과 이어진다. 이 코스를 한 바퀴 돌면 약 5km 정도다. 도중에 벤치와 전망대, 작은 광장이 있어 적당히 쉴 수도 있다.

## Springwater Corridor

— 스프링워터 코리더(⑧)

이스트뱅크 산책길에서 남쪽으로 가다가 호손 브리지를 건너지 않고 그대로 직진하면 OMSI(⇒p.114)부터 셀우드 브리지까지 4.8km의 트레일이 이어진다. 이 트레일은 스프링워터 코리더라는 포틀랜드에서 유명한 자전거 도로의 서쪽 끝 부분이다. 포틀랜드 근교인 보링(Boring)의 마을까지 총 길이가 34km나 되는 옛 철도선로를 이용한 자전거 보행자 도로다. 이 트레일은 에스타카다(Estacada) 마을 남쪽을 통과해 후드 산 휴양림까지 이어질 예정이다.

## SPOT

— 카운실 크레스트 공원 북쪽, 9,000피트의 세인트헬렌스 산

— 북동쪽으로는 포틀랜드 시가지, 멀리 애덤스 산이 보인다.

*profile*
-
**ANDY NEWLANDS** 앤디 뉴랜스
Strawberry Bicycle(⇒p.173)

프레임 빌더 스트로베리 바이시클의 앤디 뉴랜드가 추천하는 사이클링 코스는 자신의 공방①부터 카운실 크레스트 공원②까지 포틀랜드 서부 구릉지대를 달리는 코스다. 카운실 크레스트 공원부터는 포틀랜드 시가지뿐만 아니라 세인트헬렌스 산과 후드 산도 보인다.

— Saltzman Road(⑤)에서 보는 풍경

— Surveyor's Ridge(⑥)에서 본 풍경

*profile*
-
**BARRY O'CONNOR** 배리 오코너
Fat Tire Farm (p.156)

산악자전거 전문점 팻 타이어 팜(Fat Tire Farm)의 배리 오코너가 추천하는 코스는 포레스트 공원(⇒p.206, ③)이다. '도시가 가진 매력적인 재산'이라고 자부하는 그곳에는 5,000에이커에 달하는 숲 속에 80마일로 달릴 수 있는 하이킹·사이클링용 트레일과 30마일로 건너는 로드바이크용 비포장 코스가 있다. 배리는 "도시지만, 자연이 이렇게나 가까이 있어서 포틀랜드를 좋아해요. 숲도 있고, 산도 가깝고 바로 뛰쳐나가 달릴 수 있죠."라고 말한다. 그리고 포틀랜드에서 차로 약 1시간 거리에 위치한 후드 산④도 산 서쪽에 '44 트레일'이라 불리는 하이킹과 산악자전거용 트레일이 있어 좋다고 한다.

## COLUMN

# Stumprunners

### 여행자라도 OK! 자유 참가형 그룹 달리기

19세기 중반 오리건 주 포틀랜드 주민은 나무를 베서 길을 만들었고 후에 남은 건 그루터기(스텀프)뿐이었다. 그리고 비가 많이 오는 겨울에는 그루터기가 무척 큰 역할을 했다. 사람들은 진창에 빠지지 않으려고 그루터기를 위를 점프해서 이동했다고 한다. 이리하여 이 도시는 '스텀프타운'이라는 별명을 얻었다.

2012년 가을 '스텀프러너스'라는 모임은 누구나 참가할 수 있는 그룹 달리기를 시작했다. 6명의 멤버가 교대로 주 2~3회 계획을 짜서 시내의 길, 워터프런트 보도와 삼림 속 트레일을 달린다. 그렇다, 그 옛날에 사람들이 베었던 나무는 다시 자랐다. 그래서 우리는 도시에 있는 숲 중에 세상에서 가장 큰 포레스트 공원으로 달리기 위해 간다.

참가자는 점점 늘어나서 지금까지 1,500명 이상이 참가했다. 평소 달리기에 참가하는 사람은 대략 20명 내외로 아이스크림을 맛볼 수 있는 Peculiarium(2234 NW Thurman ST.)이라는 골동품 가게에서 대기한다. 정규 멤버도 있고 여행 도중에 참가하는 외국인도 많다. 인스타그램과 트위터에서 @stumprunners를 팔로우하면 언제 어디서 달릴 수 있는지 업데이트 소식을 알 수 있으니 확인하고 함께 달려보자.

우리는 평범한 길은 물론이고 트레일, 언덕길, 계단 그리고 포틀랜드는 '강의 도시'이므로 다리도 달린다. 화요일 밤의 러닝 #timbertuesday는 대개 4~6마일을 달리는데 누구라도 환영한다! (겨울은 헤드라이트를 쓰고 달린다!) 달리기가 끝난 후에는 동네 브루어리에서 맥주를 마시는 것이 정석이다. 토요일 아침 러닝 #sawbucksaturdays 때는 도중에 빠지고 싶은 사람은 바로 빠져도 되고 오래 달리고 싶은 사람은 달리고 싶은 만큼 달릴 수 있다. 토요일 러닝이 끝나면 포틀랜더가 모두 좋아하는 브런치를 먹으러 간다.

북서부의 다양한 날씨를 즐기려고 원정을 가기도 한다. 콜롬비아 계곡의 숲이나 벤드(Bend) 근교의 스미스 록(Smith Rock)같은 사막, 세인트헬렌스 산의 기슭을 달리기도 한다. 샌디 강변을 달리고 돌아오는 길에는 튜브를 타고 강을 내려온 적도 있다! 일조 시간이 긴 여름에는 목요일 아침에 코치를 붙여 트랙에서 연습도 한다.

우리는 달리는 것, 마시는 것, 그리고 그것을 인스타그램에 올리는 걸 엄청나게 좋아하지만 그래도 제일 좋아하는 건 다양한 사람을 만나는 일이다! 스텀프러너스를 시작한 목적은 비가 내리거나 날씨가 맑거나 항상 함께 달릴 동료를 만들고 싶었기 때문이다. 시작한 지 이제 1년 남짓이지만 지금까지 100회 이상 함께 달렸고 화요일과 토요일의 러닝은 한 번도 쉰 적이 없다. 인스타그램을 보면 시작부터의 모습을 볼 수 있다. 다음 주 화요일 어디서 달릴지도 알 수 있고!

*profile*
-
**Stumprunners**
스텀프러너스
twitter.com/stumprunners
instagram.com/stumprunners

## INTERVIEW

Interview no.06

# JARRETT REYNOLDS

*Run*

"자연과 가깝다는 점이 포틀랜드와
스포츠의 관계를 가깝게 만들었다."

*Run*

**Q1 포틀랜드로 처음 이사 왔을 때는 어땠나?**
약 11년 전 로스앤젤레스에서 이사 왔다. 처음 왔을 때는 포틀랜드에 문화라는 건 존재하지 않는다고 생각했지만 큰 착각이었다.

**Q2 구체적으로 말하자면?**
포틀랜드라는 도시는 대도시의 요소를 갖추고 있으면서도 작은 마을에만 있는 독립적인 정신과 훌륭한 문화도 지니고 있다. 아주 크지는 않아도 대도시만의 존재감이 있고 대자연과 무척 가깝다. 처음 이곳에 왔을 때는 계속 살고 싶다는 생각이 들지 않았지만, 지금은 전혀 다르다.

**Q3 포틀랜드란 어떤 도시인가?**
론니 플래닛의 베키 올센이 말한 것처럼 포틀랜드 사람들은 진짜 중요한 것, 가령 디자인이나 식사에는 무척 신경을 쓰면서도 유행을 따르거나 화려한 것들에는 그다지 흥미가 없다. 이 도시는 다른 사람이 어떻게 판단하든 상관하지 않고 있는 그대로의 나 자신으로 살아갈 수 있는 곳이다.

**Q4 주민들은 어떤 느낌인가?**
다들 우호적이고 친절하다. 이 도시의 주민들은 포틀랜드를 멋지게 만들겠다는 공통 목표가 있어서 경쟁 따위는 존재하지 않는 게 아닐까 싶을 정도이다. 예를 들자면 이 도시에는 수많은 레스토랑과 카페가 있지만 서로 경쟁하지 않는다. 오히려 서로의 독특한 스타일을 상호 존중하고 친구 관계 같다는 느낌이다.

**Q5 포틀랜드의 스포츠는 어떻게 생각하나?**
이 도시에 사는 모든 이들이 포틀랜드 팀버스(Portland Timbers)의 팬이다. 경기를 보러 가면 경기장에 있는 팬들의 긍정적인 에너지를 느낄 수 있고 포틀랜드만의 독특한 분위기가 있다. 게다가 포틀랜드는 자연과 정말 가까워서 달리기와 하이킹, 자전거 타기에는 최적의 도시다. 자연과 가깝다는 점이 포틀랜드와 스포츠의 관계를 긴밀히 맺어주었다.

**Q6 포틀랜드는 어떻게 독특해졌을까?**
포틀랜드는 다양성을 받아들이고 경제적으로도 생활하기 좋은 도시다. 이 두 가지 요소가 합쳐지자 창조적인 사람들에게는 완벽한 '집'이 되었다. 비가 자주 오기 때문에 집에 틀어박혀서 뭔가 만드는 시간도 많다. 또, 도시가 작다 보니 창조적인 커뮤니티와 이어지기 쉽다. 최근 2, 3년간 포틀랜드가 독특한 도시로 바뀌었다고 생각하는 사람이 많은데 사실 이곳은 원래 이랬다. 포틀랜드의 창조성은 꽤 옛날부터 친환경적으로 계속 성장해왔다.

**Q7 어떤 계기가 있었을까?**
그렇다고 생각한다. 펄 지구에는 잘나가는 동네가 몇 군데 있지만 그런 장소가 만들어진 것은 에이스 호텔의 존재가 컸다고 생각한다. 그들이 펄 지구를 멋지게 만든 선구자였다. 다른 예로는 나이키와 인텔, Wieden+Kennedy(광고대행사) 등 무척 창조적인 대기업이 창조적인 사람들을 이 도시로 많이 데려왔고 이런 기업 주변에 창조성의 생태계가 생성되었다. 디자인 에이전시와 스타트업 기업 등에 상관없이 말이다. 이 도시가 창조적으로 성장하는 과정을 보는 건 정말 설레는 일이다.

TRUE PORTLAND
# INTERVIEW

**Q8 마지막으로 한마디 한다면?**
 포틀랜드는 포틀랜드대로 행복하다. 우리는 제2의 뉴욕이나 제2의 로스앤젤레스를 노리는 것이 아니다. 우리는 우리 방식대로 행복하고 매우 독특하다는 점을 자랑스럽게 생각한다!

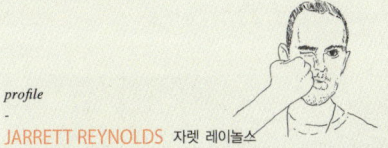

*profile*

**JARRETT REYNOLDS** 자렛 레이놀즈
보스턴 출생. 텍사스, 캘리포니아, 뉴욕, 오리건, 암스테르담, 도쿄 여러 지역에 거주. 나이키 디자이너로 활동. 기혼, 벵골 고양이 두 마리를 기르고 있다. 일본의 공예, 과학기술, 라멘을 사랑한다.

## Portland Timbers

Craig Mitchelldyer/Portland Timbers

Craig Mitchelldyer/Portland Timbers

### 홈경기 때는 거리가 한산할 정도로 포틀랜드가 사랑하는 축구팀

포틀랜드를 본거지로 삼는 축구팀으로 2011년부터 미국 메이저리그 축구(MSL)에 참가했다. 2013 최고 유망주 1위에 오른 달링턴 나그비가 소속된 팀이다. 3월부터 10월까지가 시즌이며 지역 팬을 '팀버스 아미'라고 부른다. 홈경기 때는 Jeld-Wen Field(포틀랜드 시민 경기장) 앞과 스포츠 바에는 녹색 유니폼을 입은 열광적인 팬으로 가득 찬다. 골을 넣으면 전동 톱으로 통나무를 자르는 세리머니를 한다.

*information*
-
**Portland Timbers**
포틀랜드 팀버스
www.portlandtimbers.com

---

### '개척자'라는 뜻의 이름을 가진 포틀랜드의 자랑

## Portland Trail Blazers

NBA 프로농구 리그 소속으로 본거지는 로즈 쿼터(Rose Quarter)의 모다 센터(Moda Center)다. 1977년 NBA 결승전에서 우승한 이후 고난의 역사가 계속되고 있지만, 10월부터 다음 해 4월까지의 시즌 중에는 종종 티켓이 매진되기도 한다. 포틀랜드에 'Rip City'라는 별명이 붙게 된 발단은 블레이저스 경기 중 라디오 해설가가 외친 한 마디 때문이었다. 미국의 스포츠 경기 관전은 굉장히 재미있다. 멋진 춤으로 분위기를 띄우는 치어리더에도 주목하자!

*information*
-
**Portland Trail Blazers**
포틀랜드 트레일블레이저스
www.nba.com/blazers

## Multnomah Athletic Club

**포틀랜드 스포츠 문화를 지원하는 일류 스포츠 클럽**

1891년 설립된 비영리 회원제 스포츠 클럽이다. 최고의 운동 설비는 물론이고 레스토랑과 라운지 등의 시설도 알차다. 운동 경기와 사회적·교육적 프로그램 속에서 사람들의 인생을 풍요롭게, 교우관계를 깊게, 그리고 멋진 전통을 만드는 것이 목적이다. 8층에 있는 메인 클럽하우스에서는 Jeld-Wen Field를 한눈에 바라볼 수 있다. 지역 스포츠 대회부터 국제적인 챔피언십까지 다양하게 개최한다. 비회원은 회원과 동행해야 입장할 수 있으니 주의하자.

*information*

**Multnomah Athletic Club**
멀트노마 운동 클럽
1849 SW Salmon St.
(503) 223-6251
월~금 5:00~23:00, 토일 6:00~23:00
www.themac.com
MAP p.274-3

## Spirit of 77

**경기장에 가지 않아도 충분히 즐길 수 있다**

'포틀랜드 트레일블레이저스'가 1977년 NBA에서 우승한 것에서 이름을 딴 스포츠 바이다. 안쪽으로 꽤 긴 구조로 블레이저스의 경기가 있는 날에는 손님으로 가득 찬다. 컨벤션센터 맞은편에 있으며 4개의 TV와 대형 프로젝션 스크린이 설치되어 있어 스포츠 관전은 물론이고 테이블 축구 게임과 다트도 즐길 수 있다.

*information*

**Spirit of 77**
스피릿 오브 세븐티 세븐
500 NE MLK Blvd.
(503) 232-9977
월~금 16:00~다음날 12:00, 토 10:00~12:00, 일 10:00~22:00
spiritof77bar.com
MAP p.280-26

BICYCLE

# Sugar Wheel Works

달콤한 디저트를 굽듯이
바퀴를 쌓아 올린다

*information*
**Sugar Wheel Works**
슈거 휠 웍스
3808 N Williams Ave.
(503) 236-8511
화~토 10:00~18:30
일, 월요일은 예약 시에만 문을 연다.
sugarwheelworks.com
MAP p.278-23

Dylan VanWeelden

자전거 공방이라 쇠와 기름 냄새가 진동하는 남자들만의 현장을 상상했지만 가게 안으로 한걸음 내딛자 그런 이미지가 사라진다. 밝은 하늘색 벽과 따뜻한 목재 카운터가 마치 카페나 빵집 같은 분위기다. 카운터 안쪽에서 주인 주드 크리스틴이 웃으며 맞아준다. '리스트레토 로스트(⇒p.82)'와 '테이스티 엔 선(⇒p.41)' 등도 입주한 자전거 프레임 공장을 수리해 개장한 상업 시설 '허브 빌딩' 한쪽에 자리를 잡았다. 그녀의 손으로 만든 정밀한 바퀴는 많은 자전거 통근자들의 지지를 얻고 있다.

TRUE PORTLAND | RUN
## BICYCLE

——고객과 대화하며 취향과 용도에 맞는 부품들을 골라 바퀴를 만든다. ——가게 2층은 여성 프레임 빌더 '스위티피(Sweetpea)'의 피팅룸이다.

——스탠드에 끼운 바퀴를 회전시키는 모습은 마치 악기를 연주하는 것 같다.

# Velo Cult Bike Shop

## 문화를 발신하는 핵심적인 자전거 가게

오리지널 신제품과 자전거 관련 상품, 빈티지 주문형 자전거와 맥주 서버가 부착된 자전거 등 개성적인 자전거가 넓은 가게 안에 늘어서 있다. 그리고 자전거 판매뿐만 아니라 바에서는 포틀랜드 로스터 '크랭크 커피(Crank Coffee)'와 '워터 애비뉴(Water Avenue)'의 커피, 10여 종 이상의 수제 맥주를 마실 수 있다. 가게 안쪽에는 로드바이크 프레임 빌더인 '제이 브라이언트'의 공방도 있어서 운이 좋으면 작업하는 풍경을 볼 수 있다. 플로어에서는 음악 공연 등 다양한 이벤트가 열리기도 한다. 자전거와 그 주변 문화 모두가 가게 안에 있는 새로운 스타일의 자전거 가게다.

*information*

**Velo Cult Bike Shop**
벨로 컬트 바이크 숍
1969 NE 42nd Ave.
(503) 922-2012
10:00~22:00(부정기적으로 휴무)
velocult.com
MAP p.280-28

— 여행 도중에 보수하러 들린 자전거 여행자도 많다. 아름다운 자전거를 구경하며 여유롭게 커피라도 마시는 건 어떨까?

## Abraham Fixes Bikes

수리만 하는 심플한 자전거 가게

가게 이름처럼 아브라함이 운영하는 자전거 수리 전문점이다. 일반적인 자전거 가게처럼 부품 판매는 하지 않는다. 주인 아브라함 서핀은 2008년에 공구상자만 들고 피츠버그에서 포틀랜드로 왔다. 자전거 수리는 독학으로 배웠다. 이후 UBI(⇒p.172) 코스를 수강해서 지금은 가르칠 정도에 이르렀다. 그의 트레이드 마크는 서스펜더로 단순하고 기본적인 삶을 충실히 살려고 노력한다. 가능한 한 많은 사람이 자전거를 좋아하고 자전거 타기를 즐겼으면 좋겠다며 이를 위해 수리와 튜업 만을 하는 떳떳한 가게이다.

*information*

**Abraham Fixes Bikes**
아브라함 픽시즈 바이크
3508 N Williams Ave.
(503) 893-2485
월~금 11:00~18:00
abrahamfixesbikes.com
MAP p.278-24

— 깨끗하게 정리된 자전거 공구와 그림이 티 나지 않게 장식되어 있다. 주인의 생활 방식과 방침이 느껴진다.

BICYCLE

# Fat Tire Farm

### 산악자전거의 모든 것이 여기 있다

　이곳은 포틀랜드 시내의 유일한 산악자전거 전문점이다. 자전거와 부품 판매, 수리 등을 광범위하게 하고 있다. 10명이 넘는 직원 모두가 산악자전거를 더없이 사랑하며 실제로 산악자전거를 탄다는 것도 믿음직스럽다. 점포를 찾았을 때는 산악자전거와 부품은 물론 직원들에게 자전거 타기 좋은 곳을 물어보는 것도 괜찮다. 도시지만 조금만 벗어나면 대자연을 볼 수 있는 포틀랜드의 묘미를 자전거로 즐겨보자!

*information*
-
**Fat Tire Farm**
2714 NW Thurman St.
(503) 222-3276
월~금 11:00~19:00, 토 12:00~18:00, 일 12:00~17:00
fattirefarm.com
MAP p.276-4

가게가 도로 쪽에 있어 개방적인 구조에 무척 가벼운 분위기다.

## BICYCLE

— p.143에서 자전거 명소를 추천해준 배리 오코너

BICYCLE

## Citybikes The Annex

### 자전거 장인 조합이 운영하는 가게

*information*

**Citybikes The Annex**
시티바이크 더 애넥스
734 SE Ankery St.
(503) 239-6951
www.citybikes.coop
MAP p.282-9

1986년 한 명의 자전거 라이더가 시작하여 DIY로 발전한 노동자조합이 운영하는 자전거 가게다. 1층에는 새 자전거와 부품, 중고자전거 프레임이 천장에 걸려 있고, 2층은 중고자전거 전용이다. 어린이용 자전거부터 로드바이크, 산악자전거까지 갖추고 있다. 중고자전거를 사서 그대로 밖으로 나서면 이미 마음만은 포틀랜더다.

— 부품과 프레임 판매 외에도 포틀랜드에서 자전거를 즐길 수 있는 정보도 알려준다. 편하게 물어보자.

— 번사이드 브리지를 건너서 도보로 5분 정도 걸린다. DIY적인 느낌이 강한 외관 덕분에 금방 찾을 수 있다.

## River City Bicycles

### 고급 자전거부터 동네용 자전거까지

포틀랜드가 아직 북미의 '자전거 도시'가 아니던 15년 전에 문을 열었다. 포틀랜드에서도 최대 규모를 자랑하는 가게 내부에는 씨에로 바이 크리스 킹과 자이언트를 비롯한 고급 자전거부터 시티바이크까지 다양한 종류의 자전거가 진열되어 있다. 가게 오리지널 의류와 부품도 갖추고 있다. 비 오는 날에는 2층에서 시승해볼 수 있고 수리와 개인별 맞춤 자전거 조정도 마음껏 할 수 있다. 주인도 자전거 라이더고 직원들은 모두 레이스 출전 경험자라고 한다. 주말에는 자전거 경주 행사도 개최한다. 또한, 도보로 약 4분 거리에 위치한 벨몬트 스트리트의 리버 시티바이크 아웃렛에서는 지난 시즌 상품을 염가에 판매하니 이곳에도 들러보자.

*information*

**River City Bicycles**
리버 시티 바이시클
706 SE MLK Blvd.
(503) 233-5973
월~금 10:00~19:00, 토 10:00~17:00, 일 12:00~17:00
rivercitybicycles.com
MAP p.282-21

# Why Portland is a bike-friendly city

## 포틀랜드에서 자전거를 사서 일본으로 가져오는 방법

여행을 즐기는 법은 각양각색이지만 자전거만 있어도 그 폭이 확 넓어진다. 버스와 택시를 기다릴 필요도 없고, 가고 싶은 곳에 마음껏 갈 수 있다. 나는 지금까지 포틀랜드를 2번 여행하면서 매번 현지에서 중고 자전거를 사서 여행을 즐겼다. 원래 몸집이 큰 나로서는 일본에서 내게 맞는 자전거를 찾기가 꽤 힘들었지만, 포틀랜드에서 내게 딱 맞는 자전거를 발견했다. 포틀랜드에는 중고자전거와 부품을 판매하는 가게가 많아서 사람들은 나름대로 자전거를 커스텀해서 멋지게 타고 다닌다. 현지에서 자전거를 구매하여 여행을 즐기고 일본으로 가지고 올 방법을 알려주겠다.

### 일본을 떠나기 전에 준비할 것

자전거 기어와 아웃도어 용품은 현지에서 구매하는 편이 저렴하고 멋지다. 하지만 일본인은 머리가 크다 보니(나만 그런가?) 헬멧은 일본에서 가지고 가자. 포틀랜드에서는 법으로 헬멧 착용이 규정되어 있다. 나는 2번째 여행 때는 비행기에도 실을 수 있는 자전거 가방(OSTRICH OS-500)과 백 팩만 들고 갔다. 육각 렌치와 스패너 등 최소한의 공구도 가져가면 안심이 된다. 자전거를 잘 모르는 사람은 부품 명칭과 정비 방법을 어느 정도 공부하는 편이 좋을 것이다.

### 자전거를 사자

내 단골가게(고작 2번이지만)는 이 책에서도 소개된 시티바이크 더 애넥스로 2층으로 올라가면 로드바이크, MTB, BMX 등을 판매하고 있다. 2012년 여행 때는 이탈리아 핸드메이드 'De Rosa'의 로드바이크를 $700에 구매했다. 일본의 절반 가격이다. 시승해보니 크기도 딱 맞았다. 하지만 가게에 막 들어온 자전거라서 도난 자전거인지 아닌지 확인하지 못한 상태였다. 중고자전거를 다루는 가게라서 이런 과정도 필요하다. 중지지만 장인의 손길로 완벽하게 정비해주니 이점도 좋다. 캐리어와 부품, 자전거 가방도 저렴하게 중고로 구매할 수 있다.

### 자전거를 타자

윌러밋 강변에는 자전거 도로가 정비되어 있어서 강에 설치된 모든 다리를 자전거로 건널 수 있다. 자전거로 시애틀과 로스앤젤레스로 원정 가는 것도 추천한다. 유니언 역에서 앰트랙을 타면 갈 수 있다. 자전거를 들고 타는 요금이 $15, 자전거 보관 상자는 $10으로 핸들을 풀고 페달을 빼기 위한 공구를 꼭 챙겨가자. 역에 상자를 맡기면 돌아가는 전철에서도 사용할 수 있다.

### 자전거를 갖고 돌아가자

포틀랜드 공항까지 가는 전철도 자전거를 들고 탈 수 있다. 공항의 자전거용 주차 공간에서 짐을 꾸리자. 이때 주의할 점은 프론트와 리어 포크 밑에 '엔드 캡'을 부착하는 것이다. 위에서 밟혔을 때 파손되는 일을 방지하기 위해서다. 자전거 가방이 없을 때는 자전거 가게에서 얻을 수 있는 상자를 사용하면 된다. 앞바퀴와 안장을 빼고, 스템을 풀고, 페달을 빼고 상자에 담아서 카운터에 맡긴다. 델타 항공은 요금이 $150였는데 미리 항공사에 확인하자. 나리타공항에 도착하면 집에서 가까운 역에서 내려 자전거를 조립해서 집까지 타고 돌아간다. 포틀랜드와 일본이 자전거로 이어진 느낌을 맛볼 수 있다.

*profile*

**NAOHIRO KIYOTA** 나오히로 키요타

'자전거 생활' 고문. 도쿄 도심에서 매월 열리는 자전거 그룹 주행 행사 '저녁 페달 크루징(Night Pedal Cruising)'에서 톱 바이크를 타고 선두에서 달리는 역할을 맡고 있다.

TRUE PORTLAND
## INTERVIEW

*Interview no.07*

# STEPHEN GLASS

## 왜 Portland는 자전거에 친화적인 도시일까?
- 자전거 전용 도로가 도시 전역에
- 매달 열리는 자전거 행사 & 경주

*Run*  *Run*

**Q1 왜 포틀랜드에서는 많은 사람이 자전거를 탈까? 자전거 인구가 최근 10년간 2배 이상 늘었다고 하는데 왜 그런가?**

포틀랜드는 지금까지 자전거 전용 코스와 자전거 전용 도로 등을 자전거로 이동하기 쾌적하게 시 차원에서 정비를 해왔다. 1970년대에 사이클링 지지자들이 차도 외에 정비된 도로 건설을 포틀랜드 시에 요청한 것이 시작이었다. 게다가 오리건 사람들은 아웃도어 중심으로 생활해왔기 때문에 자연스러운 흐름이기도 하다.

**Q2 평소에는 자전거를 어떻게 즐기는가?**

일 년 내내 매일 최소한 하나 이상의 '자전거를 타는' 행사가 열린다. 날씨가 좋을 때는 '브리지 페달(Bridge Pedal)' 같은 행사가 있어서 자전거 단체 주행을 즐기고, 주말에는 포틀랜드 일부에서 자동차 주행을 금지하는 '선데이 파크웨이(Sunday Parkways)' 같은 행사도 있다. 매일 자전거로 통근하는 건 물론이고 1년 내내 로드 레이스와 트랙 레이스, 가을에는 자전거 크로스컨트리 경기가 열린다.

**Q3 현재 포틀랜드 자전거를 타는 사람들 사이에서 가장 화제인 것은?**

지금은 사이클로크로스(Cyclocross, 로드바이크와 비슷한 프레임이지만 타이어가 두껍고 캔티브레이크가 주류)가 인기다. 그 외에는 카고 자전거(장바구니가 달린 자전거)도 인기가 많다.

**Q4 포틀랜드에 여행 온 사람도 즐길만한 행사가 있나?**

매년 8월에 열리는 '브리지 페달'은 포틀랜드라서 열 수 있는 행사이므로 추천한다. 윌라밋 강의 다리 전체를 자전거로 달리는 행사다. 또 '페달루자(Pedalpalooza)'라는 행사도 있다. 매년 6월에 2주일 동안 열리는 행사로 도시 전체에서 200가지 이상의 자전거 행사가 열린다. 사이클로크로스 자전거를 이용한 아이들과 여성, 초심자도 참여할 수 있는 '크로스 크루세이드(Cross Crusade)'라는 경주가 있다. '선데이 파크웨이'는 매년 6월~8월의 주말에 열리는 이벤트로 도로 일부에서 차량을 막아 자전거와 롤러스케이트, 롤러블레이드를 탈 수 있다. 2월에는 '자전거 타기 가장 나쁜 날(Worst Day of the Year Ride)'이라고 4,000명 이상이 참가하는 경주가 있다. 결승선에 들어오면 따뜻한 커피와 도넛을 받을 수 있어 인기가 많다.

**Q5 포틀랜드의 자전거 이용자들은 어떤 자전거를 타는가?**

대부분 펑키하고 기능적인 통근용 자전거를 탄다. 비가 자주 오니까!

*profile*

**STEPHEN GLASS** 스테판 글래스
UBI(United Bicycle Institute) 강사. 미 북서부 자전거 시장을 견인하는 자전거 가게에서 서비스 매니저와 총지배인으로서 10년 이상 근무. 자전거 경주에서 정비공으로 봉사하고 있다. 산악자전거와 로드레이스 선수로도 활동했으며 오지 전문 스키어이기도 하다.

TRUE PORTLAND | RUN
# LIST

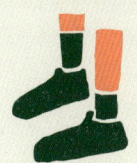

## RUN List

### Revolver
로드바이크부터 MTB까지 폭넓게 상품을 구비한 자전거 가게/ 자전거

리볼버
6509-15 N Interstate Ave./ (503) 285-1084/ 월~금 10:00~19:00, 토 10:00~18:00, 일 12:00~18:00/ www.revolverbikes.com/ MAP p.287-8

### Community Cycling Center
$100정도로 중고자전거를 구매할 수 있는 비영리단체가 운영하는 자전거 가게/ 자전거

커뮤니티 사이클링 센터
1700 NE Alberta St./ (503) 287-8786
월~일 10:00~18:00
www.communitycyclingcenter.org
MAP p.280-9

### Cyclepath
최첨단 자전거를 볼 수 있는 가게/ 자전거

사이클패스
2436 NE MLK Blvd./ (503) 281-0485
월~금 9:00~19:00, 토 13:00~18:00
cyclepathnw.com/ MAP p.280-21

### Bike Farm
DIY 자전거 이용자를 위한 교육을 하고 워크숍도 자주 개최/ 자전거

바이크 팜
1810 NE 1st Ave./ (971) 533-7248
월~수 16:00~21:00, 금~일 12:00~16:00
bikefarm.org/ MAP p.280-23

### Western Bikeworks
시내 중심에 위치한 가게. 넓은 내부에 카페도 있고 자전거도 빌려준다./ 자전거

웨스턴 바이크웍스
1015 NW 17th Ave./ (503) 342-9985/ 월~금 10:00~19:00, 토 10:00~18:00, 일 10:00~17:00/ www.westernbikeworks.com
MAP p.276-11

### Keen Garage
본거지는 포틀랜드. 하이브리드 라이프를 추구하는 풋웨어 브랜드/ 스포츠

킨 개러지
505 NW 13th Ave./ (971) 200-4040
월~토 10:00~19:00, 일 11:00~17:00
keenfootwear.com
MAP p.276-20

### REI Portland
소매상으로서는 처음으로 LEED 금상 획득/ 아웃도어

알이아이 포틀랜드
1405 NW Johnson St./ (503) 221-1938
월~토 10:00~21:00, 일 10:00~19:00
www.rei.com/stores/portland.html
MAP p.276-15

### Columbia Sportswear Flagship Store
세계적인 아웃도어 브랜드로 포틀랜드 출신/ 아웃도어

콜롬비아 스포츠웨어 플래그쉽 스토어
911 SW Broadway/ (503) 226-6800
월~토 9:30~19:00, 일 11:00~18:00
www.columbia.com
MAP p.274-42

### Nike Portland
스포츠 문화를 이끄는 나이키의 본사. 창업지가 포틀랜드/ 스포츠

나이키 포틀랜드
638 SW 5th Ave./ (503) 221-6453
월~토 10:00~20:00, 일 11:00~18:00
www.nike.com
MAP p.274-39

### adidas Timbers Team Store
포틀랜드 인기 축구팀 유니폼 판매/ 스포츠

아디다스 팀버스 팀 스토어
1844 SW Morrison St./ (503) 553-5519
화~토 11:00~18:00/ www.portlandtimbers.com/adidas-timbers-team-store/ MAP p.274-3

### Bike Gallery Downtown
오리건 주에 6채의 점포가 있는 자전거 가게의 도심 지점. 신제품 중심/ 자전거

바이크 갤러리 다운타운
1001 SW 10th Ave./ (503) 222-3821/ 월~금 9:30~18:00, 토 10:00~18:00, 일 12:00~17:00/ www.bikegallery.com MAP p.274-41

### Portland Outdoor Store
웨스턴 패션을 기본으로 취급. 1914년 설립된 전통 있는 가게/ 아웃도어

포틀랜드 아웃도어 스토어
304 SW 3rd Ave./ (503) 222-1051
월~토 9:30~17:30
MAP p.274-25

### U.S Outdoor Store
포틀랜드에서 아웃도어를 즐길 준비는 이곳에서/ 아웃도어

유에스 아웃도어 스토어
219 SW Broadway/ (503) 223-5937
월~금 9:00~21:00, 토 10:00~18:00, 일 11:00~17:00/ www.usoutdoor.com
MAP p.274-18

### Citybikes The Repair Shop
중고 부품만을 취급하는 자전거 DIY 전문점/ 자전거

시티바이크 더 리페어 숍
1914 SE Ankery St./ (503) 239-0553
월~금 11:00~19:00, 토일 11:00~17:00
www.citybikes.coop
MAP p.282-53

### A Better Cycle
중고 부품으로 자전거를 만들 수 있는 창고를 개조한 가게/ 자전거

어 베터 사이클
2324 SE Division St./ (503) 265-8595
월~금 10:00~20:00, 토일 10:00~19:00
www.abettercycle.blogspot.jp
MAP p.282-91

### Veloce Bicycles
로드바이크 중심. 본격적인 자전거를 빌릴 수 있다./ 자전거

벨로체 바이시클
3202 SE Hawthorne Blvd./ (503) 234-8400/ 월, 수~금 11:00~18:00, 토 10:00~18:00, 일 12:00~18:00/ www.velocebicycles.com/ MAP p.282-75

### Clever Cycles
주로 동네용 자전거를 다루는 옷가게 같은 멋진 자전거 가게/ 자전거

클레버 사이클
900 SE Hawthorne Blvd./ (503) 334-1560
월~금 11:00~18:00, 토일 11:00~17:00
clevercycles.com/ MAP p.282-41

### Sellwood Cycle Repair
새 자전거부터 중고까지. 자전거 팀도 갖고 있는 지역사회에 뿌리내린 가게/ 자전거

셀우드 사이클 리페어
7953 SE 13th Ave./ (503) 233-9392
화~토 10:00~18:00/ sellwoodcycle.com
MAP 구역 외

# MAKE
## 만들기

직접 창작자가 될 수 있는 도시 만드는 사람과의 거리가 가깝고

포틀랜드에서는 직접 창작자가 되기 위한 진입 장벽이 낮다. 환경적인 면은 물론이고 정신적인 면에서도 그렇다. 소위 말하는 DIY 정신이다. 주위를 둘러보면 다들 스스로 만들고 있다. 요리는 물론이고 식자재도 직접 만든다. 가구도, 아니 때로는 집도 만든다. 대량생산·대량소비에 대한 반항 정신일지도 모른다. 하지만 '직접 만드는 것이 재미있다.'는 단순한 이유에서 솔직함이 느껴진다. 만드는 것이 직업이 되기도 하고 고집도 만만치 않은 곳이 포틀랜드다. 스스로 가구와 자전거를 만들 수 있는 시설도 있고 물건을 만드는 공방과 판매하는 가게가 함께 있는 '만드는 사람'과의 거리가 가까운 가게도 많다. 수공예를 중요하게 생각하는 이 도시에서 발견한 물건은 분명 평생 간직하게 될 것이다.

# The Good Mod

## 새로운 가능성에 도전하는 가구점

1층 레코드 가게를 지나쳐 가게 입구 같지 않은 문을 쭈뼛쭈뼛하며 열어본다. 아니나 다를까, 가게다운 맛이라고는 눈을 씻고 찾아볼 수 없는 복도가 계속된다. 복도 안쪽에 표지판이 있지만 '정말 여기가 맞는 걸까?'라는 생각이 든다. 하지만 용기 내어 안쪽까지 가보니 영화에서 본 것 같은 낡은 엘리베이터가 보인다. 4층까지 올라가자 앞서 들었던 불안함은 단번에 날아갔다. 시간의 흐름이라는 것을 가치로 승화시켜 이를 당당하게 몸에 새긴 가구들이 우아하게 진열되어 있다. 고가구 애호가에게는 천국 같은 곳이다. 유럽과 미국에서 산 가구뿐만 아니라 '이건 뭐지?' 하고 고개를 갸웃하게 만드는 재미있는 물건까지, 그들의 감각으로 골라낸 가구들이 즐비하다. 또한, 이곳에는 안쪽에 작업실도 있어서 포틀랜드 가게와 회사를 중심으로 가구 수주제작도 하고 있다. 최근에는 디자인 옥션을 열거나 오리지널 제품을 출시해 앤티크 가게라는 틀을 뛰어넘고 있다. 가게뿐만 아니라 이들이 준비하는 프로젝트에도 주목하길 바란다.

— 영화촬영용 조명도 있다.

— 주인 스펜서 스테일리

*information*

**The Good Mod**
굿 모드
1313 W Burnside St, 4th Floor./ (503) 206-6919
월~일 11:00~18:00
thegoodmod.com
MAP p.276-47

TRUE PORTLAND | MAKE
# CRAFT

— 오래 사용한 물건에 세심하게 새 생명을 불어넣는다.

— 걸음을 옮길 때마다 크게 변하는 내부 디스플레이

― 1층 공간에는 만드든 이와의 거리가 가까운 라이프 스타일 상품부터 패션 상품까지 갖춰져 있다.

TRUE PORTLAND / MAKE
## CRAFT

# Beam & Anchor

제작자와 가게의
거리감

안으로 들어가자 1층은 가게로 주인이 직접 고른 제품과 포틀랜드에서 만든 상품이 진열되어 있다. 그리고 2층은 공방으로 장인들이 만드는 물건을 취급한다. 계단을 올라 공방에 발을 디디자 가죽 브랜드 '우드 앤드 포크(Wood & Faulk)'와 유기농 비누 브랜드 'Maak' 등의 직원이 작업하고 있다. 그림 같은 풍경 속에서 물건과 만드는 일에 대한 애정이 느껴진다. 나무를 자르는 소리와 가죽 냄새, 그리고 손으로 만든다는 자랑스러움이 묻어나는 공간에서 만들어진 물건을 바로 아래층에서 판매한다. 이 거리감이 포틀랜드답다.

**information**

**Beam & Anchor**
빔 앤드 앵커
2710 N Interstate Ave.
(503) 367-3230
화~토 11:00~18:00
일 12:00~17:00
beamandanchor.com
MAP p.278-26

TRUE PORTLAND | MAKE
## CRAFT

— 정교하게 하나하나 만든다.

— 가죽 제품에서만 볼 수 있는 서로 다른 느낌도 즐거움 중 하나

— 가게에서는 가죽 제품 외에 의류 등도 판매한다.

# Tanner Goods

## 함께 나이를 먹어가는 가죽 제품

　3년 전쯤에 차이나타운에서 옮겨온 태너 굿즈의 플래그십 스토어다. 공예 기법과 역사를 소중히 여기면서도 이를 디자인으로 승화시켜 만든 지갑과 가방, 카드 케이스와 벨트 등의 제품을 가득 전시하고 있다. 그들은 말한다. "우리 가게에서 산 벨트를 평생 사용하게 하는 것이 꿈이다." 쉽고 싸게 무엇이든 손에 넣을 수 있는 시대가 되었지만 평생 함께 시간을 보낼 수 있는 가죽 제품을 찾아보는 것도 좋다. 플래그십 스토어에서는 포틀랜드 출신 브랜드 우드랜드(The Woodlands)의 제품도 판매한다.

*information*
-
**Tanner Goods**
태너 굿즈
1308 W Burnside St.
(503) 222-2774
월~토 11:00~19:00, 일 11:00~18:00
tannergoods.com
**MAP p.274-7**

— 가게와는 별도의 장소에 위치한 공방. 이곳에서 모든 제품을 디자인하여 생산한다.

## CRAFT

## *Danner Boots*

양질의 진짜 부츠

대너 부츠는 1932년 창업 당시부터 장인의 기술로 튼튼한 양질의 부츠를 수작업으로 만들어왔다. 2013년 여름에 웨스트엔드에서 가장 잘 나가는 '유니언 웨이(⇒p.14)'에 플래그십 스토어를 열었다. 덕분에 도심에 살면서도 진짜 부츠와 미국산 의류를 살 수 있게 되었다. 모처럼 자연환경이 뛰어난 오리건에 왔으니 '미국 북서부'다운 오두막집 같은 가게에 들러보자. 부츠 하나쯤 장만해서 하이킹을 가는 것도 좋지 않을까?

*information*
-
**Danner Boots**
대너 부츠
1022 W Burnside St.
(503) 262-0031
월~토 11:00~19:00, 일 11:00~18:00
www.danner.com
MAP p.274-12

TRUE PORTLAND | MAKE
## PRINTING

— 사용하는 도구에서 오랜 세월의 흔적이 보인다.

## Stumptown Printers

활판인쇄를 좋아한다면 안성맞춤인
고집스러운 공방

information
-
**Stumptown Printers**
스텀프타운 프린터
2293 N Interstate Ave.
(503) 233-7478
화~금 9:00~18:00
stumptownprinters.com
MAP p.278-29

1999년에 시작한 후 2번의 이사를 거쳐 6년 전 지금 자리에 정착했다. 주로 LP와 CD, 그리고 카세트테이프 등의 재킷을 인쇄하는 스텀프타운 프린터는 지금도 활판인쇄를 고집하며 CD 재킷도 플라스틱 제품은 만들지 않고 대부분 종이 패키지라고 한다. 공방 입구 부근에는 작은 가게도 함께 운영 중이며 이곳에서 인쇄한 엽서와 포스터 등을 판매한다. 타이밍이 좋으면 공방도 구경할 수 있다.

— 반세기 이상 사용한 기계로 섬세하게 인쇄한다.

## PRINTING

### 철판 인쇄기로 만든 카드 '갤러리'

뛰어난 디자인의 생일축하 카드와 연하장, 지역 예술가가 만든 엽서 등이 가게 안을 다양하게 장식하고 있다. 재활용 코튼을 원료로 한 전통적인 제작 방식의 종이 공장과 활판인쇄기를 사용한 인쇄소를 함께 운영한다. 가게의 오리지널 카드에서는 지금은 찾아보기 힘든 철판인쇄만의 아름다움을 느낄 수 있다. 특별 주문 디자인 명함과 결혼식·파티 초대장 등의 제작도 주문받고 있다. 또, 포장에 어울리는 전 세계에서 가져온 훌륭한 종이와 디자인 문구류, 앤티크 타자기 등도 있으니 선물이나 기념품을 찾아보는 재미도 있다.

*information*
-
**Oblation Papers & Press**
오블레이션 페이퍼 앤드 프레스
516 NW 12th Ave.
(503) 223-1093
월~토 10:00~18:00, 일 12:00~17:00
www.oblationpapers.com
MAP p.276-21

## *Publication Studio*

### 두 명의 여성이 운영하는 작은 출판사

패트리샤와 안토니아, 두 명의 여성이 운영하는 작은 출판사다. 자신들이 좋아하는 아직 출판되지 않은 소설과 작품을 인쇄부터 제본까지 전부 직접 해서 세상에 선보인다. 웹사이트에서는 지금까지 발행한 전 작품을 전자책으로 내려받을 수 있다. 작가와 작가의 요청에 따른 주문형 출판도 하고 있다. 작은 공간 안은 알록달록한 소프트커버 책으로 가득하다. 이곳에서 그녀들이 발행한 글자만으로 된 포틀랜드 안내 책자도 잊지 말고 챙겨가자.

*information*
**Publication Studio**
퍼블리케이션 스튜디오
717 SW Ankery St.
(503) 360-4702
월~금 11:00~17:00
www.publicationstudio.biz
MAP p.274-17

— 안토니아가 묵묵히 제본 작업 중이다.

— 정비 코스의 수업 풍경. 전용 공구를 사용해 산악자전거를 정비하는 학생들. 자전거 제조업체에서 정비 경험이 있는 강사가 지도한다.

*information*

**United Bicycle Institute Portland**
유나이티드 바이시클 인스티튜트 포틀랜드
3961 N Williams Ave.
(541) 488-1121
www.bikeschool.com
MAP p.278-22

# United Bicycle Institute Portland

(UBI Portland)

## 2주 만에 나만의 오리지널 프레임을 만든다

일반인이 직접 프레임을 만들기엔 진입 장벽이 높다. 도구와 장소의 문제, 그리고 누가 가르쳐줄 것인가? 이런 자전거 이용자들의 DIY 정신에 응답하는 학교가 바로 UBI이다. 오리건 주 애쉬랜드(Ashland)에 본교가 있고 포틀랜드에 분교가 있다. UBI에 모인 학생 대부분은 자전거를 타다 보니 직접 만들고 싶어졌다는 사람들이다. 나이도 성별도 직업도 다양한 자전거 이용자가 미국뿐만 아니라 세계 각지에서 찾아와 2주 동안 자신의 프레임을 만든다. 수강료는 $3,000부터며 해외에서 오는 학생을 위한 숙박 장소도 있어서 휴가를 이용해 수강하는 학생도 많다. 자전거를 만들겠다는 명확한 목적으로 세상에서 단 하나뿐인 프레임과 기술을 얻을 수 있는 장소다.

— 프레임 도면을 그리고 강사의 도움을 받아 스스로 만든다. 완성한 프레임은 각자 칠하며 UBI 도매가로 필요한 부품도 구할 수 있다.

## Strawberry Bicycle

포틀랜드를 대표하는
프레임 빌더

**information**

**Strawberry Bicycle**
스트로베리 바이시클
1535 SW 17th Ave.
(971) 224-1215
www.strawberrybicycle.com
MAP p.274-5

DIY

스트로베리는 1971년에 앤디 뉴랜드가 설립한 아는 사람만 아는 자전거 프레임 브랜드다. 주택가 한쪽의 담쟁이덩굴로 뒤덮인 공방에서 그가 직접 손으로 만든다. 공방에 들어가면 그라피티 디자이너인 부인이 디자인한 '스트로베리' 로고 배너와 그가 '프로덕션 매니저'라고 소개하는 애견이 따뜻하게 반겨준다. 그는 최소 1주일 이상의 시간을 들여 프레임을 용접한다. 완성한 프레임은 바로 사진을 찍어 웹사이트에 게재하고 전 세계의 손님을 기다린다. 직접 만들어서 직접 판매하는 스타일이다. 매년 개최되는 오레곤 핸드메이드 자전거 쇼(Oregon Handmade Bicycle Show, OHBS)의 고정 출전자로 수많은 젊은 프레임 빌더들에게 존경받고 있다. 방문할 때는 미리 연락하자.

— 스트로베리 프레임의 특징은 안장 지지대다. 안장 뒤쪽에서 포크처럼 타이어 축으로 내려간다.

— 오리지널 러그와 지그를 다른 프레임 빌더에게도 공급한다.

## DIY

# *ADX*

### 모두 무언가를 만들고 있는 체육관 같은 공방

1,100㎡가 넘는 부지에 비좁게 늘어선 기기들은 목재용부터 금속용, 최근 도입했다는 3D 프린터 등 언뜻 봐서는 뭐가 뭔지 알 수 없는 것들로 가득하다. 이곳은 2011년 6월에 문을 연 쉐어 공방 겸 학교다. 쉐어 공방은 3단계 레벨의 회원제로 회원이 되면 ADX 안의 공구를 사용할 수 있고 각종 수업도 할인가로 참가할 수 있다. 기기의 안전한 사용부터 작은 집을 만드는 수업까지 다양하게 마련되어 있다. ADX에 제작물을 의뢰할 수도 있어서 3m가 넘는 거대한 표지판이 필요하다면 꼭 연락하길 바란다. 이곳은 당신의 '만들고 싶은' 욕망을 다양한 각도에서 채워주는 포틀랜드다운 분위기가 감도는 DIY 공방이다.

TRUE PORTLAND | MAKE
# DIY

*information*
-
**ADX**
에이 디 엑스
417 SE 11th Ave.
(503) 915-4342
월~금 9:00~22:00, 토일 9:00~21:00
adxportland.com
MAP p.282-30

# The ReBuilding Center

## 집과 관련된 모든 것을 재사용

가옥 철거와 리모델링 등에서 나온 폐자재를 판매한다. 목재뿐만 아니라 현관문, 욕조, 풍로, 램프갓, 손잡이 등의 부속품, 가구, 서랍, 창틀, 타일, 세면대까지 집과 관련된 갖가지 물건들이 잘 분류되어 넓은 건물 안에 진열되어 있다. 1998년 자원봉사자들이 시작한 것이 지금은 이 지역에서 가장 큰 폐자재 재사용 센터가 되었다. DIY를 좋아하는 사람에게 딱 맞는 공간이다. 건물 자체도 폐자재를 재활용해 만들었다고 한다. 아우어 유나이티드 빌리지(Our United Village)라는 비영리단체가 운영하고 있다.

*information*

The ReBuilding Center
더 리빌딩 센터
3625 N Mississippi Ave.
(503) 331-1877
월~금 10:00~18:00, 토 9:00~17:00, 일 10:00~17:00
rebuildingcenter.org
MAP p.278-20

TRUE PORTLAND | MAKE
## LIST

# MAKE
*List*

### Ahearne Cycles
자전거의 아름다움을 추구하는 빌더. 오리지널 화물 운송용 자전거 '사이클 트럭'이 유명하다. 방문 시에는 미리 연락해야 한다.

에이헌 사이클
www.ahearnecycles.com

### Pendleton Home Store
140년 이상의 역사를 지닌 '양모'를 고집하는 가게로 모포와 가구, 의류 등으로 유명하다.

펜들튼 홈 스토어
210 NW Broadway / (503) 535-5444
월~토 10:00~17:30
pendleton-usa.com
MAP p.276-40

### Chris King
부품부터 프레임, 완성품까지 모두 포틀랜드 공장에서 만드는 세계적인 자전거 브랜드

크리스 킹
chrisking.com

### The Poler Flagship Store
포틀랜드에서 탄생한 캠핑용품 브랜드. 주황색 침낭이 유명하다.

더 폴러 플래그십 스토어
1300 W Burnside St.
월~토 10:00~18:00, 일 11:00~18:00
polerstuff.com
MAP p.274-7

TRUE PORTLAND
## COLUMN

# *Proudly handcrafted in Portland, Oregon.*
### 포틀랜드의 자긍심이 만드는 것

자긍심을 갖고 자기가 믿는 것을 계속해서 만든다. DIY의 성지라고 불리는 포틀랜드는 이러한 사람들이 생산하는 것들로 넘친다. 좋은 상품을 만들면 이를 좋게 평가하는 사람이 있고, 팔아줄 상점이 있으며, 사주는 사람이 있으니 돈은 다시 제작자에게 돌아간다. 너무나도 당연한 순환관계가 건전하게 작용하고 이 같은 움직임을 가속한다. 포틀랜드에서 '자긍심'을 하나의 형태로 만들고 있는 태너 굿즈와 스텀프타운 프린터에게 이야기를 들어보았다.

### 옛 유산과 현대가 교차하는 장소
여기는 미국의 장인 정신과 현대의 감성이 교차하는 곳이다. 젊은이들이 무언가를 만드는 일에 자긍심을 갖고 그것을 즐긴다. 전 세계적으로 높은 평가를 얻고 있는 태너 굿즈(⇒p.168) 공방을 찾았다.

메이드 인 포틀랜드를 대표하는 물건 중 하나로 태너 굿즈를 꼽는 사람이 많을 것이다. 공정 대부분이 핸드메이드로 이루어지는 이 브랜드의 공방 계단을 내려가자 우선 커다란 개가 따뜻하게 반겨준다. 록 음악이 시끄럽게 울려 퍼지는 이곳은 공장이 아니라 오히려 자유롭게 물건을 만드는 일을 즐기는 젊은이들의 워크숍 같다.

태너 굿즈의 역사를 되짚어보자. 설립된 지 8년여 만에 포틀랜드다움을 체현한 이 브랜드는 공업 디자인을 전공한 샘 허프와 예반 라우츠라는 두 명의 설립자가 컴퓨터로 아름답게 디자인된 상품을 판매하는 것이 아니라 실제로 형태가 있고 손으로 만져서 실감할 수 있는 디자인에 매료되어 시작했다. 가죽과 '놀기' 시작한 그들은 차차 이 가죽을 가방과 카드 케이스로 바꿨다. 그 당시는 불황에 허덕이던 미국인들이 때마침 외양만 화려한 물건보 다는 제품의 질과 만드는 과정, 그 자체를 둘러싼 이야기를 중시하는 소비 성향으로 조금씩 바뀌기 시작하던 무렵이었다. 요컨대, '잘 망가지지 않고 사용하기 편리하다'는 미국 장인 정신의 기본에 충실한 제품을 찾게 되었다는 이야기다. 그 타이밍에 태너 굿즈는 안성맞춤인 제품을 제공했다. 디자인과 질, 게다가 이야기가 전파되면서 특히 최근 3, 4년 동안 다른 나라에도 수출하며 브랜드의 세력을 떨치기 시작했다.

다시 이야기를 공방으로 되돌리자. 좋은 커피 향이 감도는 이곳은 여러 가지 기기가 비좁게 늘어서 있지만 어디까지나 사람이 중심인 공간이다. 많은 소재와 상품으로 넘치지만, 이곳에서 일하는 사람들이 움직이기 편하고 만들기 쉽도록 그리고 때로는 편안하게 쉴 수 있도록 만들어졌다. 인터뷰에 응해준 마이클 앤더슨은 "물건을 만드는 과정은 우리의 영혼과 같아요. 가죽 선택과 디자인은 물론이고 가죽을 자르고, 실로 꿰매고, 자른 면에 줄질하는 일 등 이러한 수작업 하나하나가 태너 제품의 질을 보장해주죠."라고 말한다. 그리고 이 모든 것은 펄 지구에서 차로 15분 정도의 거리에 위치한 공방에서 일하는 그들의 손을 통해 생산된다. 최소한의 기능을 가장 사용하기 편한 형태로 제공하는 것, 무엇보다도 제품이 오랫동안 사용되고 사랑받는 것이 목표라고 한다.

마지막으로 태너 굿즈의 독특함을 이야기해보자. 마이클은 "우리 제품은 현대적으로 해석한 미국의 전통이라고 생각해요."라고 한다. 원래 미국에 존재했던 '꾸밈없고 내실이 튼튼한' 전통적인 가죽 제품을 현대의 디자인을 도입한 상품으로 생산한다. "우리는 오른발을 전통에, 왼발을 현대 디자인에 두고 있다."고 덧붙인다. 간단하고 싸게 무엇

## COLUMN

이든 당장 살 수 있는 시대지만 오래된 물건을 '낡은 물건'으로 취급하지 않고 오래되었기 때문에 더욱 가치가 있다는 생각으로 일상에서 함께 살아가는 가죽 제품을 찾아보는 건 어떨까?

— 이것이 작업 중에 말을 걸어왔던 HAMADA 인쇄기

### Arigato Pack

포틀랜드에서 활판인쇄를 고집하며 음악에 대한 사랑을 표현하는 인쇄소 스탬프타운 프린터(⇒p.170)에서 들은 '고마움(아리가토, Arigato)'에 얽힌 신비로운 이야기.

펑크록의 매력에 빠진 주인 형제가 포틀랜드의 음악 커뮤니티에 매료되어 오하이오 주에서 이주하여 친구들과 1999년 설립한 스탬프타운 프린터는 2번의 이사를 거쳐 현재 장소에 정착한 인쇄소다. LP와 CD, 카세트테이프의 앨범 재킷 등 음악과 관련된 인쇄를 주로 하며 책 표지와 초대장 등 활판인쇄에서만 느낄 수 있는 '맛'을 살리고 있다.

각종 기기가 즐비한 인쇄소를 둘러보면 50년 전의 인쇄기 등이 지천으로 널려 있다. 100년도 전의 기계도 많다. 인쇄기와 종이 틈을 누비고 걷다 보면 선반에 놓인 몇 개의 상자에 쓰인 '아리가토 팩(Arigato Pack)'이라는 글자를 발견할 수 있다. '아리가토(Arigato)=고마워'. 미국뿐만 아니라 유럽, 그리고 일본에도 고객층을 가진 공방에서 마주친 '아리가토'에 대한 이야기를 자세히 들어보기 위해 주인 중 한 명인 에릭 백도나스를 만났다.

에릭은 약 10년 전에 인쇄소 문을 닫게 된 남성에게서 하마다라는 업체의 오래된 인쇄기를 샀다. 그는 좋은 조건으로 물건을 넘겨주면서 하면서 한 가지 조건을 내걸었다고 한다. "이 인쇄기는 제이크 아리가토라는 이름이 있다. 이 이름을 자네 인쇄소에서도 계속 사용해 주겠나?"라는 그의 부탁에 에릭은 알겠다고 대답하면서 이름의 유래를 물었다. 남자는 "오래전 이야기로 그 당시 매일 밤늦게까지 일했는데 어느 날 밤늦게까지 인쇄기를 돌리고 있었다. 그런데 자정 무렵, 작업하고 있던 내게 하마다 인쇄기가 갑자기 말을 걸어왔다. '제이크 아리가토(제이크 고마워)'하고." 이후 그는 이 인쇄기에만 '제이크 아리가토'라는 이름을 붙이고 그렇게 불렀다고 한다. "이름을 붙인 개를 양자로 입양하는 뭐 그런 느낌이었어요."라고 에릭은 웃으며 말한다.

그리고 지금도 현역으로서 활약하고 있는 이 인쇄기로 찍은 CD 재킷은 '제이크 아리가토'에게 경의를 표하는 의미로 '아리가토 팩'이라 부른다고 한다. 신비로운 인쇄기 이야기다. 스탬프타운 프린터는 인쇄소 내부 구경도 할 수 있다고 하니 부디 한번 '제이크 아리가토'에게 말을 걸어보자. 어쩌면 대답을 들을 수도 있지 않을까.

*profile*
**AKIHIRO MATSUI** 아키히로 마쓰이
MEDIA SURF COMMUNICATIONS에서 즐겁게 일하고 있다. 전 세계를 돌아다니며 도시를 정점 관측(定點觀測)하는 것이 취미다. 사람을 매료시키는 도시의 요소에 관해 생각한다. 현재 스톡홀름에 거주하며 매일 새로운 일을 발견하고 있다.

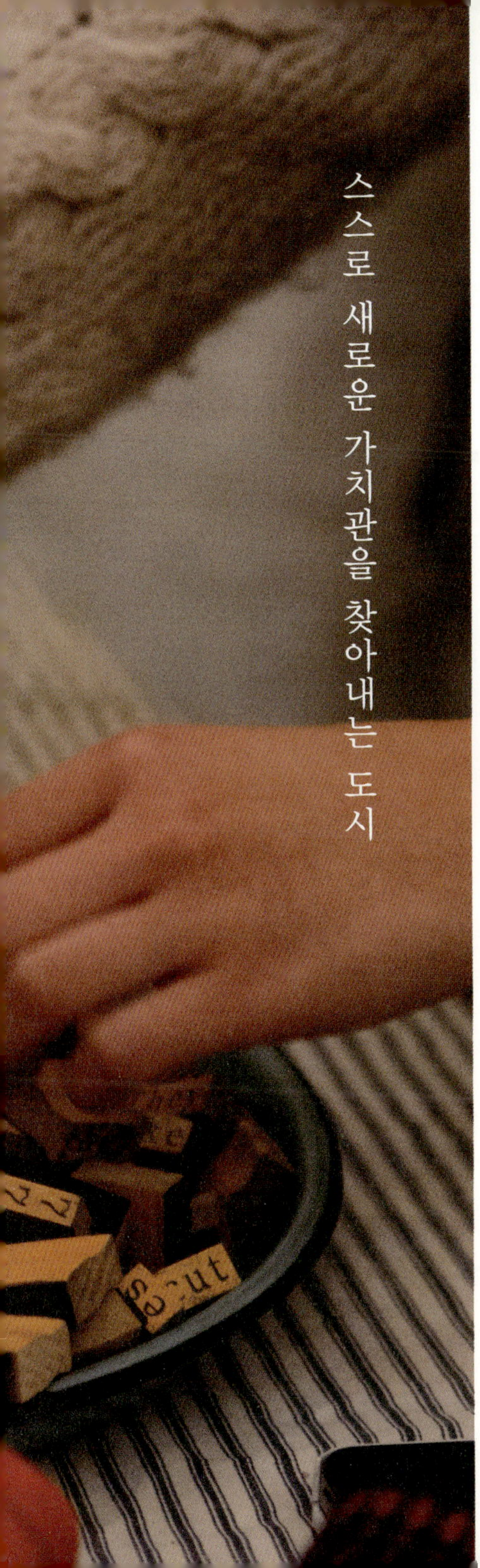

스스로 새로운 가치관을 찾아내는 도시

# DIG
탐구하기

'Dig'에는 '파다'는 뜻 말고도 '찾아내다'라는 뜻도 있다. 그리고 무언가가 마음에 들었을 때도 'Like'나 'Love'와 비슷한 느낌으로 'I dig it.'이라고 쓰기도 한다. 포틀랜드 사람들은 골동품 상점과 중고품 가게를 사랑하며 다들 오래된 물건을 자연스레 생활 속에서 받아들이고 있다. 물론 골동품 상점 말고도 독립적인 정신과 독자적인 가치관으로 고른 상품을 판매하는 가게도 있다. 단지 유행을 좇아 쇼핑하지 말고 각각의 상점으로 표현된 가치관을 'Dig'하는 것이 자신의 가치관을 높이는 일로 이어질 것이다.

TRUE PORTLAND | DIG
**VINTAGE**

# Hippo Hardware & Trading Co

오직 포틀랜드에만 있는 철물점

1976년에 문을 연 철물점으로 주인 둘 다 수다스럽다. 가게 이름인 히포(하마)의 유래를 물었더니 주인이 소년 시절 달리는 차의 창밖으로 내던져진 동물을 구출해 길렀는데 하마 새끼였더라는 수수께끼 같은 일화를 들려준다. 1층에는 손잡이와 수도꼭지, 변기 시트와 수조 등이 빽빽이 들어차 있다. 포틀랜드 사람들은 오래된 집을 고쳐서 살기 때문에 곤란할 때 히포에 가면 생산이 중지된 부품도 찾을 수 있다고 한다. 하지만 이곳은 단순한 철물점이 아니라 포틀랜드의 철물점이다. 천장에 거대한 인형의 다리가 걸려 있고, 실제 사람 크기만 한 지느러미를 단 수녀 인형이 엎드려 누워 있는 욕조도 있다. 이곳의 매력은 단연코 2층에 있다. 한 층 전체가 마치 빈티지 조명 기구 박물관 같아서 이 혼란스러운 광경에 분명 압도당할 것이다.

*information*

Hippo Hardware & Trading Co
히포 하드웨어 앤드 트레이딩 코
1040 E Burnside St.
(503) 231-1444
월~목 10:00~17:00
금토 10:00~18:00
일 12:00~17:00
hippohardware.com
MAP p.282-6

— 이 중에는 벤슨 호텔과 중앙도서관 등에서 사용한 조명도 있다고 한다. 포틀랜드의 역사가 담긴 공간이다.

**VINTAGE**

— 주인 중 한 명인 스피븐 오펜하인. 가게의 역사와 아내를 얼마나 사랑하는지를 싱글벙글 웃으며 들려준다.

— 무심코 사게 되는 오래된 방송 트레이딩카드 패키지. 콜라주 하기에 좋은 종이도 바구니 한가득!

## *Smut Vintage*
주인의 개성이 빛나는 보물의 산

    2004년에 문을 연 가족 경영 빈티지 상점으로 특히 음반과 헌책 등 엄청나다. 호텔과 레스토랑의 성냥갑, 누군지 알 수 없는 가족의 사진도 팔고, 옷과 신발도 있다. 뭐든지 파는 빈티지 가게는 많지만 'So Many Unique Treasures'의 앞글자를 따서 만든 가게 이름답게 이 가게는 주인의 취향이 반영된 상품을 갖추고 있다. 좁지만 잘 정리된 가게 내부는 쇼핑하기 편하다.

*information*
-
**Smut Vintage**
스멋 빈티지
7 SE 28th Ave.
(503) 235-7688
월∼금 12:00∼19:00, 토 11:00∼19:00, 일 11:00∼18:00
smutportland.blogspot.com
MAP p.282-58

---

## 매월 셋째 주 일요일은 벼룩시장으로!

    2011년에 시작된 포틀랜드 벼룩시장은 매월 셋째 주 일요일에 이벤트 스페이스 Union/Pine 안과 그 앞길에서 열린다. 매번 40팀 이상의 판매자가 참가하며 25년 이상 된 옛날 물건, 혹은 골동품을 재활용해 만든 핸드메이드 작품만 판매한다. 포틀랜드 외의 다른 지역에서 가게를 운영하는 판매자와 온라인 판매만 하는 판매자의 상품을 한 번에 둘러볼 좋은 기회다.

## *Portland Flea*

*information*
-
**Portland Flea**
포틀랜드 벼룩시장
525 SE Pine St. Union/Pine 내
매월 셋째 주 일요일 10:00∼16:00
pdxflea.com
MAP p.282-12

## House of Vintage

### 포틀랜드 최대 규모!

빈티지 가게가 즐비한 호손 스트리트를 대표하는 포틀랜드 최대 규모의 빈티지 상점이다. 옷을 중심으로 잡화와 가구, 뭐든지 다 있어서 엄청난 양에 압도당한다. 물건에 작은 가격표가 손 글씨로 쓰여 있어서 깜짝 놀랄 것이다. 라디오 가격표에 '오리지널 아이팟'이라고 쓰여 있는 식이다. 멋진 물건이 상당히 많아서 포틀랜드 거리에서 흔히 보이는 '언제 적 물건인지 알 수 없는 차림을 한 사람'은 분명 여기서 사서 입고 다니는 것이 분명하다!

#### information

**House of Vintage**
하우스 오브 빈티지
3315 SE Hawthorne Blvd.
(503) 236-1991
월~일 11:00~19:00
www.houseofvintageportland.com
MAP p.282-76

## Grand Marketplace

### 최신 골동품 쇼핑몰

빈티지 가게라기보다는 쇼핑몰이라고 부르는 편이 더 와 닿는 거대한 공간인 그랜드 마켓플레이스는 2013년 막 문을 열었다. 17팀의 컬렉터가 판매하는 골동품들이 즐비하다. 다른 포틀랜드의 빈티지 상점보다 대형 가구와 동물 박제, 간판 등이 많이 보인다. 컬렉터마다 개성 만점 디스플레이를 선보여서 방 인테리어에 참고할 만한 점도 많다.

— 포틀랜드에서 옛날에 사용한 도로 표지판도 판매한다.

#### information

**Grand Marketplace**
그랜드 마켓플레이스
1005 SE Grand Ave.
(503) 208-2580
월~토 10:00~18:00, 일 11:00~17:00
grandmarketplacepdx.com
$ / MAP p.282-26

SELECT SHOP

# Alder & Co.

생활을 더욱 풍요롭게
즐기기 위한 상점

생활에 필요하다고 생각한 물건을 세계 각지를 여행하며 수집했다는 앨더 앤 코는 물건을 아끼는 주인과 직원들이 만드는 독특한 '상냥한 분위기'가 오감을 통해 느껴진다. 양초와 문구류 등 일상적인 잡화부터 옷과 보석, 예술 작품에 생화까지 두루 갖추고 있다. 약 3년 전 지금의 장소로 이전한 이 가게가 표방하는 '아름다움과 기능 모두 만족하게 하는 시간의 흐름에 지지 않는 물건들'의 면면을 반드시 체감하길 바란다. 당신의 생활을 풍요롭고 즐겁게 만들어 줄 물건과 만나게 될 것이다.

*information*
Alder & Co.
앨더 앤 코
616 SW 12th Ave.
(503) 224-1647
월~토 10:00~19:00, 일 12:00~17:00
alderandcoshop.com
MAP p.274-29

## SELECT SHOP

## *Woonwinkel*

### 투명한 느낌의 셀렉트 디자인 숍

직선적이고 멋진 디자인의 '모던'한 제품이 아니라 온기가 느껴지고 친근한 '뉴 모던'을 주제로 만든 가게다. 포틀랜드를 비롯한 미국 서해안의 무명 디자이너들의 작품을 많이 갖추고 있다. 보기만 해도 즐거운 알록달록한 물건들로 가득하다.

*information*
-
**Woonwinkel**
운윙클
935 SW Washinton St.
월~토 11:00~18:00, 일 12:00~17:00
(503) 334-2088
woonwinkelhome.com
MAP p.274-15

---

## 포틀랜드의 '수공예를 사랑하는 문화' 에서 탄생한 이벤트

## *Crafty Wonderland*

2006년 월 1회 예술과 공예전으로 시작한 이곳은 인기가 많아지면서 운영 관리의 어려움 때문에 1년에 두 번, 5월과 12월에 컨벤션센터에서 개최하는 거대한 행사로 발돋움했다. 도심에서는 팝업 스토어도 열려 언제든지 170여 종 이상의 지역 작가들의 핸드메이드 작품을 살 수 있다.

*information*

**Crafty Wonderland**
크래프티 원더랜드
808 SW 10th Ave.
(503) 224-9097
월~토 10:00~18:00, 일 12:00~17:00
craftywonderland.com
MAP p.274-32

## SELECT SHOP

## Canoe

### 계속 함께할 수 있는 물건과 만나려면 이곳

2005년 도심에 문을 열었다. 물건을 간단히 소비하지 않고 소중히 여기는 생활 방식을 이야기하는 가게다. 일본과 북유럽의 셀렉트 숍의 영향을 받은 두 명의 주인이 선택한 단순하고도 기능적이며 평생 소장할만한 제품과 만날 수 있는 공간이다.

information
-
Canoe
카누
1136 SW Alder St.
(503) 889-8545
월~토 10:00~19:00, 일 11:00~18:00
canoeonline.net
MAP p.274-29

## Vintalier

### 빈티지 초심자라면 이곳에서 시작해보는 건 어떨까?

2009년 패션 블로그에서 출발하여 지금은 펄 지구의 점포와 온라인에서 의류와 액세서리를 판매하고 있다. 판매 중인 옷은 대부분 빈티지 제품으로 상태가 좋으며 빈티지 초심자도 소화하기 쉬운 옷들이다.

information
-
Vintalier
빈탤리에
412 NW 13th Ave.
(503) 222-0148
월~토 11:00~18:00, 일 11:00~17:00
www.vintalier.com
MAP p.276-27

TRUE PORTLAND | DIG
## SELECT SHOP

동네 여자아이들에게
최고 인기
고집이 담긴 셀렉트 숍

## Sword+Fern: Shop+Studio

보석 디자이너 에밀리 베이커의 디자인 스튜디오 겸 숍으로 자신의 작품 외에도 도자기와 태피스트리 등 단 하나뿐인 작품도 갖추고 있어서 자기가 진짜 좋아하는 것들만 선택했다는 느낌이 든다. 마찬가지로 셀렉트 숍인 스탠드 업 코미디와 내셔널 갤러리도 같은 건물에 있으니 함께 돌아보면 좋을 것이다.

*information*

Sword+Fern: Shop+Studio
스워드+펀: 숍+스튜디오
811 E Burnside St.
(503) 683-3376
월, 목~토 11:00~19:00, 일 12:00~17:00
swordandfern.com
MAP p.282-3

## Victory

로어 번사이드 쇼핑 지역의 새내기

2013년 번사이드에 막 문을 연 이곳은 원래 온라인 상점으로 시작했다. 지역 디자이너의 작품도 많이 갖추고 있다. 그중에서도 보석 브랜드인 Thorn & Wynn의 액세서리는 적당한 가격으로 인기가 많다. 2014년부터는 남성 의류도 들여놓을 예정으로 앞으로의 전개가 기대되는 가게다.

*information*

Victory
빅토리
729 E Burnside St.
(503) 236-7303
화~금 12:00~17:00, 토일 12:00~18:00
www.victorypdx.coms
MAP p.282-2

TRUE PORTLAND | DIG
## SELECT SHOP

# Hand-Eye Supply

information
-
**Hand-Eye Supply**
핸드 아이 서플라이
23 NW 4th Ave.
(503) 575-9769
월~일 11:00~18:00
www.handeyesupply.com
MAP p.276-50

## 단순한 보급품 가게로
## 그치지 않는다

공업 디자인 블로그 'Core77' 설립자 두 명이 문을 연 공구와 작업·안전 용품을 판매하는 상점이다. 공구 외에도 인기 상품인 오리지널 앞치마와 공구 가방도 판매한다. 점포 안쪽에서는 격주 화요일마다 강연자를 초빙해 '호기심 클럽'이라는 강의를 진행한다. 지금까지 디자이너와 장인 외에도 과학자, 소설가 등 장르를 불문하고 초대했다. 이름대로 자기가 흥미 있는 분야라면 무엇이든 추구하는 클럽이다. 단순히 가게로만 그치지 않고 지역의 창조성과 장인 정신에 뿌리내린 '배움의 장'이기도 하다.

## SELECT SHOP

# Table of Contents

— 주인이 디자인한 탁구대. 네트도 작가와 협업해서 제작했다.

### 하이패션 의류부터 아트북까지

2012년 차이나타운에 문을 연 테이블 오브 콘텐츠는 포틀랜드에서는 상당히 보기 힘들었던 하이패션 의류와 액세서리 잡화, 사진집 등을 다루는 상점이다. 가게 안에는 주인 중 한 명인 조셉이 디자인한 대리석 탁구대도 놓여 있다. 2013년 가을에는 스텀프타운 커피와 Wieden+Kennedy, 에이스 호텔의 디자인 팀 등이 참가한 제1회 탁구대회가 열렸었다. 하이패션을 취급하지만 하는 일은 포틀랜드답다는 점이 재미있다.

information
-
**Table of Contents**
테이블 오브 콘텐츠
33 NW 4th Ave.
(503) 206–5630
화~토 12:00~19:00, 일 12:00~17:00
tableofcontents.us
MAP p.276-50

---

# Compound Gallery

### 스트리트 패션을 좋아한다면 이곳으로!

1층은 스니커즈와 스트리트 패션계열 의류를 판매하는 셀렉트 숍, 2층은 갤러리 공간이다. 포틀랜드는 나이키의 본거지인 만큼 희귀한 상품이 많으니 주목하자. 만약 일본인 주인 카쓰 씨가 가게에 있다면 포틀랜드에서 추천하는 장소를 많이 알려 줄 것이다!

information
-
**Compound Gallery**
컴파운드 갤러리
107 NW 5th Ave.
(503) 796–2733
월~토 11:00~19:00, 일 12:00~18:00
www.compoundgallery.com
MAP p.276-46

Rika Izumi

Rika Izumi

# Paxton Gate

## 미시시피 애비뉴의 작은 박물관 가게

*information*

**Paxton Gate**
팩스턴 게이트
4204 N Mississippi Ave.
(503) 719-4508
월~일 11:00~19:00
paxtongatepdx.com
MAP p.278-14

샌프란시스코에 1호점을 둔 팩스턴 게이트는 박제와 화석, 표본 등을 판매하는 진귀한 가게다. 머리가 둘 달린 쥐와 비버, 왕관을 쓴 펭귄 등 평소에 볼 수 없는 신기한 동물 박제가 가득하다. 가게 내에서는 정기적으로 다람쥐를 표본으로 만드는 워크숍도 개최한다. 다람쥐를 많이 볼 수 있는 포틀랜드에서 조금 잔인하다는 생각도 들지만, 흥미가 있다면 인터넷으로 참가신청을 해보자!

TRUE PORTLAND | DIG

## NATURE

— 옥션에서 막 낙찰 받은 해달 박제

## NATURE

## Pistils Nursery

### 포틀랜드식 원예점

미시시피 애비뉴가 지금처럼 활기 넘치기 전부터 있었던 원예점이다. '도시 속에서 시골처럼 생활하자'가 신조로 정원 가꾸기와 관련된 것이라면 무엇이든 판매하는 포틀랜드 원예가들의 성지다. 채소와 과일 알뿌리를 비롯한 식물은 모두 현지 농원에서 구매한 것이다. 가게 뒤쪽에서는 닭을 방사하고 있어서 병아리를 살 수도 있다. 도시 농업과 퇴비화, 포틀랜드다운 삶의 방식을 지지하는 이곳으로 발걸음을 옮겨보자.

*information*
-
**Pistils Nursery**
피스틸즈 너서리
3811 N Mississippi Ave.
(503) 288-4889
월~일 10:00~18:00
pistilsnursery.com
MAP p.278-19

### 테라리움만으로도 특별한 가게!

아르테미지아는 유리 용기 안에 다육식물과 기생식물을 키우는 실내원예 스타일인 테라리움 전문점이다.〈New York Times〉 TOP 100에 뽑힌 전문 서적을 발간했을 정도로 테라리움에 관한 주인의 지식은 무척 깊다. 식물 외에도 사슴 뼈와 유목 등 인테리어를 위한 제품도 많다.

*information*
-
**Artemisia**
아르테미지아
110 SE 28th Ave.
(503) 232-8224
수~일 10:30~18:00
collagewithnature.com
MAP p.282-61

# TRUE PORTLAND | DIG
## LIST

# DIG
## List

**Schoolhouse Electric**
오리지널 가구, 잡화 판매. 빈티지 조명기구 재생산

스쿨하우스 일렉트로닉
2181 NW Nicolai St./ (503) 230-7113
월~토 10:00~18:00, 일 11:00~16:00
schoolhouseelectric.com/ MAP p.276-1

**Lodekka**
2층 버스를 이용한 빈티지 의류 전문점

로데카
3929 N Williams Ave./ (503) 789-6401
금~월 10:00~18:00, 일 11:00~17:00
lodekka.com
MAP p.278-22

**Vintage Pink**
어쩐지 느슨한 상품과 디스플레이가 특징인 빈티지 상점

빈티지 핑크
2500 SE Hawthorne Blvd./ (503) 224-8100/ 월~일 10:00~19:00
ilovevintagepink.com/ MAP p.278-72

**The Red Light Clothing Exchange**
포틀랜드 최대 규모의 구제 옷 가게!

레드 라이트 클로징 익스체인지
3590 SE Hawthorne Blvd./ (503) 963-8888
월~목 11:00~20:00, 금~토 11:00~21:00, 일 12:00~19:00/
redlightclothingexchange.com
MAP p.282-77

**Lowell**
지역 작가의 도예 작품과 개성적이고 귀여운 소품 등

로웰
819 N Russell St./ (503) 753-3508
수~일 12:00~19:00
lowellportland.com
MAP p.278-28

**Appetite Design LLC**
자매가 운영하는 가게 겸 스튜디오

애피타이트 디자인 엘엘시
2136 E Burnside St./ (503) 233-1223
화~토 11:00~18:00, 일 12:00~18:00
appetitesite.com
MAP p.282-54

**Stand Up Comedy**
하이패션과 인디브랜드를 모두 취급하는 인기 셀렉트 숍

스탠드 업 코미디
811 E Burnside St./ (503) 233-3382
수~토 12:00~19:00, 일 12:00~17:00
shopstandingup.us
MAP p.282-3

**Snow Peak**
일본에서 만든 아웃도어 브랜드. 미국 내 점포는 이곳뿐이다.

스노우 피크
410 NW 14th Ave./ (503) 697-3330
월~토 10:00~19:00, 일 11:00~18:00
snowpeak.com/portland
MAP p.276-26

**Buffalo Exchange**
미국 전역에 체인점이 있는 구제 재활용 가게

버팔로 익스체인지
1036 W Burnside St./ (503) 222-3418
월~토 10:00~21:00, 일 11:00~21:00
buffaloexchange.com
MAP p.274-12

**Xtabay Vintage Clothing Boutique**
1920~60년대의 상태 좋은 드레스가 풍부한 빈티지 전문 부티크

익스터베이 빈티지 클로싱 부티크
2515 SE Clinton St./ (503) 230-2899
월~일 11:00~18:00
xtabayvintage.blogspot.com
MAP p.282-92

**Next Adventure**
아웃도어 전문 상점. 카약과 하이킹 수업도 개최한다.

넥스트 어드벤처
426 SE Grand Ave./ (503) 233-0706
월~금 10:00~19:00, 토 10:00~18:00, 일 11:00~17:00/ nextadventure.net
MAP p.282-19

**Seek the Unique**
가구 상품을 잘 갖춰 놓은 앤틱 상점

시크 더 유니크
931 SE 6th Ave./ (503) 208-2580
월~토 11:00~18:00, 일 12:00~17:00
uniquestorepdx.com
MAP p.282-24

**Andy & Bax**
밀리터리, 캠핑 기어, 기타 아웃도어 용품만을 취급하는 가게

앤디 앤 백스
324 SE Grand Ave./ (503) 234-7538
월~목, 토 9:00~18:00, 금 9:00~21:00
andyandbax.com
MAP p.282-14

**W.C. Winks Hardware**
현지인들이 즐겨 찾는 철물점/ 홈 센터

더블유 시 윙크스 하드웨어
200 SE Stark St./ (503) 227-5536
월~금 7:30~17:30
winkshardware.com
MAP p.282-18

**Noun**
문구류를 중심으로 잡화도 판매하는 셀렉트 숍. 세인트 컵케이크 안쪽에 있다.

나운
3300 SE Belmont St./ (503) 235-0078
월~토 10:00~19:00, 일 10:00~17:00
shopnoun.com
MAP p.282-69

**Palace**
빈티지 의류와 잡화 취급

팰리스
828 SE 34th Ave./ (503) 517-0123
월~토 11:00~19:00
palacestore.com
MAP p.282-70

195

TRUE PORTLAND | DIG

# LIST

### Una
전 세계 디자이너의 의류와 액세서리를
판매하는 부티크

우나
922 SE Ankery St./ (503) 235-2326
화~토 11:00~18:00, 일 12:00~18:00
una-myheartisfull.com
MAP p.282-10

### Hawthorne Vintage
미드 센추리의 빈티지 가구, 음반, 포스터
등 풍부한 상품을 구비

호손 빈티지
4722 SE Hawthorne Blvd./ (503) 230-2620
월~일 11:00~18:00
hawthornevintagepdx.com  MAP p.282-85

### Frances May
인디 디자이너의 의류를 판매하는 인기
부티크

프랜시스 메이
1013 SW Washington St./ (503) 227-3402
월~토 11:00~19:00, 일 12:00~18:00
francesmay.com
MAP p.274-14

### Rad Summer
지역 밴드 더 미라클 클럽의 멤버가 운영
하는 빈티지 상점

래드 서머
1 SE 28th Ave./ (503) 546-8968
월~일 11:00~19:00
radsummer.blogspot.com
MAP p.282-58

### Animal Traffic
미 북서부풍 아웃도어 계열 상품이 즐비
한 빈티지 가게

애니멀 트래픽
4000 N Mississippi Ave./ (503) 249-4000
월~일 11:00~18:00
animaltrafficpdx.com
MAP p.278-16

### Odessa
이자벨 마랑과 츠모리 치사토를 판매하
는 셀렉트 숍

오데사
410 SW 13th Ave./ (503) 223-1998
월~토 11:00~19:00
odessaportland.com
MAP p.274-9

## Why Portland?
### 왜 포틀랜드인가?

요즘 포틀랜드가 뜨겁다!……고 한다. 영어로 말하면 "Portland is Cool!"이 되려나? 아무튼, 매주 일본에서 다양한 사람들이 온다. 지방 자치 단체의 연수, 잡지·인터넷 등 미디어 관련 작가, 패션계 사람들 등등 매주 누가 오는지 이제 잘 모르는 지경에 이르렀다. "그럼 오늘 저녁이라도 같이 먹죠!"라고 말한 것이 세 건이나 겹쳐서 서로 초면인 세 팀과 함께 밥을 먹으러 가서 화기애애하게 시간을 보내고 식사를 마칠 때쯤 모두 친구가 된 일도 있다. 그런 곳에서 자주 듣는 이야기가 "Why Portland?"다.

이 간단한 질문에는 "왜 포틀랜드를 선택했는지?", "왜 포틀랜드에서 회사를 시작했는지?", "왜 포틀랜드가 이렇게 주목받는지?" 등등 여러 가지 의미가 섞여 있다.

물론 매일 회사 일에 쫓기고 돈을 지급하는데 쫓기는 날들을 보내는 나처럼 여유라고는 손톱만큼도 없는 인간이 그런 걸 깨달을 리가 없다. 오히려 "왜 포틀랜드인데?"라고 묻고 싶지만 큰 기대를 걸고 포틀랜드를 찾아온 사람들 앞에서는 "포틀랜드는 음식도 맛있고 패션과 디자인에도 민감하다. 집세도 싸고 인구 밀도도 높지 않아서 살기 좋다. 이렇게 의식주가 균형 잡힌 동네에서는 당연히 새로운 문화가 태어나는 것이 아니겠냐?"라고 멋대로 대충 대답한다.

왜냐하면, 진짜 "왜?"인지 모르고 수십 년째 살아온 나 같은 인간에게는 딱히 아무래도 상관없는 일이라 아무 생각이 없다. 하지만 이곳에서 십 년 넘게 가게를 하다 보니 별일이 다 있었다. 가게를 막 시작했을 무렵에는 나이키의 CEO인 마크 파커가 매주 일본 장난감을 사러 왔었다. 당시에는 그도 부사장이었으니 여유가 있었던 것 같았다. 주말에 찾아와서는 메디컴의 큐브릭과 드래곤사의 밀리터리 피겨를 종종 샀다. 소탈한 사람으로 그가 가게를 방문한지 1년 이상 지났을 때야 비로소 그가 나이키 중역이란 사실을 알았다.

스텀프타운 커피 로스터의 사장 듀앤 소렌슨도 초창기에는 나이키 신발을 사러 자주 왔었다. 스타벅스를 싫어해서 시애틀에 있는 회사에서 구매한 에스프레소 기계를 스타벅스가 그 회사를 매수한 다음 날 팔았다는 반골 정신으로 가득한 사람이다. 그 무렵은 혼자서 커피 원두를 찾아 세계 각지를 돌아다녔는데 커피콩 찾기는 금을 찾는 탐험대와 비슷해서 좋은 콩을 생산하는 농원을 누구보다도 빨리 찾는 일이 점점 힘들어진다고 했었다. 그랬던 그도 지금은 큰 회사의 사장님이다.

그리고 보니 이전에는 근처에 있는 지저분한 중국집에 딤섬을 먹으러 가면 영화감독 구스 반 산트가 혼자서 식사하는 모습을 종종 봤다. 뭐 그뿐이지만, "Why Portland?" 진짜 왜지? 포틀랜드 변두리에서 수상쩍은 가게를 꾸리는 나 같은 인간에게도 이렇게 별의별 일이 다 생기는 곳이다. 포틀랜드는 상당히 특별할지도 모른다. 'Weird' 한 의미로.

*profile*

**KATSU TANAKA** 카쓰 다나카

1994년 미국 유학 중에 학비 마련을 위해 미국 구제 의류 수출을 시작했다. 나이키 Air Max 95의 폭발적인 인기와 함께 포틀랜드에서 빈티지 나이키에 주력한 구제 상품을 수출하는 Just Be Distribution을 설립했다. 그 후 상품의 종류를 임스 체어 등 50년대 미국 가구, 식기, 자전거 등으로 확대하면서 일본의 피겨와 패션을 주로 판매하는 가게, 현대작가를 소개하는 갤러리 'Compound Gallery'를 열었다. 2012년 일본의 오래된 직물 등을 사용한 액세서리를 주로 만드는 브랜드 Kiriko를 시작했다.

# THINK
## 생각하기

　인생은 일상 속에 존재한다. 먹고 마시고 친구, 가족과 대화를 나눈다. 이런 시간을 알차게 보내면 만족감을 얻는다. 하지만 웬일인지 도시는 성장해야만 한다는 이론이 세상에 팽배해졌다. 이상이 빠진 개발은 오히려 도시를 황폐화한다. 성공했으니 정답을 베낄까? 무엇을 위해 커뮤니티를 만들까? 포틀랜드에서 배워야 할 점은 대화를 나누며 건설적인 논의를 하는 토양이 생활 속에 자리 잡고 있다는 것이다. 일방적으로 주민이 분노와 불만을 표출하고, 관공서가 사과만 해서는 앞으로 나갈 수 없다. 거리를 걷다 서점에 들르면 주인의 미의식이 빛나는 라인업은 대화를 시작할 절호의 기회를 만들어준다. 공터를 개발하지 않고 공원으로 만든 덕에 산책하면서 사색에 잠길 장소가 생겼다. 몸으로 느끼며 사고를 혁신할 수 있는 장소는 기개 있는 사람들이 만든다. 오감을 사용해 거리를 걷는 즐거움에 눈을 떠보자.

# NELL'S
# OOKS

## NEW BOOKS

감각을 갈고 닦아 나만의 생각을 개척하자

# Reed College

포틀랜드의 일부이므로 '관계자 외 출입금지'
간판은 없다

처음으로 컴퓨터에 '기분 좋음'을 도입한 스티브 잡스는 이 학교에 입학한 지 불과 반년 만에 자퇴했다. 하지만 캘리그래피 수업은 18개월간(수업료를 내지 않고) 수강했다고 한다. 흥미가 있는 일에 집착하는 자세가 애플 제품 창조성의 포석이 된 것이다. 또, 이런 학생을 허락한 학교 측의 자세도 주목할 만하다. 1908년에 설립된 벽돌로 만들어진 학교 건물은 아이비리그 같은 분위기를 지니고 있다. 비교적 유복한 가정의 자녀가 다니지만, 히피 정신이 뿌리내린 캠퍼스 생활은 주체성과 자기 책임을 요구한다. 지식을 채우기보다는 생각하는 힘을 길러주는 리버럴 아츠 칼리지는 사고의 자유를 길러준다. 캠퍼스 안에는 큰 연못이 있으니 주위를 산책하며 사색에 잠겨보는 건 어떨까.

*information*

**Reed College**
리드 대학교
3203 SE Woodstock Blvd.
(503) 771-1112
reed.edu

*TRUE PORTLAND | THINK*

## COLLEGE

THINK

## Pacific Northwest College of Art

진화를 위한 창조정신을 길러주는
펄 지구에 위치한 예술 대학

1909년 미술관 병설 학교로 시작한 퍼시픽 노스웨스트 예술 학교(이하 PNCA)는 지난 7년 동안 학생과 강사 수가 2.5배로 늘어날 정도로 급격한 성장을 보였다. 강사는 모두 현역 아티스트와 디자이너, 학자를 채용한다. 비영리조직으로 운영하며 졸업생에게는 BFA(미술학사)를 수여한다. 대학원은 6개의 연구과가 있다. 수공예&디자인의 MFA(미술학석사)를 취득할 수 있는 점이 독특하다. 순수예술과 디자인 창작 기술을 연마하고 창조적이고 혁신적으로 문제를 해결하는 사고 능력을 갖춘 학생을 배출하기 위해 노력하고 있다.

## COLLEGE

—1층에는 갤러리가 있어서 인근 주민들이 산책하러 왔다가 작품을 둘러보기도 한다.

—디지털인쇄가 주류임에도 불구하고 사회인 대상의 활판인쇄 수업은 인기가 많다.

## COLLEGE

### 포틀랜드에 전 세계의 재능을 모아 창조의 중심지를 만드는 프로젝트를 진행 중

PNCA는 2009년에 창립 100주년을 맞이하여 새로운 시대를 바라보고 장대한 프로젝트를 시작했다. 포틀랜드에 전 세계의 창조적인 재능을 집결시킬 거점을 마련하는 일에 몰두하고 있다. 도심 북부에 위치한 새 건물인 연방정부 빌딩은 차이나타운과 유니언 역 바로 옆에 있다. 연방정부 빌딩은 원래 연방이민국이었다. PNCA는 이 역사적인 건물을 이용해 100년간 예술과 디자인 교육, 포틀랜드 시민을 위한 커뮤니티 조성에 공헌할 것을 표명하고 연간 $1의 파격적인 임대료로 입주했다. 포틀랜드를 거점으로 미술관 등의 예술 공간을 만든 에일드 워크 건축(Allied Works Architecture)의 저명한 건축가 브래드 클로필에게 인테리어를 의뢰했다. 바닥을 뜯어 통풍구를 만들고 도서관, 갤러리 등을 일체감을 느끼도록 배치해 항상 무언가가 꿈틀거리고 예기치 못한 사건이 발생할 것 같은 공간을 만들었다. 각양각색의 사람들이 오갈 수 있도록 교통이 편리해서 학생들은 다양한 사회와의 접점을 가질 기회에 둘러싸여 있다. 자극과 창조성을 근원으로 새로운 시대의 기업가 정신으로 넘치는 인재를 배출할 것이다. 2015년 1월에 이전할 예정이다.

*information*

**Pacific Northwest College of Art**
퍼시픽 노스웨스트 예술 학교
1241 NW Johnson St.
(503) 226-4391
pnca.edu
MAP p.276-16

# Summer Camp for Creativity in Portland at PNCA

## 손을 움직이고, 거리를 걷고, 오감을 사용하는 여름 캠프

2013년 7월 21일부터 8월 11일까지 3주간, IID 세타가야 만들기 학교 내에 있는 자유대학은 PNCA와 연계해서 '크리에이티브 캠프'를 열었다. 포틀랜드에 흐르는 창조적인 공기를 체험하자는 취지로 20대부터 40대를 아우르는 세대와 직업을 초월한 18명이 참가했다. 포틀랜드의 매력을 어디선가 듣고 온 펄 지구의 도시 개발과 커뮤니티의 존재 방식에 흥미를 지닌 사람도 몇 명 있었다.

첫 주는 '예술+공예', 2주차는 '커뮤니티+디자인', 3주차는 '물건 만들기+일 만들기'를 주제로 구성되었다. 첫날은 톰 메인리 학장이 학장실로 안내해 자신의 예술 작품 컬렉션을 공개했다. 그 뒤 패트릭 포스터 씨, 키타이 요시히로 씨, 여름캠프 프로젝트 책임자인 마쓰무라 요지 씨의 개인 인터뷰를 시작했다. 참가자의 흥미와 목적 등을 대화를 통해 이끌어냈다. 미리 준비한 계획을 그대로 옮기는 것이 아니라 즉석에서 사람들과 상호작용을 통해 어떻게 시간과 공간을 구성할 것인가 토론했다. 참가자들은 새로운 진행 방식에 당혹스러워하면서도 자신의 의사로 방향성을 결정할 수 있는 자유로움을 맛보았다.

이윽고 강의가 시작되자 '도시로 나가서 영감을 얻고 영감을 준 사물을 동판에 직접 선을 새겨 그림을 그리세요.'라는 주문에 사람들은 대부분 쩔쩔맸다. 아무튼, 자신의 손을 사용한다는 포틀랜드의 DIY 정신을 직접 경험했다. PNCA 학생들의 격려 속에서 환경의 변화가 고정관념을 무너뜨리는 보조 역할을 해서 모두 자신을 표현한 작품을 완성했다. 작업 중에 "오늘은 Wieden+Kennedy의 존 C. 제이와 갑자기 약속이 잡혔기에 일정에 추가합니다."라는 일도 종종 일어났다. 나이키 본사와 디자인 컨설팅회사 ziba 등 창조성을 원동력으로 일하는 사람들의 사무실도 방문했다.

사실 크리에이티브 캠프는 지정된 날짜에 PNCA에 도착하기만 하면 된다. 대부분 에어비앤비를 활용해서 숙소를 정하는 등 주체적으로 정보를 수집해 움직이자 세상이 달리 보인다는 사실을 깨달은 사람도 많았다.

크리에이티브 캠프를 통해 깨달은 사실은 포틀랜드가 '창조도시'라고 불리는 요인이 도시 개발과 행정 정책 때문만은 아니라는 점이다. 스스로 문제를 설정하고, 대화를 통해 아이디어를 떠올리고, 이를 어떠한 형태로 만들기 위해 시행착오를 겪어가며 행동하는 사람들의 존재와 이를 지지하는 사람들 덕분에 포틀랜드는 창조도시가 된 것이다. 의견이 달라도 서로를 인정하고 맞추고, 창조성을 발휘해 내 안에 있는 영역을 넓히려고 계속해서 도전해야 한다는 것을 이 도시에서 배웠다.

*profile*

**ETSUYO OKAJIMA** 에쓰요 오카지마
시즈오카 현 출신. 특이한 사람으로 가득한 사무실에 취직해 음반회사에서는 사이코빌리(Psychobilly)를 좋아한다는 사실을 숨긴 채 국민 여가수를 담당했다. 아버지가 어떤 장소를 빌린 덕에 카페를 운영해야 할 처지가 되었다. 지금은 자유대학 운영과 라이프스타일 중심의 강의를 맡고 있다. 본서에서는 편집·집필과 주로 EAT, DRINK 카테고리의 현지 취재를 담당했다. 좋아하는 영화는 다리오 아르젠토의 좀비 영화.

— 도심 서쪽에 위치한 '도시의 떠들썩함'에서 벗어날 수 있는 피난처

— 어떤 책에서 '살아있는 동안 가고 싶은 명소 1000' 중 하나로 뽑혔다.

TRUE PORTLAND | THINK
## PARK

# *Forest Park*

사람과 자연이 함께 어우러진
공원을 만나자

    미국에서 원생생물을 보호하는 도시공원 중 최대 규모다. 면적이 무려 20㎢(약 600만 평)가 넘는다. 이곳에는 112종 이상의 새와 62종의 포유류가 서식하며 총 113km의 트레일이 있다. 이 트레일은 고속도로처럼 모두 연결된 크고 작은 코스의 집합체로 하이킹, 사이클링, 러닝 등 자신에게 맞는 코스를 즐길 수 있고 승마도 할 수 있다. 스케치, 사진 촬영, 들새 관찰은 물론 광대한 부지 속에서 나만의 장소를 찾아 독서를 하는 것도 재미있다. 이런 대자연이 도심에서 버스를 타면 바로 갈 수 있는 위치에 있다.

*information*
-
**Forest Park**
포레스트 공원
4099 NW Thurman St.
(503) 223-5499
forestparkconservancy.org

# Portland Japanese Garden

다른 문화와의
공존 방법을
알 수 있다

1963년 정원 설계자인 도노 다쿠마 교수가 설계해 1967년 문을 열었다. 2ha의 정원 안에 5개의 정원으로 구성되어 있으며 잉어가 사는 폭포와 정자, 다실 등이 있다. 미국의 300여 개 공립 일본 정원 중에서도 최고라고 불리며 가장 일본 정원에 가깝다는 평을 받고 있다. 개원 이래 디렉터 시스템이라는 방법으로 초대 디렉터 히라 긴야 씨부터 현재에 이르기까지 대대로 일본인 정원 설계자가 그 역할을 맡고 있다. 그리고 원내에는 구마 겐고 씨가 설계한 새로운 건물과 조경이 2014년에 시공될 예정이다.

*information*

**Portland Japanese Garden**
포틀랜드 일본 정원
611 SW Kingston Ave.
(503) 223-1321
월 12:00~16:00
화~일 10:00~16:00
japanesegarden.com

— 정원 안에는 '그' 단풍나무로 통할 정도로 유명한 단풍나무가 있다.

TRUE PORTLAND | THINK
## PARK

## *Governor Tom McCall Waterfront Park*

맑은 날에는 워터프런트에서 하루를 보내는 것도 좋다

전 오리건 주 주지사 톰 맥콜의 이름을 딴 공원이다. 조깅과 인라인스케이트를 타는 사람, 새먼 스트리트의 분수에서 물놀이하는 아이들 등을 볼 수 있는 시민의 휴식장소다. 장미 축제, 오리건 맥주 축제 등의 행사장이기도 하며 공원 북쪽에는 일본계 미국인 역사 광장과 인기 있는 새터데이 마켓(3월부터 12월 중순 토일 개최)이 열리는 장소가 있다.

information
-
**Governor Tom McCall Waterfront Park**
거버너 톰 맥콜 워터프런트 공원
1020 SW Naito Pkwy.
(503) 224-4400
5:00~24:00
www.portlandoregon.gov/parks
MAP p.274-47

---

시에서 관리하는 세상에서 가장 작은 공원에는 신비한 버섯과 요정이 산다

오리건 저널의 기자 딕 패건이 책상에서 바라본 시선 끝에 있던 가로등용 구멍이 어쩐지 신경에 거슬러서 꽃을 심은 일이 발단이라고 한다. 구멍을 열심히 파는 요정 레프리콘을 발견해 잡았더니 '나만의 공원이 필요하다'고 하여 그 소원대로 지름 61cm 남짓의 공원이 탄생했다. 레프리콘의 이름은 패트릭 오툴이고 장난을 좋아한다고……. 진실과 망상이 뒤섞인 절묘한 감각이 좋지 않은가? 달팽이 경주가 열린 적도 있다고 한다.

## *Mill Ends Park*

information
-
**Mill Ends Park**
밀 엔즈 공원
SW Naito Pkwy & Taylor St.
www.portlandoregon.gov/parks
MAP p.274-48

TRUE PORTLAND | THINK
## BOOKS

# Monograph Bookwerks

포틀랜드와 세계의 예술계를 잇는 서점

*information*
**Monograph Bookwerks**
모노그래프 북워크스
5005 NE 27th Ave.
(503) 284-5005
수~일 11:00~19:00
monographbookwerks.com
MAP p.280-14

　2010년 앨버타 스트리트에 문을 연 예술계열 서점으로 아담한 가게 내부에는 새책과 중고책에 상관없이 현대예술, 건축, 그래픽디자인, 패션, 사진, 예술 비평 등의 서적이 즐비하다. 지역 출판사와 작은 인쇄소의 작품도 판매한다. 책 말고도 미드 센추리의 도기와 빈티지 아트, 사무용 잡화 및 엄선한 미술품과 회화, 아트 프린트도 판매한다. 주인인 존 브로디와 블레어 색슨 힐은 둘 다 예술가다. 포틀랜드 예술가들의 연구를 돕고 최고의 현대예술 서적을 구매할 곳을 제공하겠다는 생각으로 이 가게를 시작했다고 한다. 그들은 예술에 초점을 맞춘 서점이라는 존재가 지역의 예술·디자인계를 도와 포틀랜드와 세계의 예술과 문화의 가교 구실을 할 것이라는 신념을 갖고 있다.

— 예술과 책에 정통한 주인 블레어에게 추천할만한 이벤트 정보를 물어보자.

## BOOKS

# Ampersand Gallery & Fine Books

예술 작품과 책이 만드는
영감

2008년에 문을 연 서점으로 벽을 갤러리 공간으로 꾸며 매월 다른 전시를 열고 있다. 전시와 관련이 있는 예술 서적, 디자인 서적, 사진집을 함께 판매한다. 빈티지 사진과 작가를 알 수 없는 예술 작품도 판매한다. 방문하는 사람과 작가가 전시 작품과 판매하는 상품으로부터 유사점과 새로운 영감을 발견할 수 있는 공간을 만드는 것이 이곳의 목표다.

#### information

Ampersand Gallery & Fine Books
앰퍼샌드 갤러리 앤드 파인 북스
2916 NE Alberta St.
(503) 805-5458
화~토 12:00~19:00
일 12:00~17:00
www.ampersandgallerypdx.com
MAP p.280-15

## BOOKS

## *Floating World Comics*

### 만화나 음반을 좋아한다면 바로 이곳

포틀랜드에는 브라이언 마이클 벤디스와 그렉 루카 등의 만화 작가가 많이 거주하고 있다. 탑 셸프(Top Shelf), 오니 프레스(Oni Press), 다크 호스 코믹스 등 팬들에게 친숙한 만화 출판사도 있다. 이런 포틀랜드에서 가장 잘나가는 만화책 가게가 바로 여기다. 차이나타운에 위치한 이 가게는 코믹스와 그래픽 노블은 물론이고 독립 출판 잡지와 아트북, 피겨, 잡화, 음반까지 판매해 만화 팬이 아니라도 새로운 영감을 발견하기에 더할 나위 없이 좋은 공간이다.

## *Reading Frenzy*

### 독립 출판 잡지 문화의 선구자

1994년 문을 연 이래 포틀랜드의 독립 출판 잡지 문화와 자비출판을 지원해온 서점이다. 갤러리와 이벤트 공간도 갖추고 있어 종이매체를 둘러싼 이벤트와 전시도 연다. 주인 클로에는 이곳을 열고 3년 뒤, IPRC(⇒p.217)도 연 포틀랜드 독립 출판 잡지계의 중요한 인물이다. 원래는 도심의 파월 북스 근처에 가게를 마련했지만 2013년 11월에 지금의 미시시피 애비뉴로 이전했다. 북포틀랜드의 도서 시장은 점점 더 재미있어질 것 같다.

---

information

**Floating World Comics**
플로팅 월드 코믹스
400 NW Couch St.
(503) 241-0127
월~일 11:00~19:00
www.floatingworldcomics.com
MAP p.276-50

information

**Reading Frenzy**
리딩 프렌지
3628 N Mississippi Ave.
(503) 274-1499
월~토 11:00~19:00
일 12:00~17:00
www.readingfrenzy.com
MAP p.278-21

## BOOKS

### 즐거운 추억으로 시작한 세계 최대 규모의 독립 서점

포틀랜드를 소개할 때 빼놓을 수 없는 명소다. 1970년 마이클 파웰이 시카고에서 헌책방을 창업하여 그의 아버지인 월터는 여름 한 철 동안 아들과 함께 일했다고 한다. 이는 무척 즐거운 추억으로 남아 월터는 고향 포틀랜드로 돌아와 자신만의 헌책방을 열었다. 1979년에는 마이클도 합류해 지금은 종업원이 100명이 넘고 장서는 100만권을 넘는다. 스킵 플로어로 구성된 가게 내부를 보라색(사회과학 계열), 금색(SF, 공포), 파란색(문학) 등 장르마다 색으로 구분해 블록 식으로 구성했다. 그리고 선반에는 같은 타이틀이라도 신간과 오래된 책, 그리고 장정판과 문고본이 다양한 가격이 붙은 채 진열되어 있다. 계산 전인 책을 반입할 수 있는 카페도 함께 운영하고 있다. 상상 이상으로 넓고 즐거운 곳이다.

Powell's Books

## BOOKS

— 부지는 한 블록 정도의 면적이다. 원래는 자동차 전시장이었던 곳에서 시작해 주변을 사들였다고 한다.

*information*
-
**Powell's Books**
파웰 북스
1005 W Burnside St.
(503) 228-4651
월~일 9:00~23:00
powells.com
MAP p.276-48

## BOOKS

## Microcosm Store

### 이게 바로 포틀랜드야!라고 말하는 출판사

1996년 문을 연 이래 포틀랜드의 독립 출판 잡지계를 이끌어온 곳으로 출판하는 모든 서적에 재생지를 사용한다. 잉크와 제본과정에도 동물성 제품은 사용하지 않는 '채식'을 고집하는 정말 포틀랜드다운 출판사다. 그리고 자사 출판 외에도 개인 작가의 독립 출판 잡지 판매와 서점 유통도 한다. 사진은 2013년 가을에 예전 점포에서 촬영한 것으로 2014년 1월 1일부터는 새 점포에서 영업을 시작했다.

*information*

**Microcosm Store**
마이크로커즘 스토어
2752 N Williams Ave.
(503) 232-3666
월~토 11:00~19:00
microcosmpublishing.com
MAP p.278-30

## BOOKS

# Independent Publishing Resource Center

세계 최고의 독립 출판 잡지를 소장
집필과 출판의 꿈을 이룰 기지

*information*

**Independent Publishing Resource Center**
독립 출판 자재 센터
1001 SE Division St.
(503) 827-0249
월·금 12:00~22:00, 화~목 16:00~22:00
토 12:00~18:00
iprc.org
MAP p.282-47

좋은 아이디어가 떠오르면 망설이지 않고 독립 출판 잡지를 만든다는 것은 포틀랜드의 상식이다. 이곳에 오면 하고 싶은 일을 머릿속으로만 생각할 여유 따위는 없음을 깨닫게 된다. 인쇄 공방, 활판 공방, 제본기 등 책을 만들기 위한 자재를 모두 갖추고 있어서 용도에 맞게 연회비를 내면 원하는 만큼 사용할 수 있다. 이런 꿈같은 장소를 NPO 단체가 창조적인 표현을 지원하겠다는 사명감으로 운영하고 있다니 더 놀랍다. 24시간 안에 독립 출판 잡지를 완성할 수 있고, 독립 출판 잡지 교환 이벤트도 열린다. 예술학교 학생이 자원봉사로 돕고 있어서 어떠한 질문에도 친절하게 답해준다. 당신이 만든 독립 출판 잡지를 도서관에 기증할 수도 있으므로 방문할 때는 잊지 말고 챙겨가자.

TRUE PORTLAND | THINK
# BOOKS

## Multnomah County Central Library

### 뉴욕에 이어 이용 등록자 2위 미국의 역사 기념물

멀트노마 군 총인구의 60%가 넘는 42만 명이 등록된 도서관으로 뉴욕과의 인구 차이를 고려하면 포틀랜드 주변의 특이성을 알 수 있다. 다양한 장르의 책들을 소장하고 있으며 사진집과 인테리어, 제품 관련 서적도 풍부하게 갖추고 있다. 그리고 독립 출판 잡지도 소장하고 있는 점이 포틀랜드답다. 이용자는 과제에 필요한 자료를 찾기 위해 1대 1의 도우미가 붙는 '홈 워크 헬프' 서비스를 이용할 수 있다. 관내에는 와이파이가 완비되어 있다.

— 1864년에 처음 만들어져 현재 건물은 1913년에 건설했다. 오리건 주 멀트노마 군의 19개의 도서관 중 본관 대접을 받고 있다.

*information*

**Multnomah County Central Library**
멀트노마 군 중앙도서관
801 SW 10th Ave./ (503) 988–5123
월 10:00~20:00, 화수 12:00~20:00
목~토 10:00~18:00, 일 10:00~17:00
multcolib.org/library-location/central
MAP p.274-31
Photo by Multnomah County Library

# LIST

## THINK List

### Division Leap
절판 서적, 독립 출판 잡지 등 진귀한 예술 계통 책으로 특화된 서점
디비전 립
6635 N Baltimore St./ (917) 922-0587
예약제
divisionleap.com

### The Grotto National Sanctuary of Our Sorrowful Mother
면적 25ha의 카톨릭 성지로 산책 장소로도 인기다.
그로토 전미성모교회
NE 85th Ave. and NE Sandy Blvd./ (503) 254-73701/ thegrotto.org

### Title Wave Used Books
도서관이었던 곳으로 현재는 헌책을 판다.
타이틀 웨이브 유즈드 북스
216 NE Knott St./ (503) 988-5021
월·목~토 10:00~16:00, 화수 10:00~18:00
MAP p.280-19

### Lan Su Chinese Garden
중국의 항주시와 자매도시 체결을 기념하기 위해 만든 중국 정원
란 수 중국 정원
239 NW Everett St./ (503) 228-8131
4/15~10/14 10:00~18:00, 10/15~4/14 10:00~17:00/ lansugarden.org
MAP p.276-36

### Portland Audubon Society Nature Sanctuary
포레스트 공원 옆에 펼쳐진 58ha의 자연 보호지
포틀랜드 오듀봉 협회 자연 보호지
5151 NW Cornell Rd./ (503) 292-6855
영업 시간 확인 요망/ audubonportland.org

### Daedalus Books
철학과 시를 좋아하는 사람이라면 소극적인 간판을 놓치지 않도록
다이달로스 북스
2074 NW Flanders St.
(503) 274-7742
월~토 10:00~18:00
MAP p.276-23

### Ecotrust
폐기를 폐자재로 수리해 개장한 환경을 상징하는 건물
에코트러스트
721 NW 9th Ave./ (503) 227-6225
월~금 9:00~17:00
ecotrust.org
MAP p.276-18

### Countermedia
에로스 서적 셀렉션이 으뜸가고 기묘하고 대안적인 서점
카운터미디어
927 SW Oak St./ (503) 226-8141
영업 시간 확인 요망
www.countermediabookstore.com
MAP p.274-13

### Cameron's Books & Magazines
'Life'와 'Playboy' 등 빈티지 잡지가 많은 서점
캐머론 북스 앤드 매거진
336 SW 3rd Ave./ (503) 228-2391
월~토 10:00~18:00, 일 11:00~16:00
cameronbooks.com/ MAP p.274-25

### Hoyt Arboretum
7대륙 식물을 수집하여 만든 하이킹에 최적인 공원
호이트 수목원
400 SW Fairview St./ (503) 865-8733
월~일 5:00~22:00
hoytarboretum.org

### International Rose Test Garden
1917년에 설립된 미국에서 가장 오래된 포틀랜드 시내 최대의 장미 정원
국제 장미 테스트 정원
400 SW Kingston Ave./ (503) 227-7033
월~일 7:30~21:00
www.rosegardenstore.org

### Mt. Tabor Park
남동쪽에 위치한 낮은 산. 사이클링과 워킹용 트레일이 있다.
테이버 산 공원
SE 60th Ave. & Salmon St.
(503) 823-2525/ 월~일 5:00~00:00
portlandoregon.gov/parks

### Oaks Bottom Wildlife Refuge
7ha의 습지대는 들새 관측에 적당하다.
오크스 바텀 조수 보호구
SE 7th Ave. and Sellwood Blvd.
월~일 5:00~00:00
portlandoregon.gov/parks

### Vera Katz Eastbank Esplanade
자전거 전용 산책로. 366m 길이의 구름다리는 미국에서 가장 길다.
베라 캣츠 이스트뱅크 산책길
SE Walter Ave. & Hawthorne Blvd.
24시간
portlandoregon.gov/parks

### Crystal Spring Rhododendron Garden
물새에게 먹이를 줄 수 있으며 비둘기 관측에 좋은 공원
크리스털 스프링 로도덴드런 정원
SE 28th Ave. & Woodstock Blvd./ (503) 771-8386/ 4월~9월 6:00~22:00, 10월~3월 6:00~18:00/ portlandoregon.gov/parks

### Mother Foucault's Bookshop
문학, 철학, 문학비평, 해외 서적이 즐비한 '책 마니아'를 위한 서점
마더 푸코 북숍
523 SE Morrison St./ (503) 236-2665
화~토 11:00~18:00
thelatenow.com/mofo
MAP p.282-22

### Container Corps
인쇄 기술, 아이디어, 재료를 겸비한 출판·디자인 관련 스튜디오
컨테이너 코프스
800 SE 10th Ave./ (732) 996-5163
영업 시간 확인 요망
containercorps.com

### Tavern Books
아름다운 문예계열의 소량 인쇄본을 만드는 비영리조직
태번 북스
20 NE 30th Ave.
tavernbooks.com

### Future Tense Books
수수께끼 같은 온라인 서점. 소량 인쇄본을 판매한다.
퓨처 텐스 북스
www.futuretensebooks.com

## COLUMN

## *Creativity Works Here*
### 창조성은 이곳에 있다.

1997년 막 개발이 될 때 펄 지구로 PNCA(Pacific Northwest College of Art)가 이사 왔다. 당시에는 학생 수 250명의 작은 미술대학이었다. 한 층을 차지한 거대 창고를 리모델링하여 갤러리와 워크숍 공간을 지닌 창조적인 대학으로 새로 태어났다.

어째서 펄이라는 이름이 이 지역에 붙여졌을까 생각했다. 이 주변이 창고 거리라서 아무도 찾지 않던 90년대에 개발업자 알 솔헤임이 예술, 디자인, 창조성을 중심으로 이 지역을 개발하고자 마음 먹었다. 그의 파트너였던 아내의 별명이 '펄'이었다고 한다. 록 음악의 여신 재니스 조플린의 별명도 '펄'이다. 열광적인 개발을 하기 위해 이 지역을 펄 지구(Pearl District)라고 불렀다는 설이 유력하다.

미술대학이 이 지역에서 어떤 작용을 할 수 있을까? 예술, 디자인, 정보를 발판으로 요즘 세상의 불쾌하고 부조리한 문제를 어떻게 헤쳐나갈 것인가? 어떻게 예술을 다루고 이를 사회에 어떤 방식으로 침투시킬 것인가? 학생이 사회에 어떻게 진입할 수 있을까? 교육을 발전시키는 생각이 무엇일까? 이런 여러 시도를 하고 있다.

현재 600명 정도인 학생은 지역의 활력소가 되었다. 매주 이벤트, 강연회, 워크숍을 통해 지역에 활기를 불어넣고 있다. 미술대학이 지역을 활성화하고 지역 사회가 학교를 키운다. 내년에는 옛 연방정부 건물로 이전할 예정이다. 전 이민국 건물이었던 곳으로 새로운 대학의 모습을 찾기 위한 실험적인 프로젝트를 잔뜩 준비하고 있다. 사회에서 활약할 미의식을 지닌 변화와 도전이라는 각오를 한 다양한 학생이 모이는 장소, 그곳에 창조성이 모일 것이다.

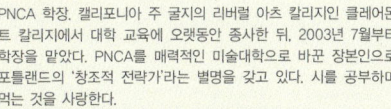

*profile*

**TOM MANLEY** 톰 메인리
PNCA 학장. 캘리포니아 주 굴지의 리버럴 아츠 칼리지인 클레어몬트 칼리지에서 대학 교육에 오랫동안 종사한 뒤, 2003년 7월부터 학장을 맡았다. PNCA를 매력적인 미술대학으로 바꾼 장본인으로 포틀랜드의 '창조적 전략가'라는 별명을 갖고 있다. 시를 공부하며 먹는 것을 사랑한다.

## LOVE
### 사랑하기

다양한 사랑의 형태

사랑이란 도대체 무엇일까? 사랑은 어떤 색일까? 사랑이 울려 퍼지는 순간에는 어떤 소리가 날까? 포틀랜드에는 다양한 사랑의 형태가 존재한다. 자연에 대한 사랑, 음악에 대한 사랑, 무언가를 만드는 것에 대한 사랑, 스케이트에 열중하거나 자전거에 몰두하고, 수염을 소중하게 아끼거나 문신을 한다거나, 이 모든 것이 사랑의 형태이다.

TRUE PORTLAND | LOVE
# SKATE

포틀랜드는 어떻게
스케이터에 친화적인
도시가 된 것일까?

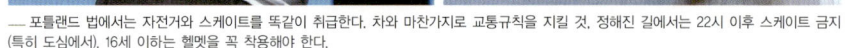
— 포틀랜드 법에서는 자전거와 스케이트를 똑같이 취급한다. 차와 마찬가지로 교통규칙을 지킬 것, 정해진 길에서는 22시 이후 스케이트 금지 (특히 도심에서), 16세 이하는 헬멧을 꼭 착용해야 한다.

## SKATE

미국의 모든 도시에서는 스케이트를 이용한 이동은 법률로 단속하고 있지만, 포틀랜드에는 유일하게 스케이트 전용 도로가 있다. 시내에는 포틀랜드 시 공인 스케이트 공원이 19곳이나 있다.

비가 오는 계절에는 뭘 하며 지내느냐고? 1년 365일 중 150일은 비가 내리는 포틀랜드에서 사는 사람이라면 매년 직면하는 과제다. 1980년대의 포틀랜드 스케이터들은 비에 젖지 않는 고속도로 아래와 비로 깎인 도롯가에 직접 나무로 된 스케이트 램프를 세우기 시작했다. 하지만 램프를 도둑맞거나 램프가 비에 떠내려가는 일이 반복되었다. 그들은 도둑맞지 않도록 윌러밋 강을 지나는 번사이드 브리지 아래에 노숙자와 마약 중독자들의 집합소였던 구역에 콘크리트로 램프를 만들기 시작했다. 그리하여 지금은 세계 각지의 스케이터들이 성지라고 부르는 원조 DIY 스케이트 공원, 번사이드 스케이트파크(Burnside Skatepark)가 탄생했다.

스케이터들은 인근 주민에게 인정받기 위해 스케이트 공원의 주변을 청소하기 시작했다. 그 모습을 본 지역 사업가가 스케이터와 시의원 사이를 중재해 스케이트 공원의 합법화에 관한 이야기를 나눌 자리를 마련했다. 비록 번사이드 스케이트 공원이 시의 인정은 못 받았어도 스케이터와 시는 좋은 관계를 구축했다. 1993년부터 2000년 사이에 미국의 국내 스케이터 숫자는 기존의 약 배 이상이 되었다. 스케이트 문화가 확대됨에 따라 스케이터들은 포틀랜드 시의회에 더 많은 스케이트 공원을 건설하도록 요구했고 그들의 요청이 받아들여졌다. 기존의 플라스틱으로 만들었던 램프는 사라지고 모두 콘크리트로 바뀌었다.

그리고 스케이터들은 모든 스케이트 공원의 시스템화를 시에 제안했다. 2005년 포틀랜드 시의회는 스케이트 공원 시스템화를 가결하여 시 전체의 공공 스케이트 공원을 네트워크화 했다.

포틀랜드에는 갖고 싶은 것은 직접 만드는 DIY 정신, 그리고 비가 내리기 때문에 탄생하는 아이디어, 이를 받아들이는 유연성이 존재한다.

## SKATE

**Burnside Skatepark**
번사이드 스케이트 공원
SE 2nd Ave.
전 세계 스케이터의 성지로 불리는 원조 DIY 스케이트 공원.

**Ed Benedict Skatepark**
에드 베네딕트 스케이트 공원
SE 100th Ave. and Powell Blvd.
렛지, 스테어, 레일 등 다양한 구역이 있다.

**Glenhaven Park**
글렌헤이븐 공원
NE 82nd Ave. and NE Siskiyou St.
2개의 볼과 벽돌 벙커도 있다. 공항에서 차로 약 10분 정도 걸리며 포틀랜드에 도착하면 먼저 이곳에서 시간을 보낸 뒤 시내로 들어가기도 한다.

**Gabriel Park**
가브리엘 공원
6820 SW 45th Ave.
스네이크 런으로 유명한 곳으로 넓이가 무려 92.9㎡이다. 볼에 고인 비는 근처의 식물에 흘러가도록 설계되어 있으며 건설에 사용한 자재도 재활용이 많은 친환경적인 스케이트 공원이다.

**Pier Park**
피어 공원
10325 N Lombard St.
크고 작은 4개의 볼과 풀 파이프가 있는 유일한 곳이다. 구스 반 산트의 영화 《파라노이드 공원》(2007) 속에 나오는 풀 파이프 장면은 이곳과 캘리포니아에서 찍었다.

**Commonwealth Skateboarding**
커먼웰스 스케이트보딩
1425 SE 20th Ave.
유료 인도어 스케이트 공원으로 2시간에 $5, 하루에 $10의 입장료를 받는다. 어린이를 위한 교습은 1시간에 $35부터라고 한다. 함께 운영 중인 갤러리에서는 스케이트와 관련된 작품을 매달 전시한다.

TRUE PORTLAND | LOVE
## SKATE

# Cal's Pharmacy Skateboards

포틀랜드에서
가장 친근한
스케이트 상점

원래는 1985년 번사이드에 문을 연 약국으로 약국 주인의 아들이 스케이트에 빠진 것을 계기로 가게 한쪽에서 데크를 판매하기 시작했다고 한다. 초대 주인이 은퇴하면서 본격적인 스케이트 상점으로 바뀌었다. 몇 번의 이전을 거쳐 2003년부터는 북포틀랜드에서 인도어 스케이트 공원을 운영했는데 장소 계약이 끝나서 어쩔 수 없이 한동안 휴업하기도 했다. 그러나 2013년 1월에 원점이라고 할 수 있는 번사이드에서 대망의 재개장을 했다. 약국 시절부터 동네 주민들에게 사랑받던 포틀랜드에서 가장 친근한 스케이트 가게이다. 직원에게 물어보면 다른 추천 장소도 알려준다. 번사이드 스케이트 공원에 가기 전 반드시 들려보자.

*information*
**Cal's Pharmacy Skateboards**
칼스 파머시 스케이트보드
1400 East Burnside St.
(503) 233-1237
월~금 11:00~18:00, 토 11:00~19:00, 일 11:00~17:00
www.calspharmacy.com
MAP p.282-29

## TATTOO

information
**Historic Tattoo**
히스토릭 타투
2001 SE 50th Ave.
월~일 11:00~19:00
www.historictattoo.com
MAP p.282-87

## 문신이 예술로 인정받는 도시

　미국에는 문신을 한 사람이 무척 많다. 그중에서도 포틀랜드는 문신한 비율이 높은 도시 가운데 하나다. 귀여운 얼굴의 여자아이도 양팔에 문신이 가득한 경우도 종종 있고 유명 레스토랑의 요리사도 문신이 있는 경우가 있다. 포틀랜드에서 가장 문신을 많이 한 남자는 안구까지도 했다고 한다. 2009년 포틀랜드 미술관에서는 첫 문신 전시회를 열었다. 2011년에는 지역 아티스트가 미술관 전시품에서 영감을 얻은 디자인을 그리고 그중에서 마음에 드는 디자인을 관람객이 고르면 무료로 문신을 해주는 행사가 열렸다. 도시에서 가장 큰 미술관이 문신을 하나의 예술로 여기고 문신을 촉진하는 이벤트를 여는 건 포틀랜드 정도가 아닐까. 어째서 그런 디자인의 문신을 한 건지 안타까운 사람도 가끔은 보이고, 왜 아픈 걸 참아가면서까지 온몸에 문신을 계속하는 건지, 나이를 먹으면 어떻게 되는 건지 의문스러운 경우도 있다. 그럼에도 불구하고 포틀랜드는 문신을 사랑한다.

*information*

**Oddball Studios Tattoo**
오드볼 스튜디오 타투
2716 SE 21st Ave.
(503) 231-1344
월~토 13:00~20:00
일 13:00~18:00
www.oddballstudios.com
MAP p.282-90

*information*

**Atlas Tattoo**
아틀라스 타투
4543 N Albina Ave.
(503) 281-7499
월~일 12:00~19:00
www.atlastattoo.com
MAP p.278-13

TRUE PORTLAND / LOVE
# TATTOO SHOP LIST

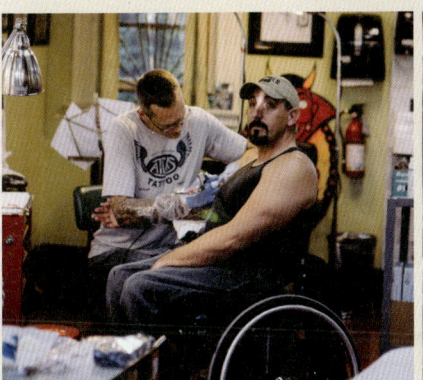

### Icon Tattoo
아이콘 타투
813 N Russell St.
(503) 477-7157
월화 예약만, 수~목 12:00~19:00
금토 12:00~20:00, 일 12:00~18:00
www.icontattoostudio.com
MAP p.278-13

### Adorn Tattoos Piercing & Jewelry
어돈 타투 피어싱 앤드 쥬얼리
2535 SE Belmont St.
(503) 232-6222
일~수 12:00~18:00
목~토 12:00~20:00
www.adornbodyart.com
MAP p.282-66

### Black Hole Body Piercing & Tattoo
블랙홀 바디 피어싱 앤드 타투
2946 NE Glisan St.
(503) 231-0712
월~금 12:00~20:00
www.blackholebodypiercing.com
MAP p.280-34

### Infinity Tattoo LLC
인피니티 타투 엘엘시
3316 N Russell St.
(503) 231-4777
월~목 10:00~17:00, 금토 10:00~22:00, 일 12:00~20:00
www.infinitytattoo.com
MAP p.278-5

### Skeleton Key Tattoo
스켈레톤 키 타투
1729 SE Hawthorne Blvd.
(503) 233-4292
월 예약만, 화 11:00~20:00, 수~토 11:00~14:00, 일 12:00~14:00
www.skeletonkeytattooportland.com
MAP p.282-51

### Lady Luck Tattoo & Piercing
레이디 럭 타투 앤드 피어싱
611 SE Morrison St.
(503) 236-2833
월~일 12:00~22:00
ladylucktattoo.net
MAP p.282-23

### Anatomy Tattoo
아나토미 타투
2820 NE Sandy Blvd.
(503) 231-1199
월~토 12:00~20:00
www.anatomytattoo.com
MAP p.280-30

### ThoughtCrime Tattoo
소트크라임 타투
420 SW Washington St.
(503) 265-8157
화~토 14:00~20:00
thoughtcrimetattoo.com
MAP p.274-37

### Atomic Art Tattoo Studio
아토믹 아트 타투 스튜디오
1410 N Alberta St.
(503) 284-6688
화·목~토 11:00~19:00
www.atomic.ws
MAP p.278-12

### Robot Piercing & Tattoo
로봇 피어싱 앤드 타투
2330 NW Westover Rd.
(503) 224-9916
월~목 11:00~18:00, 금토 11:00~19:00, 일 12:00~19:00
www.mega-robot.com
MAP p.276-52

### Imperial Tattoo
임페리얼 타투
333 NW 11th Ave.
(503) 223-1181
월·목~일 12:00~22:00
imperialtattoopdx.com
MAP p.276-33

### New Rose Tattoo
뉴 로즈 타투
4823 SE Division St.
(503) 236-7878
화~일 11:00~19:00
www.newrosetattoo.com
MAP p.282-101

### Scapegoat Tattoo
스케이프고트 타투
1223 SE Stark St.
(503) 232-4628
월~일 12:00~20:00
www.scapegoattattoo.com
MAP p.282-31

### Sea Tramp Tattoo Co.
시 트램프 타투 코.
207 SE Grand Ave.
(503) 231-9784
월~일 10:00~다음날 2:00
seatramptattoo.com
MAP p.282-11

### Optic Nerve Arts
옵틱 너브 아츠
2224 NE Alberta St.
(503) 287-0339
월~일 11:00~19:00
www.opticnervearts.com
MAP p.280-13

TRUE PORTLAND | LOVE
**BEARD**

# Keep Portland Beard

### 수염 스타일도 포틀랜드답다

　포틀랜드 거리를 걷다 보면 문득 수염을 기른 남성이 많다는 사실을 깨닫는다. 커피숍, 파머스 마켓, 바, 빈티지 가게, 아무튼 어디서든 반드시 훌륭한 수염의 소유자와 마주친다. 구레나룻을 길러 수염과 이어진 '풀 비어드'를 한 사람부터 그걸 조금 더 야성적으로 기른 해적, 바이커 타입, 동그랗게 꼰 살바도르 달리 타입 등 '수염'이라고 해도 종류는 가지각색이다. 단순히 똑똑해 보이려고 수염을 기르기 시작한 사람도 있고 동안을 가려 조금 더 연상으로 보이고 싶은 사람, 수염은 자전거를 탈 때 스카프 대용이다! 최고의 보호 장구다! 라고 우기는 사람도 있고, 물론 그냥 히피거나 깔끔하지 못한 사람도 있다. 최근에는 수염 손질 전용 제품인 '수염용 오일'을 판매하는 사람도 간간이 눈에 띈다. 그리고 수염을 제대로 다듬어주는 이발소가 인기다. 2014년 9월에는 '세계 수염과 콧수염 챔피언 경연대회'가 포틀랜드에서 열린다. 포틀랜드에서 수염에 관한 열기도 점차 높아질 것 같은 예감이 든다.

## 궁극적인 '남자의 낭만'이 담긴 공간

　2011년 앨버타 지구에 제1호점을 개업한 이래 지금은 호손 스트리트와 미시시피 애비뉴에도 점포를 낸 인기 이발소. 1920년대에서 영감을 얻은 가게 내부는 한 걸음 내딛으면 마치 ≪위대한 개츠비≫의 시대로 순간 이동한 것 같은 느낌에 빠진다. 헤어컷과 스타일링은 물론이고 증기 수건과 거품을 낸 비누를 사용한 면도, 수염을 기르는 사람은 손질도 해주기 때문에 많은 남성의 지지를 얻고 있다. 50여 종 이상의 위스키를 갖춘 바를 함께 운영하면서 접수하면 한잔은 무료라는 독특한 서비스도 인기 요인 중 하나다. 대기 시간에는 퀄런을 말아서 필 수도 있고 구두까지 닦아주는 '남자의 낭만'으로 가득한 너무나도 멋진 공간이다.

The Modern Man Barber Shop

TRUE PORTLAND | LOVE
# BEARD

— 비슷한 클래식한 복장을 하고 있어도 각자의 개성이 보이는 멋진 종업원

— 나무와 가죽이 기본인 실내 장식에서 부모님이 골동품 판매상이었던 주인의 고집이 묻어난다.

*information*

**The Modern Man Barber Shop**
더 모던 맨 바버숍
4538 SE Hawthorne Blvd.
(503) 858-3219
월 11:00~19:00, 화~일 10:00~20:00
www.themodernmanpdx.com

MAP p.282-82

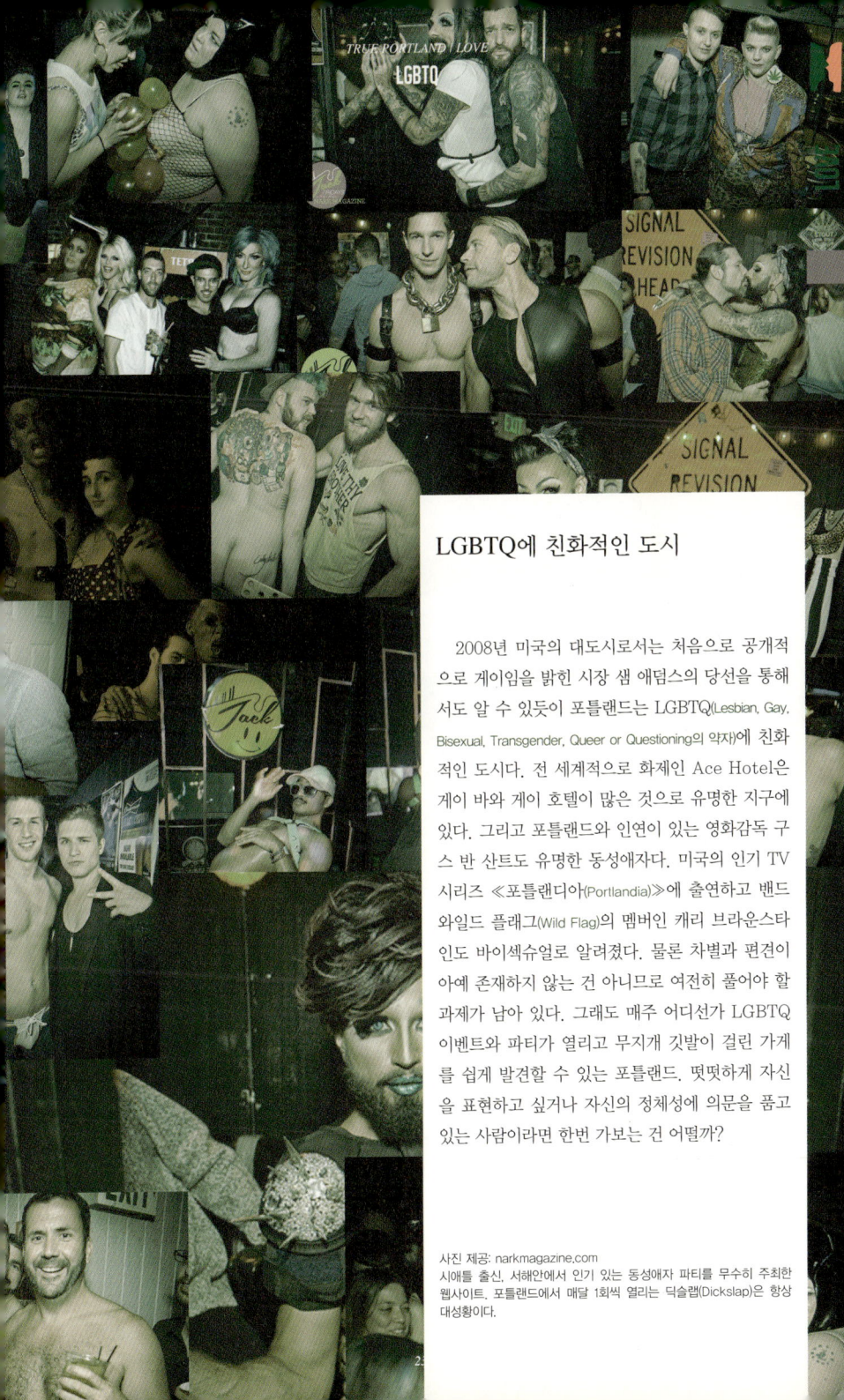

## LGBTQ에 친화적인 도시

2008년 미국의 대도시로서는 처음으로 공개적으로 게이임을 밝힌 시장 샘 애덤스의 당선을 통해서도 알 수 있듯이 포틀랜드는 LGBTQ(Lesbian, Gay, Bisexual, Transgender, Queer or Questioning의 약자)에 친화적인 도시다. 전 세계적으로 화제인 Ace Hotel은 게이 바와 게이 호텔이 많은 것으로 유명한 지구에 있다. 그리고 포틀랜드와 인연이 있는 영화감독 구스 반 산트도 유명한 동성애자다. 미국의 인기 TV 시리즈 《포틀랜디아(Portlandia)》에 출연하고 밴드 와일드 플래그(Wild Flag)의 멤버인 캐리 브라운스타인도 바이섹슈얼로 알려졌다. 물론 차별과 편견이 아예 존재하지 않는 건 아니므로 여전히 풀어야 할 과제가 남아 있다. 그래도 매주 어디선가 LGBTQ 이벤트와 파티가 열리고 무지개 깃발이 걸린 가게를 쉽게 발견할 수 있는 포틀랜드. 떳떳하게 자신을 표현하고 싶거나 자신의 정체성에 의문을 품고 있는 사람이라면 한번 가보는 건 어떨까?

사진 제공: narkmagazine.com
시애틀 출신, 서해안에서 인기 있는 동성애자 파티를 무수히 주최한 웹사이트. 포틀랜드에서 매달 1회씩 열리는 딕슬랩(Dickslap)은 항상 대성황이다.

## LGBTQ LIST

### CC Slaughters
토요일에는 드랙퀸 쇼를 하는 차이나타운의 게이 클럽
CC 슬로터즈
219 NW Davis St./ (503) 248-9785
월~일 15:00~다음날 2:30
ccslaughterspdx.com
MAP p.276-41

### The Embers Avenue
수요일부터 토요일은 드랙 쇼, 일요일은 가라오케가 가능한 오래된 클럽
디 엠버스 애비뉴
110 NW Broadway / (503) 222-3082
영업 시간 문의
www.theembersavenue.com
MAP p.276-45

### Darcelle XV
포틀랜드에서 가장 유명한 드랙퀸으로 2014년 84세인 다셀의 가게
다셀 XV
208 NW 3rd Ave./ (503) 222-5338
수목 18:00~23:00, 금토 18:00~다음날 2:30
www.darcellexv.com
MAP p.276-41

### Silverado
스트립 클럽이 많은 포틀랜드에서도 남성 댄서만 있는 가게는 여기 뿐!
실버라도
318 SW 3rd Ave./ (503) 224-4493
월~일 21:00~다음날 2:00
www.silveradopdx.com
MAP p.274-25

### Scandals
일찍이 수많은 게이 클럽이 밀집했던 스타크 스트리트에 1979년부터 자리한 오래된 가게
스캔들
1125 SW Stark St./ (503) 227-5887
월~일 12:00~다음날 2:00
scandalspdx.com
MAP p.274-10

### Starky's
일요일에는 브런치 영업도 하는 음식으로도 유명한 게이 클럽
스타키즈
2913 SE Stark St./ (503) 230-7980
월~토 11:00~다음날 2:30, 일 9:00~다음날 2:30/ www.starkys.com
MAP p.282-64

### Crush
댄스파티와 벌레스크 쇼를 하는 이성애자도 입장할 수 있는 레스토랑 바
크러쉬
1400 SE Morrison St./ (503) 235-8150
화~토 12:00~다음날 2:00,
일 12:00~24:00
www.crushbar.com
MAP p.282-39

### Eagle Portland
야성적인 파티부터 기부금 행사도 개최
이글 포틀랜드
835 N Lombard St./ (503) 283-9734
월~금 14:00~다음날 2:30
www.eagleportland.com
MAP p.278-6

### The Escape
포틀랜드에서 유일하게 21세 이하도 들어갈 수 있는 LGBTQ 클럽
이스케이프
333 SW Park Ave./ (503) 227-0830
영업 시간 문의
MAP p.274-16

### Florida Room
핀볼과 당구대, 주크박스가 있는 동성애자에게 친화적인 바
플로리다 룸
435 N Killingsworth St./ (503) 287-5658
월~일 15:00~다음날 2:00
MAP p.278-9

### Foggy Notion
LGBTQ 계열 이벤트를 자주 여는 바
포기 노션
3416 N Lombard St./ (503) 240-0249
화~일 17:00~다음날 2:30
thefoggynotion.com
MAP p.278-4

## COLUMN

# *the Portland LGBTQ Scene*
*Love*                                                    *Love*

### 동성애자를 위한 포틀랜드 안내

포틀랜드는 색다르고 아름다운 모순으로 가득한 곳이야. 이 도시의 동성애자 문화는 늘 진화하고 있지만 그만큼 억압당하고 있기도 해. 동성애자들이 밤 문화를 즐길 장소는 잔뜩 있지만 안티 게이 교회가 아직도 존재하고 뭐 그래. 역사적으로 봐도 이런 모순이 많아서 동성애자의 입장을 긍정했다가 부정했다가 무한 반복이지. 예를 들자면 1913년 커밍아웃한 희극 배우 프랭크 검이 북포틀랜드에 '크리스틸 극장'이라는 극장을 열었는데 게이라는 걸 밝히지 말라는 강요에 이성애자 남성인 척하고 여자와 결혼했어. 애를 넷이나 낳았는데 그 중 한 명이 오즈의 마법사에 나왔던 주디 갈런드야. 주디 갈런드는 동성애자에 대한 이해를 표명한 몇 안 되는 저명인사로 당시에는 게이 코미디의 아이콘과 같은 존재였지. 레즈비언임을 밝힌 의사 마리 에쿠이도 그렇잖아. 장미 축제의 꽃가마 대회에서 우승한 뒤 제1차 세계대전 때 미국이 관여하는 걸 반대한 결과 복역했잖아? 최근에는 최초의 게이 시장 샘 애덤스의 당선은 진보의 시대가 도당했음을 보여줬지만, 인턴인 보 브리드러브한테 찝쩍거려서 인상이 나빠졌어. 모처럼 전진했는데 또 후퇴했다는 느낌? 아무튼, 안타까운 일이야.

뭐 이런저런 일이 있었지만, 포틀랜드에서 동성애자들은 즐겁게 지낼 수 있어. 어딜 가도 안전하고 주위 경치도 아름답고 어떤 정체성을 지닌 게이 남성이라도 만족할 수 있는 장소와 기회가 가득해! 스카프(Scruff)나 그라인더(Grindr) 같은 만남의 기회를 제공하는 애플리케이션 덕분에 내향적인 사람은 바에서의 멋쩍은 만남은 건너뛰고 누군가와 사귈 수도 있지. 포틀랜드에 오기 전에 미리 받아두는 편이 좋을 거야. 그리고 스팀 앤 호크 PDX(Steam and Hawks PDX)처럼 좀 위험한 배스 하우스(공동욕장, 사우나, 바, 디스코를 겸비한 복합시설)도 있고, 실버라도(Silverado)처럼 헐벗은 남자 스트리퍼를 볼 수 있는 스트립 클럽도 있어.

밤 문화도 잘 되어 있어. 5년 이상 계속되고 있는 '어떤 성별의 동성애자라도 갈 수 있는' 대표적인 파티가 두 개 있는데, 하나는 매월 넷째 주 토요일에 Branx/Rotture에서 열리는 Blow Pony, 다른 하나는 홀로신에서 셋째 주 토요일에 열리는 Gaycation이야. 레즈비언만 입장할 수 있는 장소는 많지 않아도 포틀랜드에는 동성애자가 엄청나게 많아서 포틀랜드 바의 대부분을 퀴어 바라고 부르는 사람도 있을 정도야. 그중에서도 노스와 노스이스트에 특히 동성애자 바가 많아.

만약에 자기가 공부를 열심히 하는 활동가 타입의 동성애자라면 'the Gay and Lesbian Archives of the Pacific Northwest'가 주최하는 이벤트에 참가하거나 페미니스트 서점과 커뮤니티센터가 함께하는 In Other Words, 살짝 무질서한 Red and Black Cafe에 가보길 추천할게.

자기가 동성애자든 이성애자든 포틀랜드에 온다면 환영이야! 푸드 카트에서 맛있는 거 많이 먹고, 하이킹하고, 옷도 겹쳐 입어 봐. 그런데 우산 걱정은 안 해도 괜찮아. 비 맞는 거쯤이야 아무렇지도 않잖아?

*profile*

**KATEY PANTS** 케이티 팬츠
게이와도 사이가 좋은 철학적인 마인드의 레즈비언. 아티스트이자 DJ, 작가, 파티 플래너, 위스키 애주가이기도 한 망상을 즐기는 포틀랜더. 그녀가 주최하는 파티의 콘트롤 탑이나 다른 퀴어 이벤트에서 케이티를 찾아보자!

TRUE PORTLAND | LOVE
## STRIP CLUB

**Casa Diablo**
세계 최초의 채식주의자 스트립 클럽!
카사 디아블로
2839 NW Saint Helens Rd./ (503) 222-6600
월~일 11:00~다음날 2:30
www.casadiablo.org

**Mary's Club**
포틀랜드에서 가장 오래된 스트립 클럽
메리즈 클럽
129 SW Broadway St./ (503) 227-3023
월~토 11:00~다음날 2:30
www.marysclub.com
**MAP p.274-17**

**Sassy's Bar & Grill**
공연장 홀로시 맞은편에 위치한 힙스터에게 인기 있는 장소
새시즈 바 앤드 그릴
927 SE Morrison St./ (503) 231-1608
월~일 10:30~다음날 2:00
www.sassysbar.com
**MAP p.282-33**

## STRIP CLUB

$1를 손에 꼭 쥐고

미국에서 지속 가능한 도시, 가장 살기 좋은 도시, 브루어리가 가장 많은 도시로 알려진 포틀랜드지만 인구대비 스트립 클럽 수가 가장 많은 도시기도 하다. 포틀랜드답게 세계 최초의 채식주의 스트립 클럽 '카사 디아블로(Casa Diablo)'가 존재한다. 스트립에 채식이 무슨 말이냐고 생각할 테지만 포틀랜드에서는 음식점에 간다는 느낌으로 스트립 클럽에 간다. 남성은 물론이고 이성애자인 여성도 평범하게 한잔 하러 들릴 수 있는 장소다. 사우스이스트에 있는 '아크로폴리스(Acropolis)'에서는 현지 소고기만을 사용한 스테이크와 65종의 맥주를 갖추고 있어서 스테이크 때문에 가는 사람도 많다. 마찬가지로 사우스이스트에 있는 '새시즈'에서는 여자들이 단체로 평범하게 술 마시러 오는 모습을 자주 볼 수 있다. 채식주의자도 스트리퍼를 보며 채식 메뉴를 즐기고 싶은 것이다. 앞서 말한 '카사 디아블로'의 메뉴는 두부와 콩고기 요리가 중심으로 모피, 실크, 울, 날개, 가죽 제품을 걸치고 춤추는 것이 금지된 진짜 채식주의 스트립 클럽이다. 도시 계획이나 산지 생산, 산지 소비, DIY, 써드 웨이브 커피만 조사하고 포틀랜드를 다 안다는 식으로 말하는 사람들, 당신들은 스트립 클럽에서 문신투성이인 언니들의 알몸을 보면서 두부 스테이크를 먹기 전까지는 포틀랜드에 대해 아는 척하면 안 된다!

### Hawthorne Strip
스트립이라기보다는 알몸의 여자도 어울릴 수 있는 바?

호손 스트립
1008 SE Hawthorne Blvd./ (503) 232-9516
월~일 14:00~다음날 2:30
hawthornestrip.com
MAP p.282-42

### Devils Point
매주 일요일은 스트립쇼를 보며 가라오케를 열창하는 'Stripparaoke'가 인기!

데빌스 포인트
5305 SE Foster Rd./ (503) 774-4513
월~금 11:00~다음날 2:30, 토일 14:00~다음날 2:30/ www.devilspoint.net

### Acropolis
여러 종류의 맥주와 스테이크로 유명하다. 설로인 스테이크가 단돈 $6

아크로폴리스
8325 SE McLoughlin Blvd./ (503) 231-9611
월~토 7:00~다음날 2:30, 일 11:00~다음날 2:30/ www.acropolispdx.com

## SLEEP
### 잠자기

현지인처럼 보낼 것인가, 이방인의 눈으로 볼 것인가

숙박 시설은 주로 주민이 아닌 사람들을 대상으로 한 시설이다. 그래서 외부인에게 포틀랜드 본연의 모습을 제시하는 장소이기도 하다. 포틀랜드는 어떤 도시고 어떤 특징을 가졌는지, 무엇을 미덕으로 생각하고 무엇에 저항하는지, 포틀랜드의 특이성은 어디에서 기인하는지, 포틀랜드가 이상적으로 생각하는 것은 무엇인지, 앞으로 어떤 도시가 되기를 지향하는지 등등 이런 것들을 숙박지에서 느낄 수 있다면 좋을 것이다. 마치 이에 부응하듯이 포틀랜드에는 다양한 가치관을 지닌 숙박 시설이 존재한다. 그리고 이러한 가치관은 체감할 수 있는 구체적인 형태로 분명하게 나타난다. 전혀 새로운 가치관을 도입한 호텔, 전통을 따르는 호텔, 콘셉트를 형태로 드러낸 호텔, 현지인처럼 생활할 수 있는 에어비앤비(Airbnb) 등 가지가지다. 그리고 수많은 음식점과 그 밖의 상점 모두 DIY 정신과 독립정신으로 가득하다. 포틀랜드는 여행의 목적을 '방문하는' 것 자체로 삼을 수 있는 도시다. 이방인, 주민, 관광객, 주민의 친구 등 다양한 시점으로 여행을 즐기는 것도 재미있다. 숙소를 결정하는 건 여행의 방향성을 결정짓는 것이기도 하다.

— 엘리베이터 앞에 아무렇게나 놓인 클래식한 디자인의 자전거. 프론트에 말하면 빌릴 수 있다.

TRUE PORTLAND | SLEEP
## HOTEL

# *Ace Hotel*

### 포틀랜드 그 자체

　최근 일본의 각종 잡지 표지를 장식하고 있는 호텔이라 은연중에 많이 보았을 것이다. 지금은 포틀랜드의 상징이 된 에이스 호텔이 유명해진 것은 '뛰어난 감각' 때문임이 틀림없다. 인테리어 디자인, 빈티지 가구, 각자 평상복을 입고 일하는 직원, 마케팅과 사업 계획으로는 결코 태어날 수 없는 감성과 DIY 정신이 만들어낸 호텔이다. 호텔보다는 잠잘 수 있는 카페라고 하는 편이 더 맞을지도 모르겠다. 한 번쯤은 묵어 보는 것이 좋지만, 바로 옆의 스텀프타운 커피에서 음료수를 사와 라운지에서 시간을 보내는 것만으로도 충분히 즐길 수 있다. 티셔츠와 목욕 가운, 비누 등 기념품 감각도 탁월하다. 포틀랜드가 처음이라면 빼놓으면 안 될 장소 중 하나다.

*information*
-
**Ace Hotel**
에이스 호텔
1022 SW Stark St.
(503) 228-2277
acehotel.com/portland
$$ / MAP p.274-14

— 말끔해서 지내기 무척 편한 방. 뭐라 말할 수 없이 기분 좋은 빛이 들어온다.

— 입구 부근의 외관은 모텔이었던 시절의 흔적을 보여준다. 옛것을 남기는 방법이 훌륭하다.

# *Jupiter Hotel*

**지하에 공연장이 있는 현대적인 공간**

1950년대 모텔을 현대적으로 개장한 부티크 호텔로 미니멀리즘과 지속할 수 있는 환경에 대한 배려라는 취지를 갖고 있다. 이러한 철학은 비품과 조명의 전압, 투숙객을 위한 자동차 대여를 비롯하여 종업원에게 버스 정액권까지 무료로 제공하고 있다. 객실은 북유럽 디자인을 떠올리게 하는 깨끗하고 단순한 디자인으로 객실마다 한쪽 벽 전면에 서로 다른 디자인 벽이 설치되어 있어 흥미롭다. 넓은 안뜰은 테라스 식으로 벽난로도 있고 대나무도 멋진 공간이다. 급성장 중인 로어 번사이드에 있어서 인기 레스토랑과 상점이 가까이에 많으므로 주변을 산책하기에 좋다.

information
-
**Jupiter Hotel**
주피터 호텔
800 E Burnside St.
(503) 230-9200
jupiterhotel.com
$$ / MAP p.282-5

## HOTEL

*information*

**McMenamins Crystal Hotel**
맥미너민스 크리스털 호텔
303 SW 12th Ave.
(503) 972-2670
mcmenamins.com/CrystalHotel
$$ / MAP p.274-8

### 이야깃거리가 필요하다면 반드시 여기로!

펄 지구의 좋은 곳에 있는 즐겁고도 펑키하며 매우 독창적인 호텔이다. 이 호텔을 좋아하는 사람은 마치 습관처럼 이곳에 머무르지만 안 맞는 사람에게는 영 아닐 수도 있다. 우선 방은 벽면까지 작가들의 작품이 그려져 있어서 살짝 몽환적인 느낌이다. 그리고 일부 게스트 룸의 욕실은 공용이다. 지하에는 '젖은 수영장(Soaking Pool)'이라는 염수 수영장이 있다. 호텔 평가 사이트를 들여다보니 이상하게도 유독 장문의 리뷰 글이 가득하다. 기억에 남을 호텔이다. 이상한 부분도 있지만 그걸 상쇄할 매력을 갖고 있다.

## Hotel Modera

### 언제까지고 머무르고 싶은 '기분 좋음'

현대적인 인테리어의 4성급 호텔이다. 안뜰에는 화덕이 있어서 불가에서 시간을 보내기에 좋다. 시내 중심가에 숨겨진 가정적인 장소로 인기가 많아 'Condé Nast Readers' Choice Awards'의 서해안 북서부 부문에서 베스트 20에 뽑혔다. 호텔 내 레스토랑 넬 센트로(Nel Centro)도 높은 평가를 받고 있다. 호텔에서 도보 10분 이내로 갈 수 있는 곳은 파이오니어 코트하우스 스퀘어, 포틀랜드 주립대학 등이 있다. 대중교통편을 이용해 찾아가기 쉽다.

*information*

**Hotel Modera**
호텔 모데라
515 SW Clay St.
(877) 487-1084
hotelmodera.com
$$ / MAP p.274-51

## HOTEL

— 마야 앤드 프랭크 빌딩 안에 있다. 조금 떨어진 곳에서 보면 고전적인 건물임을 알 수 있다.

— 항상 붐비는 상업 지구 한가운데 있다. 무얼 하든지 편리한 곳이다.

### *The Nines*
### 포틀랜드식 5성급 호텔

스타우드 계열의 럭셔리 컬렉션 중 하나로 원래는 백화점이었던 곳을 개축했다. 파이오니어 코트 하우스 스퀘어와 가까워서 도보로 여러 곳을 갈 수 있고 같은 건물에는 메이시 백화점이 있다. 호텔 안에는 고전과 현대가 균형적으로 융합되어서 별 다섯 개의 최고급 호텔이지만 포틀랜드다움이 빛난다. 7층 도서관의 장서는 포틀랜드에서 가장 유명한 서점 파웰 북스가 기증한 것이라고 한다. 객실에는 지역 출신 작가들의 현대 예술 컬렉션을 비치해두었다.

information
-
**The Nines**
더 나인스
525 SW Morrison St.
(877) 229-9995
thenines.com
$$$ / MAP p.274-38

### 누구에게나 권할 수 있는
### 호텔다운 호텔

도심의 가장 편리한 장소에 서 있는 4성 호텔로 1909년에 세워져 1997년에 개축했다. 이러한 내력을 재현한 것 같은 아르데코와 모던을 적절히 섞은 유럽풍이 정말 아름답다. 당당한 모습의 고풍스러운 외관에 누구나 만족할 수 있는 친근한 가격이다. 객실은 넓고 얇은 색조로 통일감이 있고 가구는 현대적이다. 물론 청소는 완벽하고 빈틈없다. 좋은 호텔의 조건을 모두 갖춘 좋은 호텔이다. 포틀랜드 국제공항에서 약 15km 정도 거리에 있어 찾아가기도 쉽다.

information
-
**The Governor Hotel**
거버너 호텔
614 SW 11th Ave.
(888) 246-5631
governorhotel.com
$$$ / MAP p.274-30

### *The Governor Hotel*

TRUE PORTLAND / SLEEP
**HOTEL**

# Benson Hotel

대통령들이 머무른 호텔에서 역사를 느껴보자

— 이곳에서 닉슨 대통령은 궁지에서 벗어나기 위한 원고를 썼다. 역경 속에서도 빛을 발했던 유머 감각은 어디서 온 것일까?

　　1912년에 문을 연 도심 중심부에 있는 최고급 호텔이다. 호텔 명칭은 자산가이자 자선가였던 사이먼 벤슨의 이름에서 따왔다. 이곳에 투숙했던 저명인사로는 루치아노 파바로티, 요르단 여왕 누르 알 후세인을 비롯하여 유명 팝스타인 데이비드 보위, 제임스 브라운, 폴 매카트니 등이 있으며 미국 대통령들이 포틀랜드에 머무를 때 이용하는 것으로도 잘 알려져 있다. 그 유명한 '체커스 연설'을 한 리처드 닉슨 대통령은 이 호텔에서 연설문을 작성했다. 1986년 미합중국 역사기념물에 등록되었다.

*information*
-
**Benson Hotel**
벤슨 호텔
309 SW Broadway
(503) 228-2000
bensonhotel.com
$$$ / MAP p.274-20

TRUE PORTLAND / SLEEP
## HOTEL

# The Heathman Hotel

### 안정된 어른을 위한 신사적인 호텔

— 차분한 느낌의 호텔 라운지가 기분 좋다.

— 가구 배치가 절묘해서 무심코 오랜 시간을 보내게 될 것만 같다.

펄 지구에서 몇 블록 떨어진 곳에 있는 클래식한 4성 호텔로 그다지 눈에 띄는 건물은 아니지만, 안으로 들어간 순간 누구든 편안함을 느낄 수 있다. 격식 있고 호화롭지만 우쭐대는 모습은 전혀 찾아볼 수 없다. 모든 것이 고상하다. 접객도 훌륭해서 투숙객이 바라는 사항을 한순간에 이해하고 해결해준다. 호텔 내 레스토랑의 음식 선택지가 다양하다. 특히 본격적인 영국식 애프터 눈 티는 최고로 행복한 순간을 맛보게 해준다. 객실도 보편적인 고급스러움이 느껴진다. 많은 곳을 봐온 안정된 어른이기 때문에 알아볼 수 있는 훌륭한 호텔이다. 관광업계에서 가장 권위 있는 잡지 〈Condé Nast Traveler〉가 선정한 '최고의 호텔 100'에 뽑혔다.

*information*
-
**The Heathman Hotel**
더 히스맨 호텔
1001 SW Broadway
(503) 241-4100
portland.heathmanhotel.com
$$$ / MAP p.274-44

## HOTEL

### 모던한 객실에서 퓰리처상을 꿈꾼다

4성 호텔로 취향은 모던하고 깨끗하다. 포틀랜드 중심부에 있으며 파이오니어 플레이스 쇼핑센터까지 도보로 10분 정도 걸린다. 인근에는 파이오니어 코트하우스 스퀘어와 오브라이언 스퀘어가 있다. 객실은 따뜻한 색채의 실내장식과 마호가니로 만든 가구, 그리고 퓰리처상을 받은 사진작가 데이비드 흄 커닐리의 작품으로 장식되어 있다. 슬림형 TV와 iPod 도킹 스테이션 등도 갖추고 있으며 피트니스 시설과 비즈니스 센터는 24시간 영업한다. 공용 구역에서는 와이파이를 유료로 사용할 수 있다.

*information*
-
**Hotel Lucia**
호텔 루시아
400 SW Broadway
(866) 986-8086
hotellucia.com
$$$ / MAP p.274-21

---

### 현지 생활을 맛보고 싶다면 바로 이곳

포틀랜드 펄 지구에서 도보 1분 거리에 위치한 호텔로 가장 큰 특징은 객실에 주방이 있다는 점이다. 물론 요리 도구와 냉장고도 있다. 그러므로 포틀랜드만의 즐거움인 다양한 전문점과 파머스 마켓에서 식자재를 구매해서 직접 요리할 수 있다. 파웰 북스와 에이스 호텔도 걸어서 몇 분 안에 갈 수 있고 노면전차도 바로 앞에 선다. 가격도 합리적이어서 장기 체류에 매우 적합하다.

## The Mark Spencer Hotel

*information*
-
**The Mark Spencer Hotel**
마크 스펜서 호텔
409 SW 11th Ave.
(503) 224-3293
markspencer.com
$$ / MAP p.274-11

# LIST

## SLEEP List

### Hotel Monaco
1912년 건물을 리모델링. 시내에서 가장 오래된 호화로운 부티크 호텔이다.
호텔 모나코
506 SW Washington St.
(503) 222-0001
monaco-portland.com
$$$/ MAP p.274-36

### The Westin Portland
호텔 주변에 백화점이 있어서 쇼핑하기에 딱 좋은 호텔
웨스틴 포틀랜드
750 SW Alder St.
(503) 294-9000
westin.com/portland
$$$/ MAP p.274-34

### River's Edge Hotel & Spa
객실에서 윌러밋 강을 즐긴 후 스파에서 재충전
리버스 에지 호텔 앤드 스파
0455 SW Hamilton Ct.
(503) 802-5800
riveredgehotel.com

### Hotel deLuxe
클래식하고 우아한 영화 속 한 장면처럼 시간을 보낼 수 있다.
호텔 디럭스
729 SW 15th Ave.
(503) 219-2094
hoteldeluxeportland.com
$$$/ MAP p.274-4

### Crowne Plaza Portland Downtown Convention Center
공항까지 무료로 배웅해 주고 체재 중 자전거를 빌려준다.
크라운 플라자 포틀랜드 도심 컨벤션센터
1441 NE 2nd Ave./ (503) 233-2401
cpportland.com
$$$/ MAP p.280-24

### Residence Inn Portland Downtown/ Lloyd Center
냉장고와 조리 기구 등을 갖춘 주방과 바비큐 공간이 있다.
레지던스 인 포틀랜드 도심/ 로이드 센터
1710 NE Multnomah St./ (503) 288-1400/
marriott.com/pdxic
$$/ MAP p.280-27

### Red Lion Hotel
컨벤션센터와 가까워 비즈니스맨에게 적합하다. 와이파이는 무료다.
레드 라이언 호텔
1021 NE Grand Ave.
(503) 235-2100
redlion.com/conventioncenter
$$/ MAP p.280-25

### McMenamins Kennedy School
폐교를 리모델링한 포틀랜드에서 가장 독특한 호텔
맥미너민 케네디 스쿨
5736 NE 33rd Ave.
(503) 249-3983
mcmenamins.com/kennedyschool
$$/ MAP p.280-5

### Caravan-The Tiny House Hotel
2013년에 문을 연 미국에서 가장 작은 트레일러 호텔
캐러밴 더 타이니 하우스 호텔
5009 NE 11th Ave.
(503) 288-5225
tinyhousehotel.com
$/ MAP p.280-6

### Holiday Inn Express Hotel & Suites
포틀랜드 중심부에 위치하여 접근성이 좋은 저렴한 호텔
홀리데이 인 익스프레스 호텔 앤 스위트
2333 NW Vaughn St./ (503) 484-1100
hiexpress.com/ $$/ MAP p.276-3

### Inn at Northrup Station
화려하고 대중적인 가구가 특징인 부티크 호텔로 주방이 있다.
인 앳 노스럽 스테이션
2025 NW Northrup St.
(503) 224-0543
northrupstation.com
$$/ MAP p.280-8

### HI-Portland Hawthorne Hostel
배낭 여행자에게 추천한다. 주방과 공용 비품이 충실하다.
호스텔링 인터내셔널 포틀랜드 호손 호스텔
3031 SE Hawthorne Blvd./ (503) 236-3380/ portlandhostel.org
$/ MAP p.282-73

### RiverPlace Hotel
윌러밋 강변에 위치한 부티크 호텔
리버플레이스 호텔
1510 SW Harbor Way
(503) 228-3233
riverplacehotel.com
$$$/ MAP p.274-53

### Embassy Suites Hotel
전 객실이 스위트룸인 호화로운 호텔, 중심부와 가깝고 비용대비 좋다.
엠버시 스위트 호텔
319 SW Pine St.
(503) 279-9000
embassyportland.com
$$$/ MAP p.274-23

### Hilton Portland & Executive Tower
오리건 주에서 가장 큰 컨벤션 호텔로 24시간 사용할 수 있는 비즈니스센터가 있다.
힐튼 포틀랜드 앤드 이그제커티브 타워
921 SW 6th Ave./ (503) 226-1611
portland.hilton.com
$$$/ MAP p.274-43

### Hotel Rose
발코니에서 여유롭게 강을 바라볼 수 있는 객실을 추천
호텔 로즈
50 SW Morrison St.
(866) 866-7977
www.hotelroseportland.com
$$$/ MAP p.274-46

### Portland Marriott City Center
평일에는 무료로 조식과 디저트 서비스를 제공하는 입지 좋은 호텔
포틀랜드 메리어트 시티 센터
520 SW Broadway/ (503) 226-6300
marriottportland.com
$$$/ MAP p.274-35

### The Paramount Hotel
도심 중심에 있으면서도 조용한 새로운 고급 호텔
파라마운트 호텔
808 SW Taylor St.
(503) 223-9900
portlandparamount.com
$$$/ MAP p.274-33

### Park Lane Suites & Inn
집에 온 것처럼 친절하고 자상한 서비스가 매력적
파크 레인 스위트 앤 인
809 SW King Ave.
(800) 532-9543
parklanesuitescom
$$$/ MAP p.274-2

# Airbnb
### 호텔 외에도 존재하는 선택

전 세계 어디든지 "다녀왔습니다."라고 말할 수 있는 곳이 있다면? 현지인의 집에 묵고, 여행책에는 없는 정보를 얻을 수 있는 '현지인처럼 생활하는 여행'을 할 수 있다면 어떨까? 이런 꿈을 이뤄주는 것이 에어비앤비다.

에어비앤비는 숙소를 찾는 여행자와 빈방을 빌려주고 싶은 사람(호스트)을 이어주는 인터넷 서비스다. 원래는 샌프란시스코에 살고 있던 두 명의 공동 창업자가 집세를 내기 힘들어 거실에 간이침대를 두고 여행자에게 유료로 빌려준 것이 계기가 되었다. 지금은 세계 192개국, 35,000여 도시에 약 50만 건의 등록 물건이 있으며 매일 밤 50만 명이 세계 각국에서 에어비앤비를 이용하여 여행하고 있다. 등록된 물건 중에는 성, 보트, 통나무집, 섬 등 특이한 경우부터 평범한 가정주택의 방 한 칸, 전체를 빌려주는 것 등이 포함되어 있다.

여행자는 패키지여행 등을 통해서는 얻을 수 없는 여러 경험을 할 수 있다. 호스트와 대화하며 좋은 추억을 얻을 수 있다. 호스트에게도 에어비앤비는 매력적이다. 일이 바빠서 여행을 떠날 수는 없어도 여행자를 접대하면서 전 세계를 집으로 불러들일 수 있다. 그리고 에어비앤비를 통해 올린 수입으로 여행을 가거나 기업 자금으로 사용하는 사람도 많다. 에어비앤비를 생활의 수입원으로 생각하는 호스트도 적지 않다.

에어비앤비가 중요하게 생각하는 것 중 하나는 서비스를 통해 구축된 인간관계와 '커뮤니티'다. 뉴욕의 에어비앤비 사용자 커뮤니티에서는 허리케인 샌디로 잘 곳을 잃은 사람들에게 무료로 숙박 장소를 제공했다. 그리고 도시 중심부 이외의 에어비앤비에 머무르는 이용자가 많아지면서 지역의 슈퍼와 레스토랑의 매출이 올라가 지역 산업에 미치는 영향도 커지고 있다.

*profile*
-
**HITOMI WAKAMATSU** 히토미 와카마쓰
Airbnb Business Development, Japan
www.airbnb.com

## *Airbnb*
### 에어비앤비

'에어비앤비'의 매력은 마치 현지인처럼 머무를 수 있다는 점이다. 사이트에서 미리 예약해야 한다. 사이트에 표기된 주소는 대체적인 장소를 나타낸다. 호스트와 계약이 성립되면 상세한 주소와 열쇠 인도 방법 등을 주고받을 수 있다. 멋진 호스트가 많이 있으니 마음에 드는 호스트를 찾아보자!

※호스트의 사정에 따라 숙박을 받지 않는 시기가 사이트에 표시되지 않은 경우도 있다.

## Lively Neighborhood, Spacious Apt.
### 미시시피 스튜디오 바로 위 떠들썩함의 중심에서 즐겨보자

포틀랜드에서 가장 인기 있는 지역 중 하나인 미시시피 애비뉴 정중앙에 있는 최고의 입지다. 주변에는 귀여운 상점과 레스토랑이 많이 있다. 아파트 1층을 통째로 사용하므로 침실 외의 공용 부분에는 즐거운 장치가 많다. 난로 앞은 라운지풍으로 꾸며져서 분위기 있고, 조명 테이블과 카페 테이블도 있어서 지내기 편하다. 좋아하는 음료를 사와 침대에 들 때까지의 시간을 진하게 즐겨보는 것도 괜찮다. 호스트인 탈리는 친절하며 기분 좋은 방식으로 '가만히 내버려두기'도 한다. 음악을 좋아한다면 더할 나위 없이 좋은 미시시피 스튜디오(⇒p.132) 바로 위층이라서 밤늦게까지 음악 소리가 들리니 진짜 쉴 곳을 찾는 사람에게는 맞지 않겠지만, 포틀랜드다운 세련된 체류 방식을 찾는다면 최고의 선택이다.

*information*
-
**Lively Neighborhood, Spacious Apt.**
라이블리 네이버후드 스페이셔스 아파트
N Mississippi Ave.
방 타입: 아파트, 전체/ 아파트
www.airbnb.co.kr/rooms/66944

## Sweet Room, Charming Central SW Home
### 사랑스러운 공간에 천국 같은 침대

소녀 감성이 돋보이는 로맨틱한 공간으로 초기 미국 양식과 유럽 감성이 섞인 편안한 분위기다. 무척 합리적인 가격에 조용하고 안전한 곳에 있어서 혼자 여행하는 여성에게 추천한다. 호스트 섀넌은 친절하고 사랑스러운 여성이어서 사이트에는 감사 편지가 가득하다. 루이스 앤 클락 대학, OHSU, PCC, 맛있는 음식으로 가득한 슈퍼마켓 프레드 메이어(Fred Meyer), 마켓 오브 초이스(Market of Choice) 등이 가깝고 여러 버스 노선이 주변을 달린다. 도심에서 버스로 15분, 걸어서 30분 정도 걸린다. 여행자 대부분이 절찬하는 침대에 누워보고 싶지 않은가?

*information*
-
**Sweet Room Charming Central SW Home**
스위트 룸 차밍 센트럴 SW 홈
SW 4th Ave.
방 타입: 단독주택·독방
www.airbnb.kr/rooms/633255

TRUE PORTLAND | SLEEP
# AIRBNB

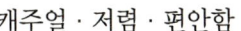

## Inner SE Apartment in Eco-Village

information
-
Inner SE Apartment in Eco-Village
이너 SE 어파트먼트 인 에코빌리지
SE 37th Ave.
방 타입: 아파트·쉐어 룸
www.airbnb.kr/rooms/1263309

### 캐주얼 · 저렴 · 편안함

수공예의 감각이 넘치는 깨끗하고 단순한 방은 아무 걱정 없이 편안히 쉴 수 있다. 주방과 냉장고를 자유롭게 사용할 수 있고 잠은 간이침대에서 잔다. 어쩐지 센스 있는 친구 집에 갑자기 놀러 간 기분이 든다. 호스트 캐티는 전일제로 일하면서 학교에 다니는 영리하고 친절한 여성이다. 포틀랜드에서 구경할 만한 곳을 잘 알고 있으니 편하게 물어보자. 도심까지 버스로 25분 정도 걸리니 위치도 상당히 좋다. 어쨌거나 합리적인 가격이 마음에 든다. 장기 체재를 원하는 사람에게 추천한다.

## Food Lovers' Dream in Designer House

information
-
Food Lovers Dream in Designer House
푸드 러버스 드림 인 디자이너 하우스
NE 6th Ave.
방 타입: 단독주택·독방
www.airbnb.kr/rooms/658883

### 예술가의 멋진 집으로 파머스 마켓과 가깝다

예쁜 페퍼민트 그린의 단독주택이다. 호스트는 에밀리와 아담으로 두 사람 모두 다방면의 예술가라고 한다. 거실에는 유목이 걸려 있고 모양이 다른 의자가 몇 개 놓여 있다. 여행지에서 발견한 다양한 전리품과 지역 작가들의 작품도 걸려 있는 감각이 돋보이는 근사한 공간이다. 그리고 요리를 즐기는 두 사람의 고집이 느껴지는 주방은 잘 꾸며져 있다. 비치해 둔 조리 기구도 본격적이다. 포틀랜드의 명물인 일요일에 열리는 파머스 마켓은 두 블록 건너라고 한다.

## Hip Historic Charm on Belmont

information
-
Hip Historic Charm on Belmont
힙 히스토릭 참 온 벨몬트
SE Belmont St.
방 타입: 아파트, 전체/ 아파트
www.airbnb.kr/rooms/848439

### 놀라운 위치

북유럽과 캘리포니아 미드 센추리가 혼합된 공간으로 세련되면서도 편안하다. 공용 부분과 침실에 사용한 포인트 색깔이 달라서 분위기가 좋다. 그리고 매우 깨끗이 정돈되어 있다. 무엇보다 마음에 드는 건 바로 위치! 벨몬트 지구 한가운데로 포틀랜드에서 가장 북적대는 장소 중 하나다. 주변에는 셀 수 없을 만큼 많은 바와 개성적인 레스토랑이 즐비하고 스텀프타운 커피까지 걸어서 20초 거리에 있다. 타이밍이 맞으면 호스트 케이지가 공항까지 $20에 픽업하러 와준다.

**48H**

# ITINERARY

포틀랜더에게 듣는 48시간을 보내는 방법

여행 시 발길 닿는 대로 예정도 없이 내키는 대로 걸어도 좋지만, 어느 정도 한정된 시간 계획을 세우는 것도 중요하다. 여기에 소개한 방법 중 참고할 만한 것이 있다면 그것을 바탕으로 본인이 흥미 있는 분야를 바탕으로 새로운 계획을 세워보자. 네 팀의 포틀랜더에게 만약 포틀랜드에서 48시간의 시간이 주어진다거나, 혹은 포틀랜드에 48시간만 머무르는 친구에게 포틀랜드를 즐기는 방법을 추천한다면 어떤 여정을 추천할 것인지 물었다. 포틀랜더니까 그야말로 지역의 살아 있는 정보가 풍부하다. 본편과는 또 다른 포틀랜드의 재미가 있다. 하지만 어디까지나 참고만 하고 우연한 만남도 놓치지 말길.

## 48H Case:001 ALDER & CO.

Alder & Co.의 오너와 직원이 포틀랜드에서 시간을 보내는 방법

### Day1

우선 스위디(⇒p.71, ④)에서 맛있는 가정식 아침 식사를 하는 것으로 시작한다. 그 후 옆에 있는 미시시피 레코드(⇒p.124)로 가서 앨범 몇 장을 구매하고 미시시피 애비뉴에 있는 미도우(The Meadow)를 돌아본다. 미도우에는 항상 재미있는 것이 많아서 선물 사기에 딱 좋다. 다음은 로웰(⇒p.195)까지 조금 드라이브. 로웰은 앤티크와 빈티지풍의 물건들을 전시하는 아트 갤러리 같은 가게로 우리들은 항상 오너가 찾아낸 다른 곳에서는 본 적 없는 특별한 물건을 보며 즐거워한다. 점심이 되면 거리를 벗어나 셰프 나오코(Chef Naoko)에서 세련된 일식 점심을 즐긴다. 시내에 머무른다면 카누(멋진 생활용품 잡화, ⇒p.188, ①), 스프루스(Spruce, 미용실), 앨더 앤 코(수입 잡화, ②) 등을 방문하는 것도 좋다. 그리고 하트 로스터(웨스트사이드점, 이스트사이드점은 ⇒p.79)에서 커피를 사서 번사이드 브리지를 걸어서 건너편에 늘어서 있는 스탠드 업 코미디(여성복/신발, ⇒p.195), 내셔널(아트 갤러리/숍, ⇒p.111, ③), 우나(옷, ⇒p.196)를 방문한다. 그 후에는 와인 타임. 루체(이탈리안 레스토랑, ⇒p.56)에 가서 맛있는 와인과 파스타를 친구들과 함께 즐기며 하루를 마친다.

### Day2

포틀랜드 일본 정원(⇒p.208), 콜롬비아 계곡(⇒p.17), 후드 산(⇒p.16)을 돌면서 아름다운 자연을 즐긴다. 그리고 하루의 마무리는 더블 마운틴 브루어리 앤드 탭룸(Double Mountain Brewery & Taproom)에서 그들의 애정이 담긴 맥주와 피자를 먹든가, 러블리스 피프티 피프티(⇒p.71)의 인기 피자를 먹는 것도 괜찮다. 그리고 꿈나라.

The Meadow 미도우
3731 N Mississippi Ave./ (053)288-4633
월~일 10:00~22:00
www.atthemeadow.com

Chef Naoko 셰프 나오코
1237 SW Jefferson St./ (503) 227-4136
화~토 11:30~15:00, 수~금 18:00~21:30
www.chefnaoko.com

Spruce 스프루스
1437 SE 40th Ave./ (503) 230-7155
화~금 10:00~18:00, 토 10:00~16:00
www.spruceportland.com

Double Mountain Brewery & Taproom
더블 마운틴 브루어리 앤드 탭룸
8 4th St, Hood river/ (541) 387-0042
월~목·일 11:30~23:00
금토 11:30~24:00
doublemountainbrewery.com

*profile*

**Alder & Co.** 앨더 앤 코
세계를 여행하면서 구한 물건을 모아 놓은 가게(⇒p.186).

## TRUE PORTLAND
### ITINERARY

 **48H**    Case:002    # JARRETT REYNOLDS
NIKE

이미 파웰 북스와 스텀프타운 커피, 부두 도넛에 관한 읽었을 테지만 (모두 멋진 장소), 포틀랜드를 미국에서 가장 독특한 도시의 하나로 만들어 준 숨어 있는 신비하면서도 맛있는 가게를 방문해야 한다. 그럼 러닝슈즈와 방수 재킷, 그리고 왕성한 식욕과 함께 가보자. 이상한 포틀랜드를 즐길 준비를 (Keep Portland Weird, 포틀랜드를 이상한 상태로 유지하자)!

### *Day1- 8:00* Pine State Biscuits
파인 스테이트 비스킷①
멋진 베이커리도 있고 세븐일레븐에는 수많은 종류의 캔 커피도 있다. 하지만 배부르게 먹고 계속 커피를 리필할 수 있는 장소는 아니다. 이 거리에서는 오전 10시 전까지는 모두 이상할 정도로 많이 먹는다. 그러므로 포틀랜드에서는 아침부터 배를 비워 놓자! 그리고 내가 가장 맛있다고 생각하는 것은 파인 스테이트 비스킷의 비스킷과 그레이비! (p.47)

### *10:00* Goodwill Store Portland
굿윌 스토어 포틀랜드
매우 큰 중고 숍 같은 곳으로 웬만한 것은 다 판다. 양복, 중고 속옷 (정말로), 레코드, 카메라…하지만 이곳이 다른 가게와 다른 점은 다양하고 충실한 중고 미술서이다.
1943 SE Sixth Ave./ (503) 238-6165
월~토 9:00~21:00, 일 10:00~20:00
meetgoodwill.org

### *12:00* Taqueria Santa Cruz
타케리아 산타 크루즈
포틀랜드에서 유일하게 제대로 된 타코를 먹을 수 있는 곳은 여기뿐 여기는 정말 맛있고, 가격도 한 개에 1$ 정도다. 타코와 오르차따(horchata, 쌀로 만든 음료수. 맛있어 보이지만 그렇지 않다다)를 한 개씩 사자. 만약 시간이 없어서 리스트 중에 한 곳만 가야 한다면 무조건 타케리아 산타 크루즈에 가자!
8630 N Lombard St./ (503) 289-2005/ 영업 시간 확인 요망

### *13:30* Next Adventure
넥스트 어드벤처
넥스트 어드벤처는 재활용 아웃도어 옷과 물건을 싸게 살 수 있는 가게. (⇒p.193)

### *14:30* Oneonta Falls
오네온타 폭포②
오네온타 폭포는 포틀랜드에서 40분 거리에 있는 숨은 명소. 이 폭포의 멋진 경관을 보기 위해서는 얼어붙을 듯 차가운 강물에 머리까지 잠긴 채 건너가 쓰러진 나무가 가득한 지대를 올라가야 한다. 더러워져도 괜찮은 신발을 신고 카메라와 열쇠는 방수 팩에 넣어 가자.
www.nwhiker.com/CGNSAHike53.html

### *17:00* Portland Timbers Game
포틀랜드 팀버스 시합③
꼭 Jeld-Wen Field의 섹션 107의 팀버스 홈팀 자리에서 봐야 한다. 홈팀 자리에서 팀버스의 시합을 보는 것은 어떤 느낌일까? 포틀랜드 여기저기에서 온 사람들과 각자의 방식으로 사는 사람들에게 휩싸여 팀버스의 홈팀 자리에서 함께 응원하다 보면 어느새 포틀랜드와 축구를 진정으로 사랑하게 될 것이다.

### *20:00* Run with Bridge Runners
스텀프러너스와 달리자
스텀프러너스는 밤에 모여서 포틀랜드 거리를 달리고 그 후 마시러 가는 일을 주에 몇 번이나 하는 러닝 그룹이다. 아마 밤거리를 즐기는 가장 적절한 방법에 하나일지도 모른다. 자세한 것은 트위터와 인스타그램에서 @Stumptownrunner를 팔로잉하자.

### *22:00* Driftwood Room
드리프트 룸
디럭스 호텔(⇒p.252) 안에 있다. 드라마 '매드 맨(Mad Men)'의 멤버가 일이 끝난 후에 들릴 것 같은 느낌의 꽤 멋진 바이다. 메뉴에서 주문하지 말고 바텐더 마이크(이름은 모르지만, 그의 닉네임을)에게 무언가 특별한 것을 만들어 달라고 부탁하자. 후회하지 않을 것이다.

### *24:00* Tony's Tavern
토니즈 타번
이곳은 드리프트우드 룸(Driftwood Room)과는 정반대로 싸고 더럽고 당신의 영어 연습 상대가 되어 줄 이상한 지역 주민이 잔뜩 있다.
1955 W Burnside St.
(503) 228-4574

### *Day2- 9:00* El Guero Food Cart
엘 구에로 푸드 카트
이미 나의 멕시칸 음식과 아침 식사에 대한 사랑은 이야기했다. 내 취향에 딱 맞는 아침 식사는 로즈시티 푸드 카트에 있는 $5짜리 블랙퍼스트 브리또.

## TRUE PORTLAND
## ITINERARY

**11:00** *Huckleberry Shake at the Huckleberry Inn*
허클베리 인 허클베리 셰이크
허클베리를 먹어 본 적 있나? 들은 적은? 없다면 꼭 포틀랜드에서 1시간 거리인 후드 산의 산기슭으로 가서 허클베리 셰이크를 마시러 허클베리 인으로 가자. 허클베리란 말이 매우 좋다. 허클베리!
88611 E Government Camp Loop Road, Government Camp, OR
(503) 272-3325
huckleberry-inn.com

**13:00** *Roller Skating at Oaks Park*
옥스 공원에서 롤러스케이트 ④
신이 1974년에 일시 정지 버튼을 누른 것 같은 모습의 곳으로 이상한 모양의 탈 것, 롤러스케이트에 핀볼 등 이미 모두 사라진 것들로 가득하다. 미국 역사의 한 일면처럼 느껴진다.
7805 SE Oaks Park Way
(503) 233-5777
www.oakspark.com

**15:00** *Laurelhurst Market and*
*Colonel Summers Park for 40s and steak sandwiches*
카넬 서머즈 공원에서 40S와 스테이크 샌드위치를
자전거를 타고 포틀랜드에서 가장 아름다운 스테이크 샌드위치가 있는 로렐허스트 마켓(정육점과 스테이크하우스를 같이 하는 가게)로 가자. 다음은 페니 마켓(편의점보다 싸고 멋진 곳)에서 포티즈(40온스 맥주, 모른다면 영화 'Menace II Society'를 꼭 보기를)를 사서 커넬 서머즈 공원에 가서 먹고 마신다. 날씨가 좋을 때는 포틀랜드에서 가장 이상한 사람들로 넘친다. 홀라후프, 저글링, 외줄 타는 사람, 운이 좋다면 외발 바퀴 자전거 군단이 있을 지도.

**Laurelhurst Market** 로렐허스트 마켓
3155 E Burnside St.
www.laurelhurstmarket.com
**Colonel Summers Park** 커넬 서머즈 공원
SE 17th Ave. & Taylor St.

**18:30** *Sunset at Overlook Bluffs*
오버룩 블러프스에서 석양을
오버룩 블러프(스키드모어 블러프라고 부르는 사람도 있음)는 윌러밋 강과 철도 조차장 맞은편의 석양을 지는 모습을 보기 위한 최적의 장소. 맥주를 가지고 가도 좋다(하지만 체포당해도 내 탓은 아니에요).

**22:00** *The Slammer Tavern*
슬래머 태번
싼 술과 멋진 주크박스, 그리고 가장 유명한 것은 크리스마스 조명. 추수감사절 다음 날부터 1월 사이에는 엄청난 조명의 크리스마스 장식이 빛난다. 재미있는 동네 사람도 만날 수 있다.
500 SE 8th Ave./ (503) 232-6504

**24:00** *Pix Patisserie*
픽스 파티세리
심야의 디저트(주말은 오후 2시까지 연다)로 이만한 곳은 없다. 맛도 좋지만 나는 항상 특이한 맛의 마카롱은 어느 것일까 시험해 본다. (⇒p.99)

profile
·
**JARRETT REYNOLDS** 자렛 레이놀즈
보스턴 출생. 텍사스, 캘리포니아, 뉴욕, 오리건, 암스테르담, 도쿄 등에서 거주한 경험이 있다. 나이키에서 디자이너로 일하고 있으며 기혼이고 두 마리의 뱅골 고양이를 기르고 있다. 일본의 공예와 기술, 라멘을 정말 사랑한다.

① 

② KevJames

③ Ray Terrill

④ Mark Hogan

# TRUE PORTLAND
## ITINERARY

 **48H**  Case:003

# CHRIS TANG

Compound Gallery Portland / Jeffrey Allen Interior

---

멋진 아웃도어와 패션 트렌드, 자전거, 독립 예술, 패션, 음악으로 알려진 동시에 미국의 톱 푸드 시티로도 알려진 포틀랜드는 작은 도시지만, 누구라도 짧은 시간에 이 모든 것을 즐길 수 있다. 포틀랜드를 방문하는 사람이라면 누구라도 즐길거리가 분명히 있다. 그리고 다음에도 포틀랜드를 방문할 수밖에 없다.

### Day1- 8:00 The Clearing Cafe
클리어링 카페
하루의 시작을 카페오레와 맛있는 브리토, 페이스트리로 시작하자. 미국에서 도시권 내에 위치한 공원으로서는 최대 규모인 포레스트 공원에서 바로 걸어갈 수 있는 거리에 있어 도보 여행자, 러너, 자연을 사랑하는 사람들에게 매우 인기가 많다.
2772 NW Thurman St, / (503) 841-6240
www.theclearingcafe.com

### 9:00 Take a hike
하이킹을 가자
클리어링 카페에서 5분 정도 걸으면 포레스트 공원에 들어갈 수 있는 로우어 맥클리 공원, 그리고 20일 정도 걸으면 후드 산과 포틀랜드를 볼 수 있는 포틀랜드의 유명한 명소 피톡 맨션에 갈 수 있다. 그밖에도 도중에 많은 트레일이 있어 어느 정도 하이킹을 하고 싶다면 종일 공원을 탐색하며 보낼 수도 있다.
트레일 정보: www.trailpedia.org/lower-macleay-park-to-pittock-mansion

### 12:00 Lardo
라르도
하이킹을 한 후에는 포틀랜드에서 가장 맛있는 샌드위치 중에 하나를 먹어보자. 모두 맛있지만 나는 스모크드 콧파 쿠바노햄(햄, 디종 머스터드, 피클, 라드 소스, 발렌티나, 프로보로네))과 함께 더티 후라이(돼지의 내장, 피망 마리네, 허브 튀김, 파르메산), 그리고 지역의 마이크로 브루어리에서 만든 생맥주를(무엇이든 추천) 먹을 것이다. (⇒p.46)

### 13:30 Go shopping
쇼핑하러 가자!
라도 근처에는 작은 부티크가 많다. 아래의 가게를 추천하지만 물론 다른 멋진 가게도 많다!
The Woodlands(⇒p.168)
Francis May(⇒p.196)
Canoe(⇒p.188)
Alder & Co.(⇒p.186)
Steven Alan 스티븐 알랜
1029 SW Stark St./ (971) 277-9585
월~토 11:00~19:00, 일 11:00~18:00
www.stevenalan.com

### 16:00 Cupcake Jones
컵케이크 존스
내가 가장 좋아하는 컵케이크 가게. 지금까지 뉴욕이나 샌프란시스코, 시애틀의 유명한 컵케이크를 먹었지만, 어디도 이곳에 비할 수는 없다. 항상 다양한 그 날의 스페셜 맛이 있고, 미니 컵케이크도 있는 것이 멋지다. 이거라면 아무리 많이 먹어도 걱정 없이 여러 가지 컵케이크를 맛볼 수 있다.
307 NW 10th Ave./ (503) 222-4404
월~토 10:00~20:00, 일 12:00~18:00
www.cupcakejones.net

### 17:00 Powell's Books
파웰 북스
컵케이크 존스에 들린 후에는 파웰 북스까지 걷자. 여러 층의 이 서점은 새 책과 헌책을 취급하는 세계 최대의 독립서점이다. 1층의 카페에서 커피를 사서 좋은 책을 찾는 재미를 즐기자. (⇒p.215)

### 19:00 Higgins
히긴스①
저녁은 히긴스에서. 내가 포틀랜드에서 가장 좋아하는 레스토랑이다. 새롭고 멋진 레스토랑이 매일 같이 개점하기 전부터 히긴스는 거기에 있었다. 이 프렌치 아메리칸 레스토랑은 지역에서 생산된 재료를 사용한 메뉴를 제공한다. 모두 맛있다고 자신 있게 말할 수 있다. 좋아하는 음식은 해산물 스튜, 그리고 직접 만든 전채와 피클을 덧붙이면 최고! 격식을 차린 저녁 식사를 희망한다면 다이닝 룸에서 식사를 하고 캐주얼한 분위기가 좋다면 비스트로 쪽으로. (⇒p.73)

### 22:30 The Multnomah Whiskey Library
멀트노마 위스키 라이브러리
저녁 식사 후에는 하루를 마무리하는 칵테일을. 이곳은 이미 유명한 곳으로 장대한 위스키 콜렉션은 물론 다른 스피리츠(알코올 성분이 강한 증류수)와 맥주도 충실하다. 실내도 대단히 멋지고 아름답다. 가구는 대부분 빈티지로 런던에서 공수해 온 것으로 정교함이 살아 있다.
⇒(p.101)

## TRUE PORTLAND
## ITINERARY

***Day2- 7:30*** Petite Provence
쁘띠 프로방스
앨버타 예술지구의 쁘띠 프로방스에서 아침 식사를. 나는 항상 와일드 노스위트 연어 스튜를 먹지만 매일 바뀌는 스페셜과 오믈렛도 꼭 먹어보길. 베이커리도 매력으로 크루아상이나 다른 디저트와 카푸치노는 꼭 먹어야 한다.
1824 NE Alberta St./ (503) 284-6564
월~일 7:00~22:00
www.provencepdx.com

***9:00*** Alberta Arts District
앨버타 예술지구
앨버타 예술지구를 탐험해보자. 독립적인 가게가 많다.

***11:00*** 21st Avenue Bicycles
21st 애비뉴 바이시클
21st 애비뉴 바이시클에 가서 자전거를 빌리자. 포틀랜드는 미국에서 자전거에 가장 친절한 도시라서 거리를 자전거로 탐색하기에 좋다.
916 NW 21st Ave./ (503) 222-2851
월~금 11:00~19:00, 토 10:00~18:00, 일 12:00~17:00
www.21stbikes.com

***11:30*** Silk
실크
펄 지구의 실크에 들려서 베트남 국수나 베트남풍 샌드위치를 먹고 베트남풍의 아이스커피를 한잔.
1012 NW Glisan St./ (503) 248-2172

***12:30*** Go for a bike ride along the Portland waterfront.
포틀랜드의 부둣가에서 자전거 타기②
산책하는 사람, 뛰는 사람, 자전거 타는 사람에게 인기인 장소로 봄에는 벚꽃이 피는 것을 볼 수 있다.

***16:30*** Salt & Straw
솔트 앤 스트로
멋진 사이클링을 끝낸 후에는 아이스크림을. 이곳의 수제 아이스크림은 매우 인기가 많아서 겨울에도 줄을 설 각오를 해야 한다. 다양하고 독특한 맛과 매일 바뀌는 스페셜이 자랑인 가게. (⇒p.50)

***17:30*** Church
처치
처치는 내가 좋아하는 바로 매우 독특한 곳이다. 가볍게 요기하기에도 좋다. 포틀랜드에서의 마지막 날 밤을 보내기 전에 들리기에 딱 알맞은 가게. (⇒p.98)

***18:30*** Navarre
나바레
이탈리아와 스페인, 프랑스 요리의 영향을 받은 산지 직송의 재료를 사용한 뉴 아메리칸 요리. 싸고 양이 적으므로 여러 가지 맛있는 요리를 주문할 수 있다. 어느 것이나 맛있고 다양한 메뉴라서 누구라도 좋아할 것이다. 글래스 와인도 50가지 이상이고 분위기도 차분하다. 벌써 몇 년이나 다닌 동네에서 좋아하는 가게. (⇒p.72)

***20:30*** Kennedy School
케네디 스쿨
저녁 후에는 케네디 스쿨에서 쉬자. 이곳은 원래는 학교였던 곳을 호텔과 바, 영화관으로 개보수한 곳이다. 이곳에는 많은 바가 있다. 나처럼 잎담배를 좋아하면 디텐션 바(The Detention Bar)는 술을 마시며 필 수 있는 최고의 장소이다. 보일러 룸 바(Boiler Room Bar)와 아너스 바(Honors Bar)도 멋지다.
5736 NE 33rd Ave./ (503) 249-3983
www.mcmenamins.com/KennedySchool

***23:30*** Reel M Inn Tavern
릴 엠 인 태번
이 밤과 여행의 마무리로 어울리는 작은 바. 이곳의 프라이드치킨과 죠죠 포테이토가 굉장히 맛있다는 건 포틀랜드의 비밀이다. 주문을 받자마자 튀겨서 신선하고 정말 맛있다. 싸고 강하고 맛있는 술도 있다. 몇 잔이나 마셔도 프라이드치킨을 먹으면 잘 쉴 수 있다. 또 다음 여행을 기약하자.
2430 SE Division St./ (503) 231-3880

*profile*
-
**CHRIS TANG** 크리스 탱
Compound Gallery Portland 공동 경영자/ Works at Jeffrey Allen Interior(Family Business)/ Co-Adventurer with my lady, Nica. 포틀랜드에서 태어나고 자랐다. 베트남계 미국인. 여행을 좋아하고 몸을 움직이는 것과 달리기가 좋다. 마운틴 하이크와 로드 사이클도 좋아한다. 하이킹과 캠핑 등 모든 아웃도어 행위가 좋다. 취미는 너무 많다. 먹는 것, 요리도 좋아한다. 대가족으로 가족 모두를 사랑한다. 포틀랜드가 매우 좋다.

TRUE PORTLAND
## ITINERARY

 48H  Case:004  **MICHAEL O ANDERSEN**
Tanner Goods/ The Woodlands

---

내가 태어나고 자란 포틀랜드는 주민 모두가 맛있는 음식을 먹고 클래식한 디자인과 미를 좋아하는 거리다. 만약 당신이 48시간만 머문다면? 나에게 맡겨라. 왜 이 거리가 이렇게 독특하고 특별한지 알려 줄 테니까.

### Day0- 21:00 Ace Hotel
에이스 호텔 도착①
나는 가능한 에이스 호텔에 묵는다. 젊은이가 많아서 활기차고 편하기 때문이다. 이곳은 지금 뜨고 있는 웨스트엔드 네이버후드의 중심에 있다. 주변에는 쇼핑 장소가 많고 레스토랑도 많다. 도로를 건너면 바로 스트리트카에 탈 수 있고 호텔에서 자전거도 빌릴 수 있다. (⇒p.224)

### 22:00 Clyde Common
클라이드 커먼
이곳은 세계의 위스키가 있는 곳으로 이렇게 세련된 분위기에서 술을 즐길 수 있는 곳은 없을 것이다. 바텐더는 항상 적당한 거리감을 두고 접촉한다. 이곳에 오면 음식도 주문하는 것이 좋다. 메뉴가 자주 바뀌지만, 그 계절 한정의 메뉴를 주문하면 틀림없다. 이곳은 하루의 시작과 끝, 어느 쪽에도 딱 알맞은 장소다. (⇒p.38)

### Day1- 7:00 Stumptown Coffee
스텀프타운 커피
포틀랜드에 왔다면 이곳에 꼭 가야 한다. 나는 낯선 도시에 가기 전 확실히 배전해서 정중히 커피를 내오는 숍을 사전에 조사한다. 스텀프타운 커피는 배전, 내오는 방법 모두 성공한 가게 중 하나다. 카푸치노를 부탁하면 왜 이렇게까지 스텀프타운 커피가 주목받는지 알 수 있다. 사이즈는 작아도 맛이 풍부한 정통파. (⇒p.60)

### 8:00 Vera Katz Eastbank Esplanade
베라 캐츠 이스트사이드 산책길
러닝슈즈의 끈을 꽉 묶고 미국 내에서도 유명한 도시의 조깅 코스를 달리자! 모리슨 브리지부터 출발해서 북쪽으로 윌러미강을 따라서 서쪽을 달려보자. 스틸 브리지 아래의 보행용 다리를 지나는 강을 건너면 이번에는 남쪽으로. 호슨 브리지에서 강을 건너 서쪽으로 돌아온다. 대략 3마일 정도로 사이클링, 러닝, 걷기에도 좋은 코스. 덥거나 춥거나, 비가 좀 내리거나 맑게 갠 날에도 모두 좋은 코스다. 좀 더 달리고 싶은 사람은 로스아일랜드 브리지까지 달리면 6마일 정도다. (⇒p.142)

### 10:00 Roost
루스트
거리에서 가장 프렌치한 곳! 소박한 분위기의 가게로 여기의 오믈렛은 내가 먹어 본 것 중 가장 맛있다! 오믈렛은 제철 재료를 사용하고 완벽한 샐러드가 같이 나온다. 이곳의 블러디 메리도 정말 맛있다. 베이컨도 잊지 말길!

1403 SE Belmont St./ (971) 544-7136
화~토 17:30~22:00, 토일 10:00~14:00, 일 17:30~21:00
roostpdx.com

### 11:00 Beam & Anchor
빔 앤드 앵커
브런치를 먹은 후 포틀랜드다운 독특한 가게에 가자. 공방과 가게가 함께 있는 곳으로 가고 싶은 가게로 손꼽힌다. 천천히 여유롭게 이 건물을 탐험하자. 그리고 자기가 만든 물건을 파는 수공예품 작가들과 만나자. 인터 스테이트 방향의 맥스 라이트 레일을 타면 도심에서 간단히 노스이스트로 간다. (⇒p.166)

### 14:00 North Mississippi Ave.
미시시피 네이버후드
다음은 미시시피 탐색 시간! 빔 앤드 앵커에서 바로 미시시피 애비뉴는 작지만 많은 것이 있는 커뮤니티다. 가족과 함께 오기에도 좋은 곳이 많고, 선진적이며 독립적인 셀렉트 숍도 많다. 맛있는 음식과 음료도 가득! 몇 시간이든 있을 수 있다.

### 15:00 Mee Sen Thai Eatery
미 센 타이 이터리
이곳에서는 차가운 맥주와 정말 맛있는 태국 수프 '코이 소이'를 주문하자! 포틀랜더는 태국 요리를 정말 좋아한다. 이 거리에서는 어떤 태국의 지방 요리라도 즐길 수 있다. 이 가게는 태국 요리가 많은 포틀랜드에서도 성공한 가게 중 하나다.
3924 N Mississippi Ave. / (503) 445-1909
일~목 11:30~22:00, 금토 11:30~22:30
meesenpdx.com

### 18:00 Radar
레이다
해피 아워에 맞춰 독특하고 매력적인 축구 바 레이다로 가자! 포틀랜더는 팀버스 시합에서 눈을 뗄 수 없다. 동네의 훌리건들과 함께 지역의 맥주를 마시면서 시합을 즐기는 것은 어떤가? 콜리플라워 후리터와 돼지 어깨살, 더블 마운틴 IRA는 꼭 주문해야 한다!
3951 N Mississippi Ave., (053) 841-6948
화~토 17:00~22:00, 토일 10:00~14:00, 일 17:00~21:00
www.radarpdx.com

## TRUE PORTLAND
## ITINERARY

**20:00** *Mississippi Studios*
미시시피 스튜디오③
그럼 이번에는 라이브 시간! 미시시피 스튜디오에서 매일 밤 여러 아티스트의 라이브를 볼 수 있으니 분명 마음에 드는 음악을 발견할 수 있을 것이다. 옆에 있는 바도 꽤 좋은 느낌! 배가 고프다면 햄버거도 추천. (⇨p.132)

**23:00** *Local Transportation*
지역 교통기관
미시시피 지역을 체험한 후에는 에이스 호텔에 어떻게든 돌아가야 한다! 돌아가는 길의 모험을 즐기는 사람도 많고 택시를 좋아하는 사람도 있다. 포틀랜드에도 다른 거리처럼 택시회사가 많지만 다른 점은 포틀랜드에서는 전화하지 않으면 택시가 오지 않는다는 것이다. 하지만 다행스럽게도 그 밖에도 돌아갈 방법은 있으니 그리 걱정하지 말길!

**Day2- 8:00** *Barista*
바리스타
오늘은 NW 13th 애비뉴에 있는 바리스타에서 커피 마시는 것을 추천한다. 미국 북서부의 싱글 오리진 커피콩이 다양하며 이곳의 직원들은 굉장한 기술을 갖고 있어 멋진 커피를 마실 수 있다. (⇨p83)

**10:00** *Tasty n Alder*
테이스티 엔 앨더
요리사 토로 브라보와 존 고햄의 가게로 포틀랜드다운 음료와 음식을 맛볼 수 있다. 천천히 자리에 앉아 즐겨보자. 아마 상당히 혼잡스럽겠지만 기다릴 가치가 있다! (⇨p.74)

**11:00** *West End*
웨스트엔드 지구
오늘은 웨스트엔드와 올드 타운의 가게와 갤러리를 돌아보자! 내가 좋아하는 가게는; 태너 굿즈/우드랜드(⇨p.168)/ 프란시스 메이(⇨p.196)/ 테이블 오브 콘텐츠(⇨p.191)/ 폴러(⇨p.177)/ 더 굿 모드(⇨p.164)/ 컴파운드 갤러리(⇨p.191)/ 헬리온 갤러리(⇨p.119)/ Quinn 퀸(⇨p.14)/ 셀프 엣지(⇨p.14)/ 파웰 북스(⇨p.214)/ 버팔로 익스체인지(⇨p.195)

가게를 돌면서 점심도 먹자! 9th와 10th, 워싱턴과 앨더 스트리트 사이의 푸드 카트에 도전하자! 어딘든 맛있지만, 그중에서도 808 Grinds와 Tito's and Whole Bowl을 추천한다. 음식을 사서 맞은편의 광장으로 가서 모여드는 동네 사람들과 점심을 즐겨보자.

**19:00** *LePigeon*
르·피죤④
포틀랜드의 마지막 식사로 르·피죤만큼 딱 맞는 레스토랑은 없다! 아주 맛있어서 놀랄 것이다! 예약은 필수다. 비프 브루기뇽은 마지막 밤을 장식해준다! 카운터에 앉아서 요리사와 스태프가 펼치는 마술을 보는 것도 좋다. (⇨p.60~61)

**19:00** *Clyde Common*
클라이드 커먼
르·피죤에서 20분 정도 걸으면 호텔로 돌아올 수 있다. 마지막 술을 클라이드 커먼에서 즐기다. 좋은 위스키가 여행의 끝을 완벽하게 연출할 것이다. (⇨p.38~39)

*profile*
-
**MICHAEL O ANDERSEN**  마이클 오 앤더슨
Cascadian Fabrications Inc.(태너 굿즈/우드랜드)의 마케팅 매니저 겸 바이어. 농구와 미국식 풋볼의 열광적인 팬. 달리기, 여자 친구 페이지와 요리하는 것, 고양이와 노는 것을 사랑한다. 확실하게 제본된 인쇄물과 책을 사는 것도 좋아한다.

①

②

③

④

## "Oregon Kara Ai"
### (Oregon with Love)

**JOHN C JAY**

미국과 다른 나라 대도시의 주류 문화와는 거리가 있지만, 오리건 주 포틀랜드는 지금 가장 주목받는 도시가 되었다. 다른 대도시가 그곳에 사는 사람들의 야심으로 도시를 성장시키는 동안 이 거리는 다른 방향성을 갖고 있었다. 겸허한 자세로 세계에서 일어나는 일보다 포틀랜드 내에서 일어나는 일에 주목하여 자연이 흘러가는 대로 맡긴 것이 포틀랜드 원래의 정체성을 발견하는 계기가 되었다. 그 과정에서 포틀랜드는 하나의 중요한 사실에 도달했다. 'Authenticity' 결국, '정통'이 포틀랜드의 가장 큰 힘이 되었다.

1971년 1월 12일 당시의 오리건 주지사였던 톰 맥콜이 전국방송 텔레비전 프로그램에 출연해 인터뷰 도중 미국 국민들에게 이렇게 호소했다. "Come visit us again and again but for heaven's sake, don't come here to live." "포틀랜드를 몇 번이든 방문해 주세요. 하지만 제발 부탁이니 살 생각은 하지 마세요." 이 말은 신화가 되어 "Oregon: Come visit don't stay!"로 바뀌어 전해지고 있다. 당시 포틀랜드는 혁신적인 정치와 라이프스타일의 모델이었다. 주민들은 누구라도 질 높은 생활을 손에 넣기 위해 환경에 관한 엄격한 법을 세우는 것이 도시 전체의 성장과 연결된다는 방향성을 제시했다. 포틀랜드는 도시계획과 대중 정치에 의해 어떻게 살기 좋은 도시를 형성할 것인가를 증명하는 연구 대상이 되었다. 오늘에 이르러서도 이 거리는 약간은 왜곡된 채 도시개발의 연구대상으로 계속 주목받고 있다. 그리고 톰 맥콜의 말은 40년 이상이 지난 지금 다시 슬로건이 되었다.

포틀랜드의 아이콘적인 가게 중 하나인 뮤직 밀레니엄 창설자 테리 쿠리에는 지금도 유명한 'Keep Portland Weird(포틀랜드를 독특하게 유지하자)' 운동을 낳은 비공식적인 부모다. 그는 2003년에 텍사스 주 오스틴의 메시지에 감명을 받아 그것을 그가 사랑하는 포틀랜드에 응용했다. 그는 이 표어를 내걸고 오리건 주에 다양하고 새로운 비즈니스를 유치하고 투자를 이끌어 낼 아이디어를 생각했다. 이 아이디어는 굉장히 좋은 효과를 남겼지만 동시에 시의 과세 기준 완화에 매력을 느낀 야심 없는 젊은이들을 끌어당기는 역효과도 불러왔다.

"포틀랜드는 다른 도시와 격리되어 있고 생활비도 싸니까 이상한 녀석들이 늘어나고 이상한 일들을 계속 벌인다."
베키 올센(Becky Olsen, LonelyPlanet.com)

최근에는 뉴욕과 런던 같은 다른 대도시에서 푸드 비평가와 여행 작가, 패션 스타일리스트, 블로거, 그리고 사진가들이 인구 60만 명의 포틀랜드를 찾고 있다. 포틀랜드는 자주 뉴욕의 브루클린과 비교되지만 브루클린에는 약 260만 명이 살고 있다. 뉴욕에서도 잘 나가는 브루클린이 질투하고, 칭찬하는 것이 포틀랜드의 문화다.

젊고 재능이 넘치는 사진가면서 'Corduroy'라는 잡지를 뉴욕에서 발행하는 기업가이기도 한 피터 애쉬 리는 포틀랜드에서 여름을 지낸 후에 이렇게 썼다. '브루클린은 확실히 포틀랜드처럼 되고 싶어 하는 것 같다. 강력한 창조도시에 2시간 거리에 바다와 산이 있는 건 정말 대단하다. 포틀랜드의 라이프스타일은 뉴욕과 비교하면 정말 건강한 느낌이다. 만약 수입만 보장된다면 포틀랜드로 이사가고 싶다.'

《포틀랜디아(Portlandia)》라는 코미디 드라마는 하나의 역설을 낳았다. 드라마 내의 프로모션 비디오

# TRUE PORTLAND
## COLUMN

에서 '포틀랜드, 젊은이가 은퇴하는 거리'라는 문구를 사용했다. 이것은 미국 전역의 주목을 받았고 어느 부분은 포틀랜드의 사실이라고 말할 수도 있다. 이 거리는 꿈을 꾸는 젊은이와 게으른 자를 끌어당기는 자석이 되었고 야심 없는 젊은이들의 메카가 되었다. 하지만 현실은 이 거리는 꿈꾸는 자와 게으른 자의 거리가 아니고 무엇을 만드는 사람(Makers), 행동을 일으키는 사람(Doers)의 거리다. 기업가와 전국적으로 유명한 요리사를 포함한 독립적인 장인들이 이 거리에 이미 뿌리 내리고 있다. 혹시라도 그다지 패션에 신경 쓰지 않는 스타일이라 외지 사람이 보면 게으름뱅이처럼 보일 수도 있다. 하지만 할 일을 확실히 하고 있다면 겉모습은 어찌 되든 상관없지 않을까?

포틀랜드처럼 풍부한 특징으로 존경받는 도시는 없다. 90년대 후반 포틀랜드는 이미 세계의 젊은이 문화와 관계를 맺었다. 일본의 젊은이들은 그때부터 다양한 스타일이 혼재한 포틀랜드에 매력을 느꼈다. 헌 옷에서 감명을 받은 우라하라주쿠의 스트리트 패션으로 치장한 스케이터와 스노보드 선수들은 커피숍 앞에서 서로 악수하며 '쿨(cool)'한 장소를 찾아 포틀랜드로 왔다.

젊은이 문화는 항상 선두로 앞서 나가고 젊고 창조적인 사람들은 그들의 독자적인 관계를 알고 있다. 소셜미디어는 그들의 세계에 있어서도 폭발적이었고 포틀랜드에도 큰 영향을 주었다. 90년대 후반에 일본에서 포틀랜드에 온 스케이터와 보더인 "아이"들은 그 유명한 번사이드에서 스케이트를 타며 포틀랜드다운 멋진 장소를 탐색하려는 목적이 있었다. 그들은 새로운 삶의 방식을 모색하며 그것을 체험하기 위해 이곳에 왔다. 그러나 현재 일본의 젊은이들이 포틀랜드에 오는 건 일본의 섬나라 근성을 바꾸기 위한 것을 찾기 위해, 새로운 행동과 만드는 방법을 찾기 위해서다. 지금의 젊은이들과 그의 부모 세대는 쇼핑은 사람을 행복하게 만들지 못한다는 것을 도쿄의 소비사회에서 배웠다. 어느 종류의 쇼핑은 종교처럼 되었지만 소비하는 행위는 사람을 구하지 못한다.

《포틀랜디아》에서는 이 거리의 DIY 정신 등을 비꼬며 스테레오 타입을 더욱더 과장하여 표현했지만, 포틀랜드는 앞으로도 이 스테레오 타입과 함께 걸어나갈 것이다. 말하자면 부두 도넛은 지금에는 많은 사람이 시간에 상관없이 줄 서서 먹는 가게가 되었고, 뉴욕의 바퀴벌레처럼 푸드 카트 그 친구들이 계속 늘어나고, 문신을 한 사람을 쉽게 발견할 수 있게 되었다. 그리고 요리사들은 앞으로도 문화의 파도를 지배할 것이다. 많은 스타 요리사들은 포틀랜드로 이주해 온 사람들로 그들이 새로운 센스와 재능을 불어넣고 있다. 요리사들은 거리의 미각을 높이고 DIY라도 정교하고 세련된 것을 만들 수 있다는 것을 증명했다.

브루클린의 시각 예술 학교를 졸업한지 몇 년밖에 되지 않은 패션 사진가 본 듀크도 포틀랜드에 자주 방문하는 사람이다. 그는 시대를 상징하는 한 사람으로 업계의 톱 에이전시인 아트 앤드 코머스 (Art and Commerce)와 협력하여 뉴욕 패션 영화 축제 (the New York Fashion Film Festival)의 공동 창립자로서 유럽과 아시아를 돌았다. "포틀랜드는 지속 가능한 느긋한 사람의 방식 그 자체입니다. 그곳 생활의 질은 진짜이며 제작 활동을 위한 장소도 있습니다. 만약 내가 이주한다면 포틀랜드에서 예술가가 활동할 수 있는 아티스트 레지던스를 하는 것이 꿈입니다. 뉴욕은 이미 예술가로서의 캔버스는 사라졌죠."

포틀랜드의 문화는 성장을 멈추지 않는다. 편의점 이외에 유일하게 연중무휴로 24시간 완전 가동하고 있는 것이 문화다. 다양한 인종이 부족하다고 알려졌지만 새롭고 자극적인 주민들이 교류하면서 거리의 색은 더욱더 다양해지고 풍부해지고 있다. 만약 새로운 이주자들이 마음으로부터 이 노스웨스트의 가치, 겸허와 정직, 그리고 일에 대한 왕성한 활력을 이해하고 받아들인다면 게으름뱅이 등으로 비유되지 않고 이 거리는 계속해서 성장할 것이다. 이 거리의 만드는 사람들의 커뮤니티는 세계적이면서도 작지 않아서 그 영향력과 잠재력은 가늠할 수 없다.

일본의 젊은이들은 새로운 목표와 야망을 갖고 포틀랜드를 방문한다. 시대의 선두를 달리는 세계의 호기심 왕성한 사람들은 새로운 아이디어를 탐색해서 새로운 '쿨'을 발견하러 포틀랜드에 와서 포틀랜드에 존재하는 본질을 지키는 '쿨'을 배운다. 물론 이 거리의 힙함은 시대와 함께 색을 바꾼다. 그러나 그 시간이 와도 거리의 경제를 지탱하는 젊은 재능에 의해서 포틀랜드는 다시 불을 밝힐 것이다. 일본의 젊은이들은 단지 꿈꾸는 것이 아니라 다양한 아이디어를 이룰 의무를 지고 있다. 포틀랜드는 그것을 이룰 수 있는 힌트가 있는 것이다.

일본의 미디어는 젊은이에게 부정적인 영향만 주고 자신들 세대의 실패를 애매하게 버려두어 차세대에 한층 더 심각한 문제를 남겨주고 있다. 왠지 한 번 실패하면 낙담하는 섬나라 근성 때문인지 의욕이 없는 젊은이의 집단이 일본을 형성하고 있는 것 같다. 슬프게도 사람과의 연결을 거부하는 젊은 세대가 있다는 것은 확실하고 기술의 진화가 이것을 가속했다. 섬나라 근성은 지금 일본을 파괴하고 있다.

이미 포틀랜드에는 일본의 힘이 느껴진다. 거리 여기저기에서 일본 가게와 브랜드가 늘고 있다. 리서치와 커넥션을 넓히기 위해 많은 요리사가 일본을 오가는 것을 보면 푸드 업계에서는 일본의 영향도 빼놓을 수 없다. 물론 지역 가게의 주인은 포틀랜드가 일본의 젊은이들에게 한층 더 주목받는 것에 가슴 뛸 것이다. 포틀랜드에는 이미 일본에 팬이 있는 기업이 많이 있다. 그중의 하나가 잡지 〈킨포크(Kinfolk)〉다. 최신호가 나올 때마다 일본인 방문자가 늘어난다.

매주 건축가, 도시계획 관계자, 스케이터, 아티스트, 디자이너, 가드너, 개발업자, 그리고 때로는 황실 관계자 등 가지각색의 재능 있는 사람들이 일본에서 방문한다. 그들은 감명을 얻기 위해 포틀랜드에 온다. 총명하고 재능 있는 사람 중에서 포틀랜드에 남는 사람이 나타나기를 나는 바란다. 만드는 사람의 거리 포틀랜드는 당신이 휴가를 이용해 방문하기를 기다린다. 다른 만드는 사람이 이 거리를 주목하면 포틀랜드는 다시 움직인다. 새로운 아이디어가 문화의 엔진이 된다. 일본의 젊은 만드는 사람과 생각하는 사람은 여기서 안주할 땅을 발견할지도 모른다. 포틀랜드의 만드는 사람들의 동료가 그랬던 것처럼 일본의 만드는 사람과 포틀랜드의 만드는 사람의 사이에도 프로젝트와 비즈니스에 대한 투자와 협력이 태어날 것이다.

## COLUMN

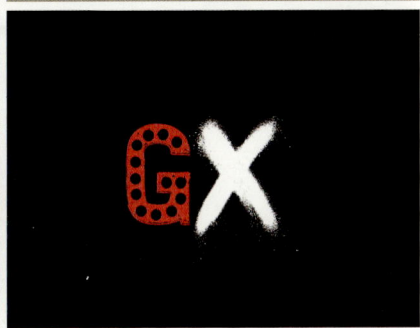

*Come to Portland.*
포틀랜드에 어서 오세요.

*Nothing would be more "cool".*
*Nothing would be more authentic.*
*Come visit and stay as long as you like.*

*profile*
-
JOHN C JAY  존 C 제이
President / Executive Creative Director
GX
Portland Oregon

art work by Mana Morimoto

# EVENTS IN PORTLAND

포틀랜드는 1년 내내 다양한 이벤트가 열리고 있다. 몇몇 사람이 게릴라식으로 시작한 이벤트가 지지를 얻어 확실한 거리 풍물로 자리 잡았다. NPO 단체가 개최하는 이벤트도 많다. 이처럼 이벤트가 문화적인 교류를 활발하게 하고 새로운 커뮤니티를 만든다.

독특한 이벤트가 매일 열리고 있으므로 최신 정보는 '트래블 포틀랜드'의 이벤트 달력(www.travelportland.com/calendar)을 참조하길 바란다.

## JANUARY

### Fertile Ground Festival
퍼틀 그라운드 축제
포틀랜드 지역 극장 동맹이 만든 새로운 축제. 춤부터 코미디, 영화까지 포틀랜드다운 스타일로 신작을 선보인다.
www.fertilegroundpdx.org

### Rose City Rollers Roller Derby
로즈 시티 롤러스 롤러 더비
롤러 더비 시즌 개막. 여자팀 '로즈 시티 롤러스(Rose City Rollers)' 팀의 경기가 사우스이스트의 오크 공원에 있는 롤러스케이트 링크에서 열린다. 시즌은 1월부터 6월까지.
www.rosecityrollers.com

## FEBRUARY

### Chinese New Year Celebration
차이니즈 새해 축하
오리건에는 중국계 주민이 약 4만 명 정도 있다. 음력설 전후에는 중국 최대의 축제를 축하하기 위해 많은 이벤트가 열린다. 포틀랜드의 '란 수 중국 정원(Lan Su Chinese Garden)'에서는 2주 동안 사자춤과 용춤, 음악과 중국 무도 공연, 풍수 강좌, 어린이용 공작 등 많은 행사가 열린다. 또 3일 밤에 걸쳐서 200개 이상의 전등과 용등으로 불을 밝힌다.
www.lansugarden.org

### Portland Jazz Festival
포틀랜드 재즈 축제
아프리카계 미국인의 역사를 축하하기 위해 '흑인 역사의 달(Black History Month)'에 맞춰서 열리는 포틀랜드 재즈 축제에서는 시내 각지에서 유명 아티스트의 콘서트와 무료 콘서트, 세미나 등이 열린다. 1940년대부터 50년대에는 '점프 타운'이라고 불리는 지구를 중심으로 포틀랜드의 재즈 신은 인기가 많았다. 도시개발로 점프 타운은 소멸했지만, 재즈의 전설적인 뮤지션들은 살아 있어 2011년 그래미 신인상에 빛나는 에스페란자 스팔딩을 시작으로 신인을 육성하고 있다.
www.pdxjazz.com

### Portland Urban Iditarod
포틀랜드 어반 아이디타로드
알래스카의 세계 최대 개썰매 대회 '아이디타로드'를 따라서 포틀랜드에서 열리는 개썰매 대회. 단 '썰매'는 쇼핑 카트, 개 대신에 변장한 사람이 팀을 이루어 끈다. 도중에 휴게소에서 연료를 보급하면서 4마일(6.4km)을 달린다.

## MARCH

### Portland Dining Month
포틀랜드 다이닝 먼스
레스토랑에서 식사하면 특이 되는 달. 지갑이 얇은 미식가가 포틀랜드를 방문하기에 제일 좋은 시기다. 이 기간에는 매일 이벤트에 참여하는 레스토랑에서는 3코스의 식사가 $29다. 2012년에는 '요리의 철인' Vitaly Paley가 Paley's Place, 제임스 피아드상 최종 후보였던 Chathy Whim의 Ocen and Shaker, 그리고 유명한 Bluehour, 클라이드 커먼 등을 포함한 60개의 레스토랑이 참가했다.
www.diningmonthportland.com

### Timbers MLS Soccer
팀버스 메이저리그 축구
도심의 Jeld-Wen Field(시민 경기장)가 본거지인 포틀랜드 팀버스. 열혈 팬들은 '팀버스 아미'라고 불린다. 3월부터 10월까지의 시즌 중에는 팬들의 응원 열기가 대단하다.

## APRIL

### Bridgetown Comedy Festival
브리지타운 코미디 축제
미국에서 흥행하고 있는 스탠드 업 코미디의 황금기에 맞춰 2008년부터 지역 코미디언과 팬이 함께 만든 축제. 패튼 오스왈트와 재닌 가로팔로 같은 톱 코미디언의 주목을 받아 미국에서도 유명한 코미디언 축제로 급성장했다.
www.bridgetowncomedy.com

### Faux Film Festival
포 영화 축제
가짜 광고와 영화 예고편, 다큐멘터리 등의 패러디 영화가 모인다. 세계의 영화제작자가 제출한 작품을 볼 수 있다. 노스이스트 포틀랜드의 역사적 영화관 '헐리우드 극장'이 회장이다. 4월 1일 만우절 전후의 주말에 개최.
www.fauxfilm.com

Jamie Francis

## MAY

### Cinco de Mayo Fiesta
신코 드 마요 피에스타
거버너 톰 맥콜 워터프런트 공원에는 멕시코 음악이 흐르고 멕시코 일색인 축제의 장이다. 북미의 최대 '신코 드 마요(멕시코의 휴일)'라고 불리며 포틀랜드의 자매도시인 과달라하라를 포함해 멕시코에서 많은 공연자가 찾아온다.
www.cincodemayo.org

## JUNE

### Portland Rose Festival
포틀랜드 장미 축제
100년 이상의 역사를 가진 축제. '장미의 도시'로 유명한 포틀랜드에서 3주 동안 관련 이벤트가 열린다. 메인이벤트는 그랜드 플로럴 행진, 스타 라이트 행진, 워터프런트 공원의 임시 유원지, 드래곤보드 레이스, 콘서트, 불꽃놀이 등이다.
www.rosefestival.org

### Portland Pride Festival and Parade
포틀랜드 프라이드 축제와 행진
40년 이상 게이, 레즈비언, 바이섹슈얼, 성전환자 커뮤니티의 관계를 구축한 축제. 거버너 톰 맥콜 워터프런트 공원이 회장. 2일 동안 열린다. 프라이드 행진 외에도 콘서트, 가족용 달리기&걷기, 애완동물 행진 등도 열린다.
www.pridenw.org

### Chamber Music Northwest
노스웨스트 실내악 축제
매년 5주 동안 열리는 실내악 콘서트 시리즈. 콘서트 전에는 피크닉도 즐길 수 있다. 1971년 시작한 이후 미국에서도 유명한 실내악 축제가 되었다.
www.cmnw.org

### Pedalpalooza
페달팔루자
6월 3주 동안 300개 정도의 자전거 관련 이벤트가 열린다. 대부분 자전거를 좋아하는 개인이 주체가 되어 이벤트를 기획한다. 대부분 무료로 참가할 수 있다.
pedalpalooza.org

### World Naked Bike Ride
월드 네이키드 바이크 라이드
나체로 자전거를 타고 야간에 거리를 달리는 경주. 세계 여러 곳에서 열리지만 가장 큰 대회이다. 2013년에는 약 8,000명이 참가했다. 조건에 따라 원하는 '알몸 수준'으로 참가할 수 있다.
pdxwnbr.org

### North American Organic Brewers Festival
북미 유기농 양조자 축제
7월 마지막 토일에 개최. 2003년부터 열린 유기농 맥주 축제. 50개 이상의 수제 맥주가 등장. 공원 등에서 아웃도어로 열린다.
www.naobf.or

## JULY

### Waterfront Blues Festival
워터프런트 블루스 축제
미시시피 강 서쪽의 가장 큰 축제. 매년 7월 4일 독립기념일 전후로 열린다. 2012년에는 25주년을 맞았다.
거버너 톰 맥콜 워터프런트 공원이 회장이며 5일 동안 125개의 공연이 진행된다. 톱 뮤지션이 출연하며 독립기념일에는 불꽃도 쏜다.
www.waterfrontbluesfest.com

### Oregon Brewers Festival
오리건 양조자 축제
미국에서도 오래된 인기 많은 수제 맥주 축제. 전국에서 수제 맥주를 만드는 사람들이 모여서 4일 동안 열린다. 2012년에는 25주년을 맞았다. 80개 이상의 맥주들을 즐기러 8만 명 이상의 사람이 회장인 거버너 톰 맥콜 워터프런트 공원에 모인다. 매년 7월 마지막 날까지 개최.
www.oregonbrewfest.com

### Top-Down Rooftop Cinema
탑 다운 루프탑 시네마
7월 하순부터 8월 하순까지 매주 목요일 저녁 6주 동안 디럭스 호텔 주차장 옥상에서 열리는 야외 상영회. 지역 밴드가 출연하고 맥주와 바비큐도 있다.
www.nwfilm.org/festivals/topdown

## Flicks on the Bricks
플릭스 온 더 브릭스
7월 중순부터 8월 중순까지 금요일에 파이오니어 코트하우스 스퀘어에서 대형 옥외용 스크린으로 영화를 상영한다. 무료.
www.thesqaurepdx.org

## PDX Pop Now!
PDX 팝 나우!
7월 세 번째 토일 이틀간 지역의 50여 개의 인디 밴드가 등장한다. 비영리단체가 운영하고 많은 자원봉사자가 지원한다. 콤필레이션 CD도 발매.
www.pdxpopnow.com

## Portland Zine Symposium
포틀랜드 진 심포지움
2014년 7월 12~13일 포틀랜드의 DIY 문화를 상징하는 zine에 관한 심포지움이 열렸다. 이틀에 걸쳐 워크숍과 토론회, zine 판매와 교환회 등을 가졌다.
www.portlandzinesymposium.org

# AUGUST

## Bridge Pedal
브리지 페달
자전거에 친절한 포틀랜드의 이름을 드높인 자전거 이벤트. 코스 길이는 24km에서 58km까지로, 원하는 대로 선택하면 된다.
blog.bridgepedal.com

## Hood to Coast Relay
후드 투 코스트 릴레이
후드 산에서 오리건 해변까지 200마일(321km)을 릴레이 형식으로 달리는 세계 최장의 마라톤 릴레이 코스. 점심 저녁 내내 달려 골지점인 해변 거리에 도착하면 서해안 최대의 비치 파티가 열린다. 매년 1만 2,000명의 러너와 워커가 참가한다.
www.hoodtocoast.com

## PDX Adult Soapbox Derby
피디엑스 어덜트 소프박스 더비
소프박스 더비란 엔진이 없는 손으로 만든 자동차로 언덕을 내려가는 차 경주를 말한다. 보통은 아이들이 운전하지만, 포틀랜드에서는 어른이 동심으로 돌아가 즐기는 레이스. 마운트 티버 공원에서 매년 여름에 열린다.
www.soapboxracer.com

# SEPTEMBER

## Musicfest NW
뮤직페스트 노스웨스트
지역과 국내에서 뮤지션이 모여서 포틀랜드의 어린이 음악 교육을 위해 여는 이벤트. 5일 동안 도심의 20개의 회장에서 170개 이상의 밴드가 공연한다.
www.musicfestnw.com

## Portland Lesbian and Gay Film Festival
포틀랜드 레즈비언 앤드 게이 영화 축제
세계의 LGBT에 관한 다큐멘터리와 단편 영화를 상영하는 영화제. 시내 북서부의 영화관 '시네마 21'이 회장. 10일 동안 열리면 수천 명의 관객이 찾아온다.
www.plgft.org

## Time-Based Art (TBA) Festival
타임 베이스드 아트 페스티벌
포틀랜드 현대미술협회 주최의 예술 축제. 세계의 퍼포먼스 아트와 비주얼 아트의 아티스트가 참가한다. 2012년에 10주년을 맞았다.
www.pica.org/tba

## Feast Portland
피스트 포틀랜드
2012년부터 열려 주목받은 음식 축제. 강좌와 시식, 토론회, 파티, 이벤트 등. 지역의 관계자와 요식업계 종사자, 오리건 산의 식자재가 소개되며 국제적으로 저명한 요리사도 초대한다.
www.feastportland.com

## Portland Fashion Week
포틀랜드 패션 위크
세계 유일의 지속 가능한 패션 위크. 독립적인 환경을 생각하는 스트리트 의류가 등장한다. 회장은 오리건 컨벤션 센터.
portlandfashionweek.net

# OCTOBER

## Wordstock
퍼시픽 노스웨스트 최대의 대학 축제. 중요 이벤트는 주말의 워드스탁 북 페어로 작가들의 낭독, 교류회, 토론회, 아동문학 우대와 부스 전시 등이 열린다. 즉흥시 경연과 오리건 북워드 수상식도.
www.wordstockfestival.com

## Great American Distillers Festival
그레이트 아메리칸 증류주 생산자 축제
미국 내의 증류주 회사들이 포틀랜드에 모여서 2일 동안 제품을 피로하고 업계의 장래를 토론한다.
www.distillersfestival.com

## Portland Marathon
포틀랜드 마라톤
1972년부터 계속되는 포틀랜드 마라톤은 미국 내에서도 유명한 마라톤 대회. '러너즈 월드'지는 '가장 주자들에게 친절한 대회'라고 평한다. 몇만 명의 관객이 모이고 세계적인 러너들이 참가한다. 코스를 따라 수많은 공연이 있다. 2011년에는 53개의 장소에서 72팀 이상의 공연자가 음악을 연주하며 대회의 흥을 북돋았다.
www.portlandmarathon.org

## Reel Music Festival
릴 음악 축제
다양한 장르와 시대를 초월한 음악과 뮤지션에 관한 영화제. 30년의 역사가 있다. 몇 주에 걸쳐서 열리며 뮤지션과 영화감독도 많이 온다.
www.nwfilm.org/festivals/reelmusic

## Portland Trail Blazers Basketball
포틀랜드 트레일블레이저스 농구
NBA 시즌 개막. 1977년 NBA 우승에 빛나는 포틀랜드 트레일블레이저스의 본거지는 포틀랜드의 모다 센터. 10월부터 4월까지의 시즌 중에는 경기장뿐만 아니라 가까운 스포츠 바 Spirit of 77(⇒p.149)에서도 지역의 팬들이 열심히 관전하는 것도 흥미롭다.
www.nba.com/blazers

## Portland Design Week
포틀랜드 디자인 위크
10월 전후로 1주일 동안 장르를 초월해서 디자인, 수공예, 실천에 관해서 배우는 프로그램.
www.designweekportland.com

## Portland Zombie Walk
포틀랜드 좀비 워크
2006년에 몇몇 사람이 게릴라식으로 시작한 이벤트로 좀비 분장을 하고 거리를 돌아다닌다. 매년 10월에 개최. 2010년에는 참가자가 300명을 넘었다. 마지막 도착장소에서는 세계에서 동시에 마이클 잭슨의 '스릴러'의 안무를 추는 'Thrill the World' 이벤트가 동시에 열린다.
www.facebook.com/portlandzombiewalk

## Portland Open Studios
포틀랜드 오픈 스튜디오
10월 주말에 2회 열린다. 포틀랜드의 조각가, 화가, 판화가 등의 아티스트의 스튜디오를 일반인에게 공개한다.
www.portlandopenstudios.com

## Portland Fermentation Festival
포틀랜드 발효식품 페스티벌
사워 크라우트, 피클, 소금 절임, 낫토, 케이퍼 등등. 이런저런 발효 식품을 만드는 대회. 시식 판매와 토크쇼도.
portlandfermentationfestival.com

## NOVEMBER

### Northwest Filmmakers' Festival
노스웨스트 영화 제작자 축제
미국 북서부의 독립영화, 비디오 제작자들의 영화제. 다큐멘터리와 장편, 단편 작품 등을 상영. 매년 400개 이상의 작품이 출품된다. 과거의 심사위원에는 구스 반 산트, 맷 그레이닝, 토드 헤인즈 등 지역의 저명인사들이 많다. 1973년에 시작되어 매년 6,000명 이상의 관객이 찾는다.
www.nwfilm.org/festivals/nwfest

## DECEMBER

겨울의 홀리데이 시즌에 포틀랜드는 축제 분위기에 휩싸인다. 도심과 노브 힐, 노스미시시피 애비뉴 등의 인기 거리에서는 세금 없이 쇼핑을 즐기려는 사람이 많고 기간 한정 팝업 숍과 새터데이 마켓의 'Festival of the Last Minute'도 열린다. 여기저기 보이는 조명도 홀리데이 시즌의 필수. 오리건 동물원의 'ZooLights(www.oregon.org/visit/zoolights)' 윌러밋 강의 'Christmas Ships(www.christmasships.org)', 가톨릭의 성지 The Grott(⇒p.219)의 'Festival of Lights at the Grotto(www.thegotte.org/christmas)', 조용한 주택가를 변화시킨 'Peacock Lane(www.peacocklane.net)' 등이 인기 장소. 이 작은 브루어리에서는 파이오니아 코트하우스에서 열리는 'Holiday Ale Fest(www.holidayale.com)'에 겨울 맥주를 내놓는 것이 연례행사다.

Rob Finch

*TRUE PORTLAND*
## MAP

*Map no.3*

# SOUTHWEST AREA MAP

1 Zupan's Markets — (p74)
2 Park Lane Suites & Inn — (p252)
3 Multnomah Athletic Club — (p149)
　adidas Timbers Team Store — (p161)
4 Hotel deLuxe — (p252)
5 Strawberry Bicycle — (p173)
6 Fourteen30 Contemporary — (p119)
7 Crystal Ballroom — (p134)
　Tanner Goods — (p168)
　The Poler Flagship Store — (p177)
8 Ringlers Annex — (p101)
　McMenamins Crystal Hotel — (p247)
9 Lardo — (p46)
　Blue Star Donuts — (p73)
　Grassa — (p74)
　Ración — (p74)
　Odessa — (p196)
10 Scandals — (p238)
11 The Mark Spencer Hotel — (p251)
12 Union Way — (p15)
　--Little T American Baker — (p49)
　--Boxer Ramen — (p73)
　--Danner Boots — (p169)
　Living Room Theaters — (p116)
　Buffalo Exchange — (p195)
13 Courier Coffee Roasters — (p81)
　Countermedia — (p219)
14 Clyde Common — (p39)
　Kenny & Zuke's Delicatessen — (p73)
　Vinopolis — (p101)
　Portland Institute for Contemporary Art — (p117)
　Frances May — (p196)
　Ace Hotel — (p245)
15 Tender Loving Empire — (p128)
　Woonwinkel — (p187)
16 The Escape — (p238)
17 360 Vinyl — (p135)
　Publication Studio — (p171)
　Mary's Club — (p240)
18 Bailey's Taproom — (p86)
　U.S. Outdoor Store — (p161)
19 Little Bird — (p74)
20 Benson Hotel — (p249)
21 Imperial — (p73)
　Portland Penny Diner — (p74)
　Hotel Lucia — (p251)
22 Voodoo Doughnut — (p69)
　Valentine's — (p133)
23 Embassy Suites Hotels — (p252)
24 Bijou Café — (p74)
25 Portland Outdoor Store — (p161)
　Cameron's Books & Magazines — (p219)
　Silverado — (p238)
26 Mother's Bistro — (p73)
27 Grüner — (p73)
　Kask — (p101)
28 Tasty n Alder — (p74)
29 Petunia's Pies & Pastries — (p74)
　Multnomah Whiskey Library — (p101)
　Alder & Co. — (p186)
　Canoe — (p188)
30 The Governor Hotel — (p248)
31 Multnomah County Central Library — (p218)
32 Crafty Wonderland — (p187)
33 The Paramount Hotel — (p252)
34 The Westin Portland — (p252)
35 Portland Marriott City Center — (p252)

36 Hotel Monaco — (p252)
37 Spella Caffe — (p101)
　ThoughtCrime Tattoo — (p231)
38 Urban Farmer — (p73)
　Departure — (p63)
　The Nines — (p248)
39 Nike Portland — (p161)
40 Place — (p119)
41 Bike Gallery Downtown — (p161)
42 Columbia Sportswear Flagship Store — (p161)
43 Hilton Portland & Executive Tower — (p252)
44 Arlene Schnitzer Concert Hall — (p135)
　The Heathman Hotel — (p250)
45 Lúc Lác — (p73)
46 Hotel Rose — (p252)
47 Governor Tom McCall Waterfront Park — (p209)
48 Mill Ends Park — (p209)
49 Portland Art Museum — (p114)
　Northwest Film Center — (p119)
50 Higgins — (p73)
　Oregon History Museum — (p119)
51 Hotel Modera — (p247)
52 Farmers Market at Portland State University — (p30)
53 RiverPlace Hotel — (p252)

TRUE PORTLAND
## MAP

*Map no.4*

# NORTHWEST AREA MAP

1 Schoolhouse Electric (p195)
2 Clear Creek Distillery (p99)
3 Holiday Inn Express Hotel & Suites (p252)
4 Fat Tire Farm (p156)
5 Smith Teamaker (p85)
6 Bull Run Distilling Company (p94)
7 Lucky Labrador Beer Hall (p91)
8 Paley's Place (p72)
  Inn at Northrup Station (p252)
9 BodyVox (p119)
10 Bridgeport Brewpub (p99)
11 Western Bikeworks (p161)
12 Daily in the Pearl (p72)
13 Lovejoy Bakers (p72)
14 Caffe Mingo (p72)
  Laura Russo Gallery (p118)
15 REI Portland (p161)
16 Pacific Northwest College of Art (p202)
17 Irving Street Kitchen (p72)
18 Ecotrust (p219)
  Hotlips Pizza (p46)
19 Cinema 21 (p118)
20 Keen Garage (p161)
21 Oblation Papers & Press (p171)
22 Smokehouse 21 (p73)
  Sterling Coffee Roasters (p82)
23 Daedalus Books (p219)
24 Mission Theater (p135)
25 Coffeehouse Northwest (p36)
26 Andina (p72)
  Rogue Distillery & Public House (p100)
  Snow Peak (p195)
27 Vintalier (p188)
28 Waterstone Gallery (p118)
29 Nuvrei Pastries & Cafe (p72)
  Elizabeth Leach Gallery (p106)
  PDX Contemporary Art (p108)
  Upfor (p111)
30 Blackfish Gallery (p118)
  Lumber Room (p118)
31 Park Kitchen (p72)
32 Bullseye Gallery (p118)
33 Imperial Tattoo (p231)
34 Breeze Block (p118)
35 Fong Chong Restaurant (p73)
36 Lan Su Chinese Garden (p219)
37 Bluehour (p72)
38 Deschutes Brewery & Public House (p100)
  Jimmy Mak's (p135)
39 Prasad (p73)
40 Butters Gallery (p118)
  Pendleton Home Store (p177)
41 CC Slaughters (p238)
  Darcelle XV (p238)
42 Little Big Burger (p73)
43 Fuller's Coffee Shop (p73)
  Pearl Bakery (p73)
  Quintana Galleries (p118)
44 Museum of Contemporary Craft (p112)
  Blue Sky Gallery (p118)
  Charles A. Hartman Fine Art (p118)
  Froelick Gallery (p118)
  Augen Gallery (p118)
45 The Embers Avenue (p238)
46 Davis Street Tavern (p72)
  Ground Kontrol Classic Arcade (p99)
  Compound Gallery (p191)
47 The Good Mod (p164)
  Everyday Music (p127)
48 Powell's Books (p215)
49 Hellion Gallery (p119)
  Roseland Theater (p135)
50 Grass Hut (p118)
  Hand-Eye Supply (p190)
  Table of Contents (p191)
  Floating World Comics (p213)
51 The White Box (p118)
52 Robot Piercing & Tattoo (p231)

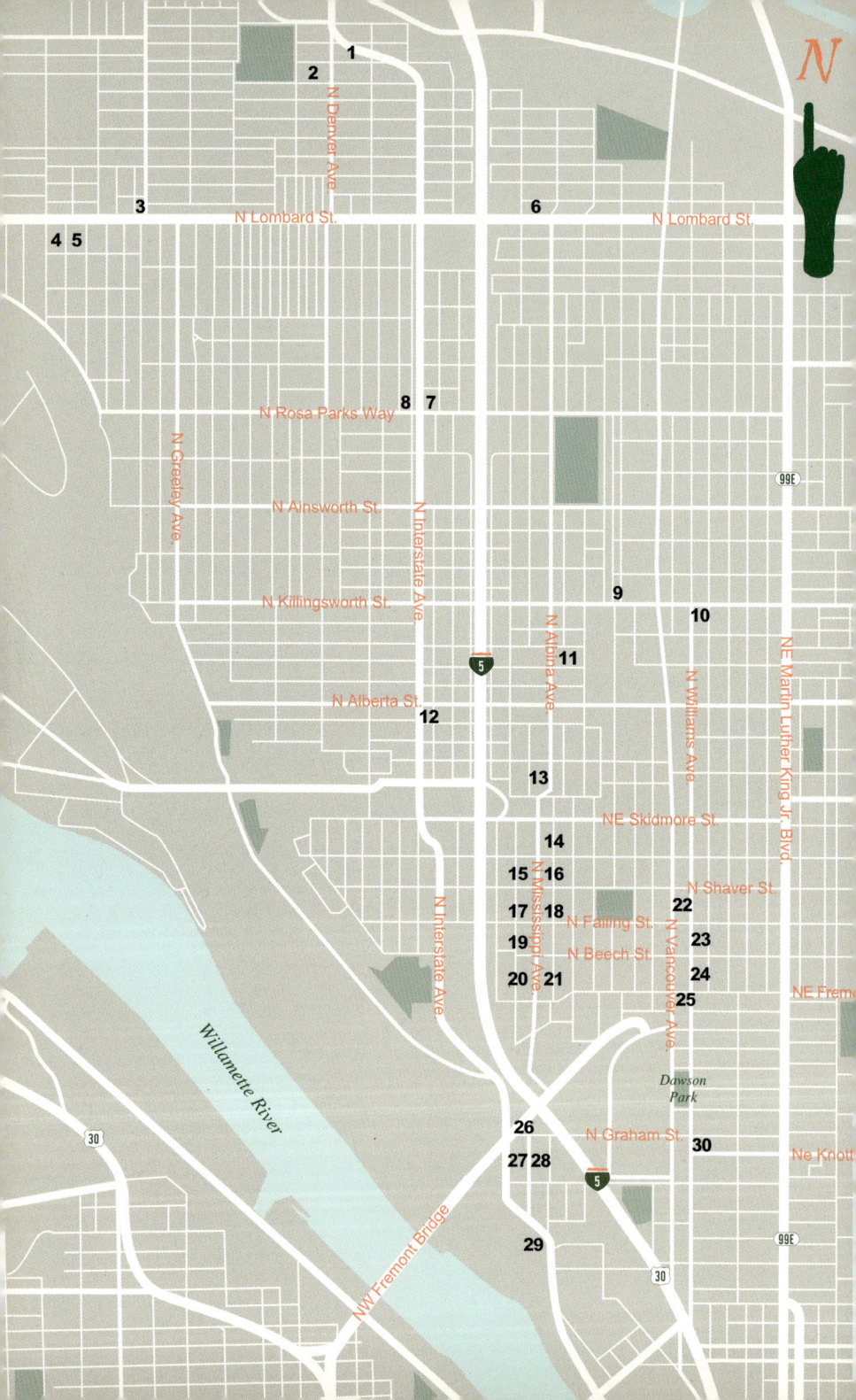

*Map no.5*

# NORTH AREA MAP

1 Disjecta Contemporary Art Center (p109)
2 Kenton Club (p135)
3 Green Zebra Grocery (p71)
4 Foggy Notion (p238)
5 Infinity Tattoo LLC (p231)
6 Eagle Portland (p238)
7 Rocksbox (p118)
8 Revolver (p161)
9 Florida Room (p238)
10 Record Room (p135)
11 Sweedeedee (p71)
   Portland Museum of Modern Art (p115)
   Mississippi Records (p124)
12 Atomic Art Tattoo Studio (p231)
13 Atlas Tattoo (p231)
14 Paxton Gate (p192)
15 Lovely's Fifty Fifty (p71)
   Interurban (p98)
   Bridgetown Beerhouse (p99)
16 Animal Traffic (p196)
17 Land Gallery (p118)
   Mississippi Studios (p132)
18 Miss Delta (p71)
   Mr. Green Beans (p99)
19 Pistils Nursery (p194)
   Ruby Jewel (p71)
20 The ReBuilding Center (p176)
21 Reading Frenzy (p213)
22 Hopworks BikeBar (p91)
   The Box Social (p99)
   United Bicycle Institute Portland (p172)
   Lodekka (p195)
23 Tasty n Sons (p41)
   Lincoln (p71)
   Sugar Wheel Works (p152)
24 Abraham Fixes Bikes (p153)
25 New Seasons Market (p71)
26 Beam & Anchor (p166)
27 Widmer Brothers Gasthaus Pub (p99)
28 Lowell (p195)
   Icon Tattoo (p231)
29 Stumptown Printers (p170)
30 Microcosm Store (p216)

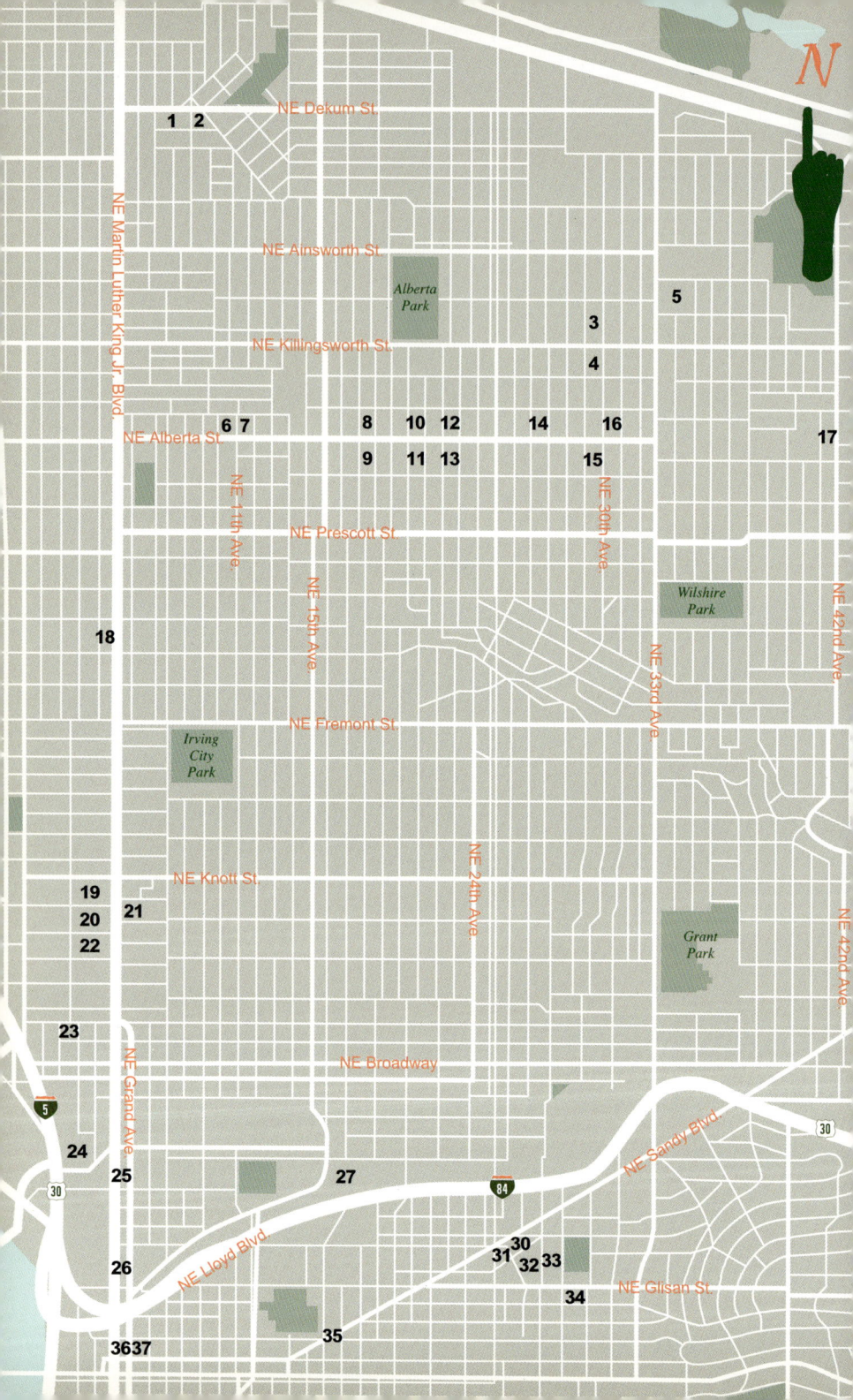

*Map no.6*

# NORTHEAST AREA MAP

1 The Oregon Public House — (p90)
2 Breakside Brewery — (p88)
3 DOC — (p72)
4 Beast — (p71)
5 McMenamins Kennedy School — (p252)
6 Caravan - The Tiny House Hotel — (p252)
7 The Grilled Cheese Grill — (p72)
8 Barista — (p83)
   Aviary — (p71)
9 Community Cycling Center — (p161)
10 Salt & Straw — (p50)
   Bollywood Theater — (p54)
11 The Know — (p135)
12 Townshend's Teahouse — (p85)
13 Pine State Biscuits — (p47)
   Optic Nerve Arts — (p231)
14 Monograph Bookwerks — (p211)
15 Ampersand Gallery & Fine Books — (p212)
16 The Sugar Cube — (p48)
   Vita Cafe — (p71)
   Natural Selection — (p72)
17 Old Salt Marketplace — (p33)
18 Ned Ludd — (p52)
19 Title Wave Used Books — (p219)
20 Toro Bravo — (p72)
   Wonder Ballroom — (p134)
21 Cyclepath — (p161)
22 OX — (p71)
23 Bike Farm — (p161)
24 Crowne Plaza Portland Downtown Convention Center — (p252)
25 Red Lion Hotel — (p252)
26 Spirit of 77 — (p149)
27 Residence Inn Portland Downtown / Lloyd Center — (p252)
28 Velo Cult Bike Shop — (p154)
29 Hollywood Theatre — (p118)
30 Anatomy Tattoo — (p231)
31 Church — (p98)
32 Dove Vivi — (p72)
33 Pambiche — (p71)
34 Black Hole Body Piercing & Tattoo — (p231)
35 See See Motorcycles & Coffee — (p99)
36 Stark's Vacuum Museum — (p115)
37 Ristretto Roasters — (p82)

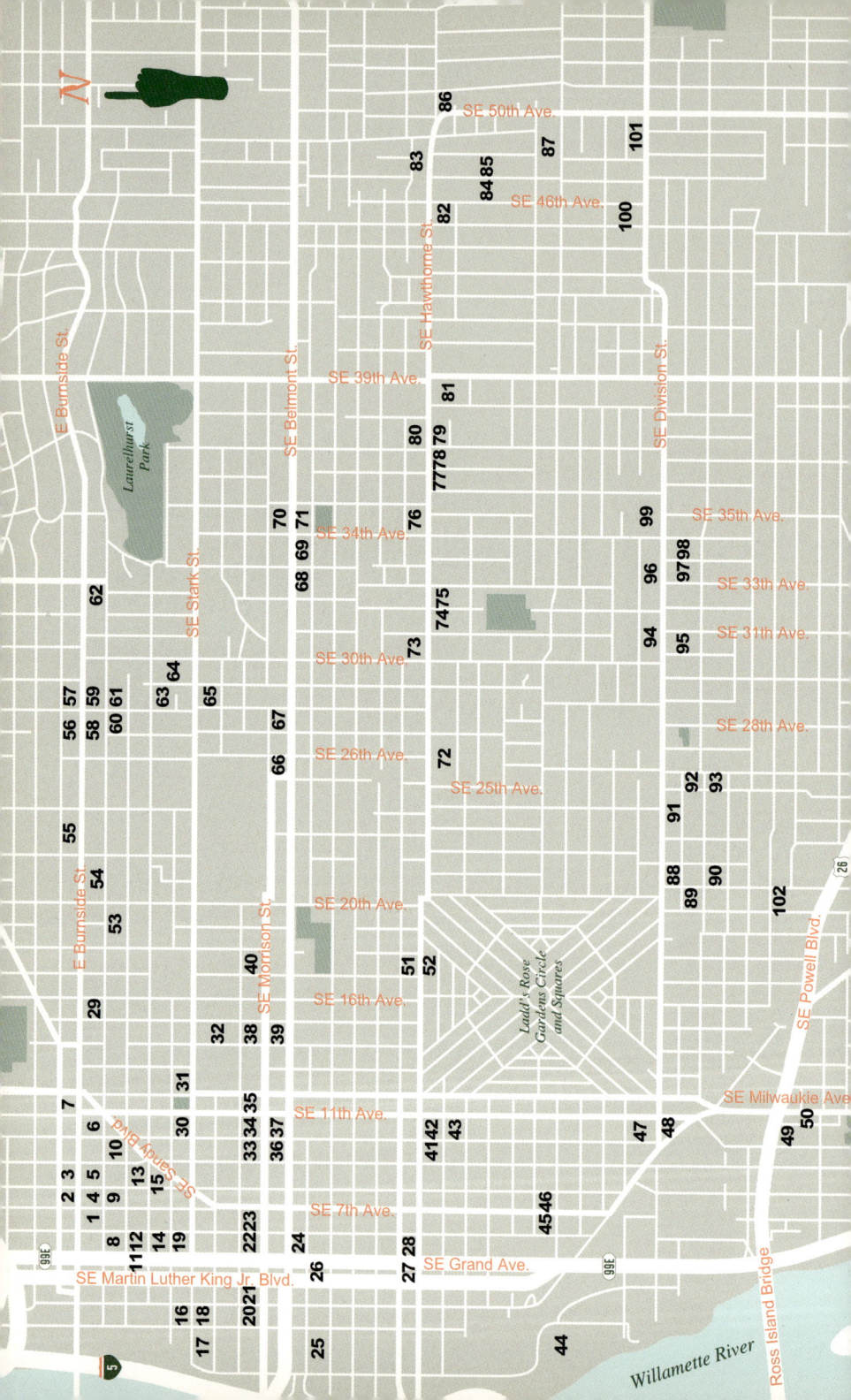

TRUE PORTLAND

# MAP

*Map no.7*

# SOUTHEAST AREA MAP

|  |  |  |
|---|---|---|
| 1 | Sizzle Pie | (p75) |
|  | Rontoms | (p133) |
| 2 | Victory | (p189) |
| 3 | Stand Up Comedy | (p195) |
|  | Sword+Fern : Shop+Studio | (p189) |
|  | Nationale | (p111) |
|  | Adams and Ollman | (p119) |
| 4 | LePigeon | (p60) |
| 5 | Gallery at the Jupiter | (p119) |
|  | Doug Fir Lounge | (p133) |
|  | Jupiter Hotel | (p246) |
| 6 | One Grand Gallery | (p119) |
|  | Hippo Hardware & Trading Co | (p182) |
| 7 | Noble Rot | (p99) |
| 8 | Sauvage | (p101) |
| 9 | Citybikes The Annex | (p158) |
| 10 | Una | (p196) |
| 11 | East End | (p135) |
|  | Sea Tramp Tattoo Co. | (p231) |
| 12 | Portland Flea | (p184) |
| 13 | Biwa | (p75) |
| 14 | Andy & Bax | (p195) |
| 15 | Cyril's at Clay Pigeon Winery | (p101) |
| 16 | Produce Row Café | (p66) |
| 17 | Olympic Provisions | (p58) |
| 18 | W.C. Winks Hardware | (p195) |
| 19 | Next Adventure | (p195) |
| 20 | Le Bistro Montage | (p68) |
| 21 | River City Bicycles | (p158) |
| 22 | Dig A Pony | (p64) |
|  | Mother Foucault's Bookshop | (p219) |
| 23 | Lady Luck Tattoo & Piercing | (p231) |
| 24 | Seek The Unique | (p195) |
| 25 | Water Avenue Coffee | (p83) |
|  | Bunk Bar | (p133) |
| 26 | Grand Marketplace | (p185) |
| 27 | Kidd's Toy Museum | (p119) |
| 28 | Coava Coffee Roasters | (p78) |
| 29 | Cal's Pharmacy Skateboards | (p227) |
| 30 | ADX | (p174) |
| 31 | Scapegoat Tattoo | (p231) |
| 32 | ENSO Winery | (p96) |
| 33 | Sassy's Bar & Grill | (p240) |
| 34 | Holocene | (p132) |
| 35 | Rimsky-Korsakoffee House | (p100) |
| 36 | Cascade Brewing Barrel House | (p100) |
| 37 | Yale Union | (p110) |
| 38 | Nostrana | (p74) |
| 39 | Crush | (p238) |
| 40 | Discourage Records | (p135) |
| 41 | Clever Cycles | (p161) |
| 42 | Hawthorne Strip | (p241) |
| 43 | Newspace Center for Photography | (p119) |
| 44 | Oregon Museum of Science and Industry | (p114) |
| 45 | House Spirits Distillery | (p95) |
| 46 | Harvester Brewing | (p100) |
| 47 | Independent Publishing Resource Center | (p217) |
| 48 | Gallery Homeland | (p119) |
| 49 | Original Hotcake House | (p69) |
| 50 | Aladdin Theater | (p135) |
| 51 | Skeleton Key Tattoo | (p231) |
| 52 | Oui Presse | (p100) |
| 52 | Castagna | (p75) |
| 53 | Citybikes The Repair Shop | (p161) |
| 54 | Luce | (p56) |
|  | Appetite Design LLC | (p195) |
| 55 | Screen Door | (p72) |
|  | Heart Roasters | (p79) |
|  | Pix Patisserie | (p99) |
| 56 | Laurelhurst Theater | (p119) |
| 57 | Navarre | (p72) |
| 58 | Smut Vintage | (p184) |
|  | Rad Summer | (p196) |
| 59 | PaaDee | (p57) |
| 60 | Crema Coffee + Bakery | (p100) |
| 61 | Artemisia | (p194) |
| 62 | Music Millennium | (p126) |
| 63 | Bamboo Sushi | (p75) |
|  | Goodfoot Pub & Lounge | (p135) |
| 64 | Starky's | (p238) |
| 65 | Canteen | (p42) |
| 66 | Adorn Tattoos Piercing & Jewelry | (p231) |
| 67 | Sonic Recollections | (p135) |
| 68 | Pied Cow Coffeehouse | (p100) |
| 69 | Saint Cupcake | (p74) |
|  | Utopia Café | (p74) |
|  | Suzette | (p75) |
|  | Stumptown Coffee Roasters Belmont | (p80) |
|  | Aalto Lounge | (p100) |
|  | Sweet Hereafter | (p100) |
|  | Noun | (p195) |
| 70 | Palace | (p195) |
| 71 | Tao of Tea | (p84) |
| 72 | Vintage Pink | (p195) |
| 73 | HI Portland Hawthorne Hostel | (p252) |
| 74 | Crossroads Music | (p127) |
| 75 | Veloce Bicycles | (p161) |
| 76 | House of Vintage | (p184) |
| 77 | Jackpot Records | (p126) |
|  | The Red Light | (p195) |
| 78 | Do Jump! Extremely Physical Theater | (p119) |
| 79 | McMenamins Bagdad Theater & Pub | (p117) |
| 80 | Pastaworks | (p34) |
|  | Evoe | (p75) |
| 81 | Lucky Strike | (p75) |
| 82 | The Modern Man Barber Shop | (p235) |
| 83 | ¿Por Qué No? | (p74) |
|  | Apizza Scholls | (p75) |
| 84 | Exiled Records | (p135) |
| 85 | Hawthorne Vintage | (p196) |
| 86 | Albina Press | (p100) |
| 87 | Historic Tattoo | (p239) |
| 88 | Bar Avignon | (p101) |
|  | Spielman Bagels and Coffee Roasters | (p49) |
| 89 | St. Jack | (p75) |
| 90 | Oddball Studios Tattoo | (p230) |
| 91 | Papa G's | (p75) |
|  | A Better Cycle | (p161) |
| 92 | Xtabay Vintage Clothing Boutique | (p195) |
| 93 | Broder | (p40) |
| 94 | Whiskey Soda Lounge | (p67) |
| 95 | Pok Pok | (p74) |
| 96 | Ava Gene's | (p75) |
| 97 | Sen Yai | (p74) |
| 98 | Lauretta Jean's | (p75) |
| 99 | SE Wine Collective | (p100) |
| 100 | Stumptown Coffee Roasters | (p100) |
|  | The Woodsman Tavern | (p62) |
| 101 | New Rose Tattoo | (p231) |
| 102 | People's Food Co-op | (p74) |
| 103 | Base Camp | (p101) |

TRUE PORTLAND
**COLUMN**

# BRIDGES OF PORTLAND
### 포틀랜드의 다리

Bridge　　　　　　　　　　　　　　　　　　　　　　　　　　Bridge

포틀랜드는 다리의 도시다. 윌러밋 강의 포틀랜드 중심부에는 10개의 다리가 설치되어 있다. 세계에서 유일하게 2층 함입식 승개교(스틸 브리지), 세계에서 제일 오래된 수직 승개교(호손 브리지), 미국에서 가장 긴 다이아아치교(후리몬드 브리지) 등 다양한 형식의 다리가 있다. 아래는 10개의 다리 중 8개의 다리의 역사와 특징이다. 등장하는 다리 순서는 선박이 태평양에서 내륙부로 운행할 때 지나가는 순서(북에서 남으로)이다.

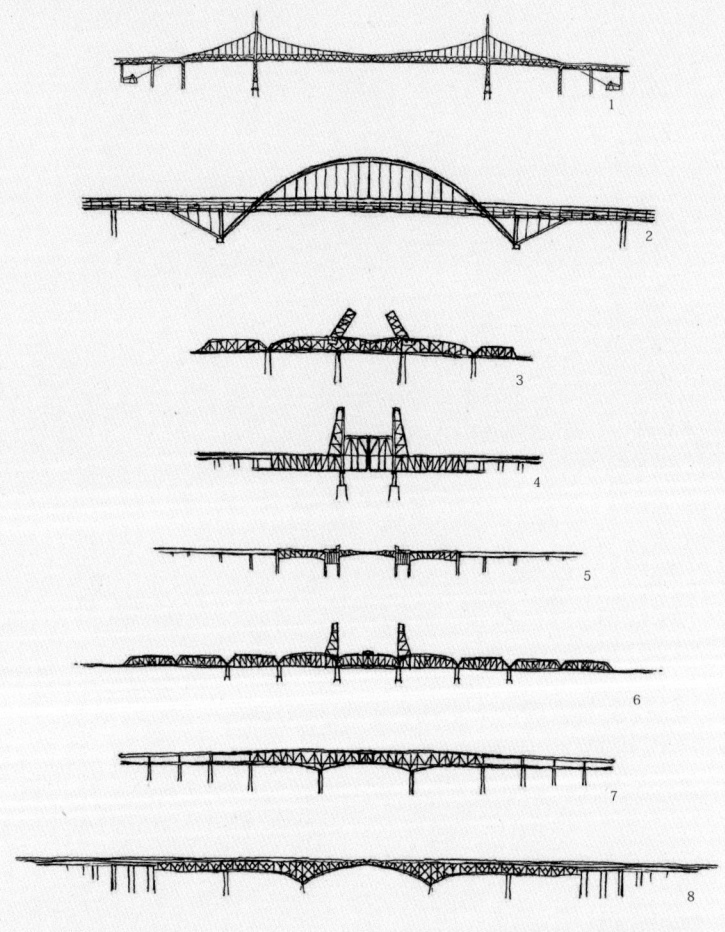

TRUE PORTLAND
## COLUMN

① 개통 ② 총 공사비 ③ 구조 ④ 총 길이 ⑤ 소유자
참고문헌: Sharon Wood Worthman 저 '포틀랜드 다리 책(The Portland Bridge Book, 2006년, 3판) www.bridgestories.com

### 1 | St. Johns Bridge

세인트존스 브리지 ① 1931년 6월 13일 ② 390만 달러 ③ 2주탑 강선 현수교, 철갑판 중로 트러스교 ④ 386m ⑤ 오리건 주

포틀랜드의 유일한 현수교로 건설 당시에는 세계에서 제일 긴 로프식 현수교였다. 설계는 세계적으로 저명한 다리 설계가 데이비드 스타이먼이 했다. 고딕양식의 아름다운 이 다리는 그의 대표 작품. 원래 항공국과 정부 당국은 이 다리를 검정과 황금색의 줄무늬 모양으로 칠하려고 했으나 군정위원회는 이를 무시하고 개통 2개월 전 성패트릭 기념일에 다리를 초록색으로 칠하는 계획을 발표(이 기념일의 상징 색상이 초록색). 다리의 이름은 다리의 동쪽 끝에 위치한 세인트존스 지구에서 따왔다. 지구의 이름은 유명한 개척자 제임스 존스에서 유래했다. 그는 1852년에 현재의 세인트존스 다리 부근에서 손으로 만든 1척의 보트로 회사를 세워 포틀랜드 지역의 수상 항로를 발전시켰다.

### 2 | Fremont Bridge

프리몬트 브리지 ① 1973년 11월 11일 ② 8,200만 달러 ③ 중로식 3경간 연속 강다이아 아치교. 위 갑판은 직교이방 판강판 ④ 383m ⑤ 오리건 주

윌러밋 강에 세워진 다리 중 가장 새로운 다리. 미국에서 가장 긴 다이아 아치교. 총 길이는 오리건 주의 다리 중 가장 길다. 유압책으로 들어 올린 무지개 모양 아치의 무게는 6,000톤이다. 다리의 이름은 초기의 개척자인 육군사관 존 C. 프리몬트에서 따왔다. '선도자'라는 별명을 가진 프리몬트는 1842년에 연방정부에게 투자를 받아 오리건의 트레일을 조사한 후 오리건 주 더댈스에서 캘리포니아 주까지의 루트를 개척했다. 1856년의 대통령 선거에서는 노예제도에 반대하여 공화당으로 입후보했다.

### 3 | Broadway Bridge

브로드웨이 브리지 ① 1913년 4월 22일 ② 160만 달러 ③ 동트러스 양방향 개폐 개도교. ④ 85m ⑤ 멀트노머 군

포틀랜드에서 가장 긴 도개교, 양방향 개폐 도개교로는 세계에서 제일 길다. 다리의 색은 샌프란시스코의 골든게이트 브리지처럼 빨간색으로 칠했다. 2008년 제작된 '킬 위드 미(원제, Untraceable)'의 클라이맥스 장면을 촬영한 곳이다.

### 4 | Steel Bridge

스틸 브리지 ① 1912년 7월 21일(철도 다리), 8월 12일(자동차 다리) ② 170만 달러 ③ 동 평판 트러스 2층 함입식 승개교 ④ 64m ⑤ 유니언 퍼시픽철도(철도 다리 부분), 오리건 주(자동차 다리 부분)

하단은 화물 철도용이고, 상단은 자동차와 라이트 레일용의 2층 구조. 다리가 열릴 때는 상단과 하단의 다리가 각각 움직이는 것을 볼 수 있는 독특한 설계. 선박 운행에 지장을 주지 않기 위해 하단의 끝은 10초에 14m, 상단은 90초에 27m의 속도로 솟아오른다. 1896년에 총 공사비 1,000만 달러를 들여서 위 갑판에 맥스 라이트 레일 노선 공사를 했다. 이후 노면 전차가 쇠퇴하던 20세기 중반까지는 같은 장소를 포틀랜드 최초의 노면전차가 달렸다. 지금의 스틸 브리지의 전신인 다리는 1888년에 건설됐다. 그 당시 주로 단철을 재료로 사용하였다. 1912년 다시 재건설할 때 그동안의 상식을 뒤엎고 강철을 사용해서 스틸 브리지라는 별명이 붙었다.

### 5 | Burnside Bridge

번사이드 브리지 ① 1912년 7월 21일(철도 다리), 8월 12일(자동차 다리) ② 170만 달러 ③ 동플랫 트러스 2층 함입식 승개교 ④ 64m ⑤ 유니언 퍼시픽철도(철도 다리 부분), 오리건 주(자동차 다리 부분)

매년 6월의 장미 축제에서는 행진을 위해 몇 시간 동안 통행을 금지한다. 번사이드 스트리트와 번사이드 브리지의 이름은 버몬드 주 출신의 다니엘 위먼 번사이드(Daniel Wyman Burnside)에서 따왔다. 번사이드는 포틀랜드의 실업가이자 상류 사교계 인사로 1866년 윌러밋 강 5m 아래를 채굴하는 공사의 자금조달에 공헌했다. 다리의 개교설계자는 샌프란시스코의 골든게이트 브리지를 설계한 조지프 스트라우스다. 골든게이트 브리지는 번사이드 브리지가 세워진지 11년 후에 완성되었다.

### 6 | Morrison Bridge

모리슨 브리지 ① 1958년 5월 24일 ② 1,290만 달러 ③ 동체 양방향 개폐 시카고식 고정 트러니온 개도교 ④ 87m ⑤ 멀트노머 군

1987년 포틀랜드 도심의 다리에 라이트 업을 추진하던 프로젝트 '윌러밋 라이트 브리지(Willamette Light Bridge)'에 포함되어 도심에서 처음으로 불을 밝힌 다리다. 다리 이름의 유래는 스코틀랜드에서 이민을 와 오리건 주 육군 중위가 된 존 L. 모리슨에서 따왔다. 모리슨 브리지는 오리건 주에서 가장 큰 기계 구조물이다. 고속도로 2호선과 도심을 연결하는 주요 다리다.

### 7 | Hawthorne Bridge

호손 브리지 ① 1910년 12월 19일 ② 50만 달러 ③ 동체 트러스 수직승개교 ④ 74m ⑤ 멀트노머 군

수직식 승개교 발명자인 존 알렉산더와 로우 워델이 설계했다. 워델은 포틀랜드 주변에 같은 구조의 다리를 3개나 세웠다. 좋은 디자인으로 높은 평가를 받았다. 세계에서 최초로 건설된 수직승개교이며 현역 수직승개교 중 미국에서 가장 오래되었다. 매일 많은 보행자와 5,000대의 자전거, 800대의 버스가 지나다니는 다리로 오리건에서 자전거, 보행자, 버스의 교통량이 가장 많은 다리다. 호손 브리지의 다리가 열리는 횟수는 월평균 120회로 주로 선박 운행을 위해 오르내린다. 하지만 배와 상관없이 최소 8시간 간격으로 작동한다. 정기적으로 움직여 낡은 다리의 승개 메커니즘을 원활하게 유지한다.

### 8 | Marquam Bridge

마큄 브리지 ① 1966년 10월 4일(하부 갑판), 10월 18일(상부 갑판) ② 1,400만 달러 ③ 2층식 동 캔틸레버 트러스교 ④ 134m ⑤ 오리건 주

오리건 주에서 가장 교통량이 많은 다리다. 1987년에는 북미에서 3번째로 긴 연속 트러스교로 인정받았다. 오리건 주 최초의 이층 자동차 전용 다리다. 실용성을 중시한 디자인으로 이 다리의 완성으로 캘리포니아 주와 워싱턴 주를 잇는 고속도로 시스템이 완성되었다. 이름은 1992년 주의회 의원에 선출된 멀트노마 군 판사인 필립 마큄에서 따왔다.

285

진실을 찾기 위해 놓인 다리

## POSTSCRIPT

　교통수단이 발달함에 따라 문명이 발전했다는 것은 역사가 증명한다. 다리를 건너면서 사람들 사이의 왕래가 잦아지고 경제가 발전하고 대안의 문화가 서로 섞여 사람들의 생활은 새로워지고 있다. 세계에는 각각의 토지마다 다양한 형태의 다리가 존재한다.

　세계와의 거리는 교통수단과 함께 인터넷을 축으로 정보 전달 속도가 보다 빨라졌지만, 그곳에 '진실의(TRUE)' 정보가 있는지는 알 수 없다.

　BRIDGE LAB은 나라, 도시, 사람, 물건, 일 그리고 문화를 다양한 레이어로 비교해서 사물의 진실을 탐구해 나가는 계기가 되어 다리를 종횡 무진해 나가려 한다. 이번에는 창조라는 관점에서 일본 사람과 창조도시 포틀랜드 사이의 가이드북이라는 다리를 만들었다.

　이 다리가 얼마나 긴지는 알 수 없다. 사람에 따라 다를 것이다. 하지만 건너기 시작하면 느낄 수 있는 자유와 발견의 흥분이 분명 있을 것이다. 사고와 상상, 그리고 행동과 창조를 위해서.

## TRUE PORTLAND
## CREDIT

Original Japanese title: TRUE PORTLAND: the unofficial guide creative people
ⓒ 2014 by Media Surf Communications, Inc.
Original Japanese edition published by Media Surf Communications, Inc.
through The English Agency (Japan) Ltd. and Danny Hong Agency.
Korean translation copyright ⓒ 2014 by Turning Point

이 책의 한국어판 저작권은 대니홍 에이전시를 통한 저작권사와의 독점 계약으로 (주)터닝포인트아카데미에 있습니다.
신저작권법에 의해 한국 내에서 보호를 받는 저작물이므로 무단전재와 복제를 금합니다.

# 트루 포틀랜드
## 창조적인 사람을 위한 도시 포틀랜드 가이드

2014년 9월 12일 초판 1쇄 인쇄
2014년 9월 19일 초판 1쇄 발행

**지은이** BRIDGE LAB
**옮긴이** 박수현
**펴낸이** 정상석
**기획·편집** 문희언
**편집·표지 디자인** 이여비

**펴낸 곳** 터닝포인트
**등록번호** 2005. 2. 17 제 6-738호
**주소** 서울시 마포구 연남로 97-1 3층
**대표전화** (02) 332-7646
**팩스** (02) 3142-7646
**홈페이지** www.diytp.com
**ISBN** 978-89-94158-57-0(13940)
**정가** 15,000원
**내용 및 원고 집필 문의** diamat@naver.com
(터닝포인트는 삶에 긍정적 변화를 가져오는 좋은 원고를 환영합니다.)

**편집**
편집 오카지마 타쓰요(지유대학)
호리에 타이유, 마츠이 아키히로(미디어 서프 커뮤니케니션즈 주식회사)

아트 디렉션·디자이너·일러스트·Original Cover Design
오오니시 신페이

**집필**
오쿠노 쓰요시, 키요다 나오히로(NKDF),
다나카 유스케, 와카나 코타(미디어 서프 커뮤니케니션즈 주식회사),
모모키 도시노, 오카지마 에이고

**사진**
Christine Dong, Dina Avila, Matthew Miller, Sho Ito, Travel Portland, 야마다 카오루

**제작 협력**
세키자와 마리, 이토야 하즈키, 나카지마 아야,
사사키 미도리(미디어 서프 커뮤니케니션즈 주식회사), 오오야 토모후미(테루오 쿠로사키 사무실)

**협력**
Travel Portland, 카페 컴퍼니 주식회사, AnyRoad

KEEP CLIMBING
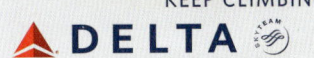

## 다음 목적지: 시애틀

인천-시애틀 논스톱 항공편 6월 3일부터 매일 신규 취항

트렌디한 커피숍, 로큰롤 스피릿과 아름다운 자연 등 다양한 볼거리를 제공하는 에메랄드 도시, 시애틀로의 여행 - 이제 델타항공이 매일 더욱 편리하게 모십니다. 포틀랜드, 로스엔젤레스, 샌프란시스코, 밴쿠버 등 대다수 미국, 캐나다 서부 도시로 연결편을 제공하는 시애틀 및 기존 디트로이트 논스톱 항공편을 통해 북미 230여 도시로 다양한 여행 옵션을 제공하는 델타항공은 더욱 편리한 북미 여행을 위해 계속해서 최선의 노력을 다하고 있습니다.

DELTA.COM

KEEP CLIMBING

## 다음 목적지: 시애틀

인천-시애틀 논스톱 항공편 6월 3일부터 매일 신규 취항

트렌디한 커피숍, 로큰롤 스피릿과 아름다운 자연 등 다양한 볼거리를 제공하는 에메랄드 도시, 시애틀로의 여행 - 이제 델타항공이 매일 더욱 편리하게 모십니다. 포틀랜드, 로스엔젤레스, 샌프란시스코, 밴쿠버 등 대다수 미국, 캐나다 서부 도시로 연결편을 제공하는 시애틀 및 기존 디트로이트 논스톱 항공편을 통해 북미 230여 도시로 다양한 여행 옵션을 제공하는 델타항공은 더욱 편리한 북미 여행을 위해 계속해서 최선의 노력을 다하고 있습니다.

DELTA.COM

## 인천–포틀랜드 왕복 항공권 구매 시
## 미화 $50 할인 혜택을 누리세요!

≪트루 포틀랜드≫ 출간 기념 특별 혜택!

본 증서 소지자께는 델타항공 인천–포틀랜드 왕복 항공권 구매 시 미화 $50 할인 혜택을 제공합니다. 상세한 내용은 아래 약관을 참조하세요.

약관:
- 본 증서는 오리건 주 포틀랜드 여행에 사용할 수 있습니다. • 포틀랜드 여행은 델타항공 운항 시애틀 논스톱 항공편인 DL198/DL199편을 반드시 이용해야 합니다. • 여행은 반드시 인천에서 출발하고 인천에서 마쳐야 합니다. • 본 증서는 왕복 여행 시에만 사용 가능합니다. 증서 당 최대 2인까지 할인 혜택을 받을 수 있습니다. • 본 증서는 다른 할인 또는 할인 증서와 결합하여 사용할 수 없습니다. • 쿠폰 원본을 제출할 경우에만 할인 혜택을 받을 수 있습니다. 복사, 스캔된 증서는 무효 처리 됩니다. • 기타 제한 조건이 적용되며, 델타항공이 모든 규정을 해석할 최종 권한을 가지고 있습니다. • 증서 사용처: 인터파크 : 02-3479-4399, 클럽로뎀: 1577-1245, 타이드스퀘어: 02-3448-6101, 토성여행사: 02-730-2455